John Kenneth Galbraith

Anatomie der Macht

Aus dem Amerikanischen
von Christel Rost

C. Bertelsmann

Die amerikanische Originalausgabe ist unter dem Titel
»The Anatomy of Power«
bei Houghton Mifflin, Boston, erschienen.

Satz: Fotosatz Stummer, München
Druck und Bindung:
Mohndruck Graph. Betriebe GmbH, Gütersloh
ISBN 3-570-03098-9
Printed in Germany

Inhalt

Für Marcia Legru und Austin Olney,
deren konditionierter und kompensatorischer Macht
ich all die vielen Jahre glücklich unterworfen war

Vorwort

Seit etwa vierzig Jahren – so lange, daß ich lieber nicht darüber nachdenke – beschäftige ich mich mit dem Thema Macht, und zwar sowohl mit der Theorie, als auch, bis zu einem gewissen Grad, mit der Praxis. Als Leiter der Preiskontrollbehörde befand ich mich, einer weitverbreiteten Ansicht zufolge, während des Zweiten Weltkriegs im Zentrum der Macht; die Autorität dieses Amtes beeindruckte andere offenbar mehr als mich selbst. Zu anderen Zeiten und in anderen Funktionen gelangte ich bis an die Schwelle zur Macht – in Positionen, die eher Beobachtungsposten waren, als daß sie mir tatsächlich Einflußnahme gestattet hätten. Was meine Schriftstellerei angeht: Der Untertitel meines ersten Buches lautete *The Concept of Countervailing Power*[1]. Ich vertrat darin die Meinung, daß wirtschaftliche Macht am besten durch konkurrierende Machtzentren entflochten wird und daß darin auch die entscheidende Vorkehrung gegen ihren Mißbrauch liegt. In meinem Buch *The New Industrial State*[2], das ich – und nicht nur ich – für meinen wichtigsten Beitrag zur wirtschaftstheoretischen Diskussion halte, kam ich auf das Thema zurück und stellte es in den Mittelpunkt meiner Überlegungen. Vor zehn Jahren lautete das Thema meiner Antrittsrede als Präsident der American Economic Association »Macht und der nützliche Ökonom«. In dieser Rede stellte ich die Behauptung auf, daß eine

Wirtschaftswissenschaft, die die Kriterien der Machtausübung außer Betracht läßt, sinnlos und ganz gewiß ohne praktischen Bezug ist. Auch später bin ich noch ein Dutzend Male weniger formell auf dieses Thema zurückgekommen, und ich habe nur selten einen Aufsatz oder eine Abhandlung darüber gelesen, ohne darauf zu achten, ob ein weiterführender Gedanke darin zu finden war. Das vorliegende Buch – ich dachte zunächst daran, es einen erweiterten Essay zu nennen – enthält, was ich durch Erfahrung, Lesen und Schreiben sowie durch die damit einhergehenden Bemühungen um tieferes Verständnis gelernt habe. Ich erhebe nicht den Anspruch, eine umfassende Darstellung dieses Themas vorzulegen, sondern schildere lediglich, was ich selbst darüber in Erfahrung gebracht habe.

Im Laufe der Jahre hat sich eine Reihe von gemeinsamen Faktoren herauskristallisiert, die nach meiner Überzeugung stets dann unausgesprochen im Hintergrund stehen, wenn auf wirtschaftliche, politische, militärische und religiöse Macht Bezug genommen wird, und die auch für jene Macht gelten, die der Presse, dem Fernsehen und der öffentlichen Meinung zugeschrieben wird. Dieser nahezu alltägliche Umgang mit dem Begriff Macht verbirgt im übrigen regelmäßig mehr als er enthüllt, da er keinerlei Hinweise auf die zugrundeliegenden Konstanten enthält. Mir ging es darum, diese Konstanten bloßzulegen, die Quellen der Macht, die aus Persönlichkeit, Besitz und Organisation entspringen, zu identifizieren und die Instrumentarien, mit denen Macht ausgeübt und durchgesetzt wird, zu erkennen. Eines der Ergebnisse wird, wie ich hoffe, sein, daß meine Leser künftig eine deutlichere Vorstellung davon haben, was der Begriff »Macht« umfaßt und was er in bestimmten ökonomischen, politischen und anderen Zusammenhängen impliziert.

Ich habe nicht nur über die Macht geschrieben, sondern auch viel darüber gelesen, und meine Lektüre hat selbstverständlich

Eingang in die vorliegende Bestandsaufnahme gefunden. Welchen Autoren ich Anregungen zu verdanken habe, ist, glaube ich, ziemlich klar ersichtlich: Max Weber, Bertrand Russell und Adolf A. Berle Jr.. Letzterer, ein vielseitig begabter Mann – unter anderem Berater F.D. Roosevelts, Diplomat, Rechtsanwalt und Autor zahlreicher Bücher über soziale, politische und ökonomische Themen –, hat mehr als sonst irgend jemand mein Interesse an der Sache gefördert. Viel verdanke ich darüber hinaus auch C. Wright Mills' Klassiker *The Power Elite*, Charles E. Lindbloms *Politics and Markets*, den diversen wirtschaftstheoretischen Schriften meines Freundes Wallace C. Peterson sowie solch interessanten Büchern jüngeren Datums wie Richard Sennetts *Authority* und Dennis Wrongs *Power*. Und das sind beileibe nicht alle. Mir geht es hier ähnlich wie anderen Autoren: Ich weiß manchmal nicht mehr genau, auf welche Quelle diese oder jene meiner Ideen zurückgeht. Mitunter liegt die Anregung einfach zu lange zurück. Bei Ideen, die mir weniger hilfreich erscheinen, kenne ich die Quelle meistens besser. Ich glaube zum Beispiel, daß mich Machiavelli beeinflußt hat, habe aber immer schon mit Max Lerner vermutet, daß Machiavelli häufig von Leuten zitiert wird, die ihn gar nicht gelesen haben.

Wenn ich sage, daß mich das Thema »Macht« zeit meines Lebens beschäftigt hat, so will ich damit keineswegs behaupten, auch nur im entferntesten all das gelesen zu haben, was darüber geschrieben worden ist. Dazu reicht ein Menschenleben nicht aus. Manche Bücher sind schlicht und einfach unlesbar, und gewiß ist mir auch viel entgangen. Mit der Behauptung, man kenne die Literatur zu dieser Problematik, sollte man sehr vorsichtig sein.

Wer über »Macht« schreibt – darunter eine Reihe überaus kenntnisreicher und gescheiter Autoren – gerät in die Gefahr, sich von diesem Thema in dichte Komplexität und hochgradige Subjektivität hineinziehen zu lassen. Man kann diese Versuchung verstehen: Kompliziertheit und Subjektivität bieten Schutz vor Kritikern, denen man im Bedarfsfall vorhalten kann, sie hätten den Kern der Sache überhaupt nicht begriffen. Noch nützlicher sind sie als Alternative zu der oftmals frustrierenden Fron, klar umrissene Definitionen zu schaffen, und schließlich dienen sie auch dazu, die Wahrheit zu verschleiern und den Blick auf das Wesentliche zu vernebeln. Ich habe mich darum bemüht, diesen Blick freizuhalten, und führe daher in meinem Text dem Leser beständig die Quellen der Macht und die Instrumentarien zu ihrer Durchsetzung vor Augen. Teils aus diesem Grund, teils aber auch aus Mangel an Kompetenz habe ich einige Probleme ausgelassen, insbesondere die Frage, welche Rolle die Gerichte bei der Regulierung von Macht spielen. Ich werde später noch einmal darauf zurückkommen. Im übrigen scheue ich mich dort nicht vor Wiederholungen, wo ich der Ansicht bin, sie könnten meine Argumentation verdeutlichen, und fände es sehr bedauerlich, wenn hier und da – oder gar in all diesen Fällen – der Eindruck entstünde, sie seien unbeabsichtigt. Ich wollte nur sicher gehen, daß nach der Entfernung der fleischlichen Hülle die Anatomie der Macht unzweideutig erkennbar wird.

I

Die Anatomie der Macht – Ein Überblick

Das Thema [ist] nicht ... weit hergeholt, philosophisch oder esoterisch.

Adolf A. Berle Jr., *Power*

1

Das Wort Macht gehört zu der nicht allzu großen Zahl von Begriffen, die zwar häufig benutzt werden, bei denen aber allem Anschein nach nur ein geringes Bedürfnis besteht, darüber nachzudenken, was sie eigentlich bedeuten. Seit Beginn der Menschheitsgeschichte hat sich da nicht viel geändert. Die englische Bibel stellt in der bekanntesten Anrufung des Allerhöchsten *Power* in eine Reihe mit den Begriffen *Kingdom* und *Glory*, Reich und Herrlichkeit. Millionen sprechen heute noch täglich dieses Gebet. Bertrand Russell kam zu dem Schluß, Macht bleibe, vereint mit Ruhm, höchstes Ziel und größter Lohn der Menschheit.[1]

Nur wenigen gelingt es, eine Unterhaltung zu führen, ohne dabei auf die eine oder andere Weise auf Macht Bezug zu nehmen. Präsidenten und Premierminister verfügen über die erforderliche Macht – oder eben nicht. Bei anderen Politikern spricht man, je nachdem, von Machtgewinn oder Machtverlust. Konzerne und Gewerkschaften gelten als mächtig. Die

Machtfülle multinationaler Unternehmen empfindet man sogar als bedrohlich oder gefährlich. Zeitungsverleger und Intendanten von Rundfunk- und Fernsehanstalten sowie die jeweils eloquentesten, intelligentesten, enthemmtesten oder berüchtigtsten unter ihren Ressortleitern, Redakteuren und Kommentatoren sind die Mächtigen unserer Zeit.

Die Vereinigten Staaten sind ein großes und auch sonst nicht unwichtiges Land, ebenso wie die Sowjetunion. Aber es ist ihre Macht, die sie gemeinsam hervorhebt. Sie sind die Großmächte oder die Supermächte schlechthin. Großbritannien, einst ebenfalls eine Großmacht, ist nicht mehr mächtig. Und jeder weiß, daß die Vereinigten Staaten in jüngster Zeit einiges von ihrer industriellen Macht an Deutschland und Japan verloren haben. In all diesen und zahllosen anderen Zusammenhängen, in denen von Macht gesprochen wird, kommt nie jemand auf den Gedanken, der Begriff als solcher könne eine Erklärung erfordern. Ganz gleich, wie unterschiedlich das Wort verwendet wird – man geht davon aus, der Leser oder Hörer wisse schon, was gemeint ist.

Bis zu einem gewissen Grade ist diese Annahme auch berechtigt. Der deutsche Soziologe und Politologe Max Weber (1864–1920) war zwar von der Komplexität des Begriffs zutiefst fasziniert, begnügte sich gleichwohl mit einer Definition, die kaum von der allgemeinen Auffassung abweicht. Macht sei die Möglichkeit, mit seinem Willen das Verhalten anderer Menschen zu steuern.[2] Dies ist mit ziemlicher Sicherheit die am weitesten verbreitete Vorstellung. Irgend jemand oder irgendeine Gruppe zwingt anderen – Zögernde und Opponierende eingeschlossen – den eigenen Willen und die eigenen Ziele auf. Je größer der Erfolg dabei ist, desto größer ist die Macht. Diese leicht verständliche, populäre Interpretation hat dazu geführt, daß der Begriff Macht so häufig benutzt wird, ohne daß eine genauere Definition für nötig gehalten würde.

Aber alles Weitergehende ist nicht mehr so einfach. Kaum je wird zum Beispiel die hochinteressante Frage erörtert, wie man es anstellt, anderen seinen Willen aufzuzwingen, und wie man es erreicht, daß die Betroffenen sich fügen. Was bewegt diejenigen, die ihre eigenen Präferenzen aufgeben und sich die Wünsche anderer zu eigen machen, zu ihrem Verhalten? Ist es die Androhung körperlicher Strafen oder die Verheißung materieller Vorteile? Lassen sie sich überreden oder überzeugen? Oder sind da noch andere, unterschwellige Kräfte mit im Spiel? Bei jeder einigermaßen gehaltvollen Diskussion zum Thema Macht sollten diese Fragen geklärt sein. Und man sollte auch die Quellen der Macht kennen – was unterscheidet jene, die Macht ausüben, von denen, die der Autorität anderer unterworfen sind? Und was berechtigt die einen schließlich überhaupt dazu, im kleinen wie im großen, zu herrschen? Und was veranlaßt die anderen, sich beherrschen zu lassen? Diese Fragen sind es – wie Macht durchgesetzt wird, und was denn eigentlich Zugang zu den Durchsetzungsmethoden gewährt –, mit denen sich dieses Buch beschäftigt.

2

Die Instrumentarien der Machtausübung und die Quellen des Rechts auf Machtausübung sind auf komplexe Weise miteinander verwoben. Mancher Machtgebrauch ist dadurch möglich, daß er heimlich vonstatten geht, so daß den Unterworfenen gar nicht klar wird, daß sie sich unterwerfen. Außerdem unterliegen in der modernen Industriegesellschaft sowohl die Methoden, mit denen manche Menschen dem Willen anderer untergeordnet werden, als auch die Voraussetzungen dafür einem raschen Wandel. Viele heute noch weitverbreitete Ansichten über die Ausübung von Macht sind veraltet oder stehen im

Begriff zu veralten, weil sie sich an Verhältnissen orientieren, die längst der Vergangenheit angehören.

Nichtsdestoweniger ist das Thema Macht, wie Adolf Berle bemerkt hat, alles andere als weit hergeholt oder esoterisch. Niemand sollte sich von dem Gefühl leiten lassen, es handle sich dabei um ein Mysterium, das sich nur dem Privilegierten entschleiert. Es gibt eine Art von Gelehrsamkeit, die nicht die Verbreitung von Wissen, sondern nur den Ausschluß der Unwissenden zu erreichen sucht. Dieser Auffassung sollte man nicht das Feld überlassen – und ganz besonders nicht bei einem Thema von so großer praktischer Bedeutung. Alle Aussagen über Macht können an allgemein akzeptierten historischen Beispielen, vielfach aber auch an Beobachtungen aus dem Alltagsleben und mit Hilfe des gesunden Menschenverstandes überprüft werden. Dabei ist es auf jeden Fall nützlich, sich zunächst mit einigen Grundbegriffen vertraut zu machen, um mit ihrer Hilfe ein klares Bild vom ureigenen Charakter der Macht – ihrer Anatomie – zu gewinnen.

3

Macht ist, auf ganz profane Weise, eine Dreieinigkeit: Es gibt drei Instrumente oder Methoden, Macht auszuüben oder durchzusetzen, und es gibt drei Institutionen oder Eigenschaften, die das Recht auf ihre Nutzung schaffen.

Wie wenig der Begriff bisher analysiert worden ist, zeigt die Tatsache, daß die drei ziemlich leicht erkennbaren Methoden der Machtausübung keine allgemein akzeptierten Bezeichnungen haben. Sie müssen noch benannt werden: Ich werde im folgenden von repressiver Macht – *Condign power* –, kompensatorischer Macht – *Compensatory power* – und konditionierter Macht – *Conditioned power* – sprechen.

Repressive Macht erzielt Unterordnung durch die Fähigkeit, die individuellen oder kollektiven Präferenzen eines einzelnen oder einer Gruppe mit derart unangenehmen oder schmerzhaften Gegenmaßnahmen zu belegen, daß die Betroffenen ihre Präferenzen aufgeben. Der Terminus enthält einen Beigeschmack von Bestrafung,[3] und dieser Eindruck trifft auch zu. Der Galeerensklave hätte es zweifellos vorgezogen, sich seiner Mühsal auf irgendeine Weise zu entziehen. Die Erwartung, für jede Drückebergerei an den Rudern ausgepeitscht zu werden, war indes unerfreulich genug, um die geforderte – wenngleich ebenfalls schmerzhafte – Leistung zu garantieren. Ein weniger drastisches Beispiel: Wenn mit zu harscher Zurückweisung zu rechnen ist, wird oft genug auf die Darlegung der eigenen Meinung von vornherein verzichtet und widerspruchslos ein fremder Standpunkt übernommen.

Repressive Macht erreicht also Unterwerfung durch Auferlegung von – oder Drohung mit – entsprechend unangenehmen Konsequenzen. Im Gegensatz dazu erzielt kompensatorische Macht Unterwerfung durch das Angebot, Wohlverhalten zu belohnen – das sich unterordnende Individuum bekommt also irgend etwas von Wert zum Ausgleich für die Unterordnung. Diese Vergütung erfolgte in früheren Stadien der volkswirtschaftlichen Entwicklung auf verschiedene Weise, so durch Bezahlung in Naturalien, durch die Verleihung des Rechts, ein Stück Land zu beackern, oder durch Teilhabe an den Erzeugnissen von den Feldern der jeweiligen Herrschaft. In manchen primitiven, agrarisch orientierten Gesellschaften gelten diese Kriterien heute noch. Und ebenso, wie persönlicher oder öffentlicher Tadel eine Form repressiver Macht darstellt, ist Lob eine Form der kompensatorischen Macht. Letztere findet in modernen Volkswirtschaften natürlich ihren bedeutendsten Ausdruck in pekuniärer Vergütung: Für geleistete Dienste, also die Unterwerfung unter die wirtschaftlichen oder persönlichen Absichten anderer, wird Geld bezahlt. Ich werde hier und dort, besonders in Zusammenhängen, in denen der Hinweis auf Geldzahlungen dem besseren Verständnis dient, auf diesen Begriff zurückkommen.

Ein gemeinsames Merkmal sowohl der repressiven als auch der kompensatorischen Macht besteht darin, daß das sich unterordnende Individuum sich seiner Unterordnung – hier erzwungen, dort entgolten – bewußt ist. Die Ausübung konditionierter Macht hingegen wird durch eine Änderung des Bewußtseins, der Überzeugungen und des Glaubens bewirkt. Überredung und Überzeugung, Erziehung und Ausbildung sowie ein gesellschaftlich bedingtes Eingeschworensein auf das scheinbar Natürliche, Ordentliche und Richtige veranlassen den einzelnen, sich dem Willen eines anderen oder einer Gruppe unterzuordnen. Die Unterwerfung entspricht dem selbstgewählten Kurs und wird nicht als das erkannt, was sie tatsächlich ist. Mehr als repressive und kompensatorische Macht ist konditionierte Macht von zentraler Bedeutung für das Funktionieren von Wirtschaft und Politik in unserer Zeit – in kapitalistischen wie in sozialistischen Ländern.

4

Hinter diesen drei Methoden der Machtausübung stehen die drei Quellen der Macht, jene Eigenschaften also, die die Mächtigen von den Machtlosen unterscheiden. Es sind dies die Persönlichkeit, Besitz und Eigentum – hierzu gehört natürlich auch das Nettoeinkommen – und die Organisationen.

Unter Persönlichkeit – im Amerikanischen in diesem Zusammenhang oft mit *Leadership* bezeichnet – versteht man die physischen, geistigen, rhetorischen, moralischen und sonstigen persönlichen Eigenschaften, die zu einem oder mehreren Machtmitteln Zugang verschaffen. In den Frühformen der menschlichen Gesellschaft war es die physische Kraft, die den Zugriff auf die repressive Macht ermöglichte, und auch heute noch spielt in manchen Familien und in Gruppen von Jugendlichen der Mann mit den stärksten Muskeln den dominierenden Part. In den meisten Fällen ist Persönlichkeit heutzutage allerdings mit konditionierter Macht verknüpft, also mit der Fähigkeit, zu überzeugen oder Überzeugungen zu schaffen.

Eigentum und Wohlstand vermögen es, den äußeren Eindruck von Autorität und Entschlußkraft zu vermitteln, der seinerseits konditionierter Unterwerfung Vorschub leisten kann. Vornehmlich münden sie jedoch – und das ergibt sich aus der Natur der Sache – in kompensatorische Macht. Besitz oder auch Einkommen sorgen für das nötige Kleingeld, ohne das sich Unterwerfung nicht erkaufen läßt.

Die Organisation, die wichtigste Quelle der Macht in der modernen Industriegesellschaft, ist vorrangig an die konditionierte Macht gebunden. Es gilt als selbstverständlich, daß überall dort, wo Macht erstrebt wird oder durchgesetzt werden muß, auch eine entsprechende Organisation vorhanden sein muß. Die Organisation sorgt dann für die notwendige Überzeugung und die daraus resultierende Unterordnung der Betroffenen unter die Ziele der Organisation. Wie das Beispiel des Staates zeigt, hat eine Organisation jedoch auch Zugang zu repressiver Macht, zu verschiedenen Sanktionsformen durch Bestrafung. Und schließlich können sich organisierte Gruppen aufgrund ihres Besitzes in mehr oder minder großem Maße kompensatorischer Macht bedienen.

Dies bringt uns zu einem letzten Punkt: So wie es jeweils eine primäre, aber nicht exklusive Verbindung zwischen jeder der drei Methoden der Machtausübung mit einer der Machtquellen gibt, so gibt es auch zahlreiche Kombinationen zwischen den Quellen der Macht und den dazugehörigen Methoden. Persönlichkeit, Besitz und Organisation sind unterschiedlich stark miteinander verknüpft; daraus resultieren wechselnde Verbindungen zwischen den einzelnen Methoden zur Durchsetzung der Macht. Aufgabe dieses Buches ist es, die Quellen und die Methoden der Machtausübung in jedem einzelnen Fall zu isolieren oder zu entflechten sowie ihre relative Bedeutung einzuschätzen und daraufhin zu überprüfen, welchen Veränderungen sie im Laufe der Zeit unterworfen gewesen sind.

In den ersten Anfängen des Christentums entsprang die Macht der bezwingenden Persönlichkeit des Heilands. Fast unmittelbar danach entstand eine Organisation – die Apostel –, und mit der Zeit wurde die Kirche zur einflußreichsten und beständigsten Organisation der ganzen Welt. Nicht die geringste unter ihren Machtquellen waren ihre Besitztümer und das Einkommen, über das sie somit verfügte. Aus der Kombination von Persönlichkeit – gemeint sind hier sowohl eine lange Reihe von Kirchenführern auf Erden als auch die himmlische Präsenz –, Besitz und insbesondere einer einzigartigen Organisation erwuchsen konditionierter Glaube, Belohnungen und Vergütungen sowie die Fähigkeit, mit repressiver Bestrafung zu drohen – sei es nun im Diesseits oder im Jenseits. All das zusammen konstituiert religiöse Macht, wobei die Vielzahl von Faktoren, die dazu beitragen, von diesem Terminus oft weitgehend verschleiert wird. In ähnlicher Weise verschleiern auch Ausdrücke wie politische Macht, wirtschaftliche Macht, Macht der Konzerne, militärische Macht und andere Bezeichnungen dieser Art sehr verschiedenartige und variable Interdependenzen. Die innere Natur des Bezeichneten wird dabei im normalen Sprachgebrauch nicht weiter verfolgt.[4] Mein Interesse im folgenden richtet sich auf eben das, was so oft verborgen bleibt.

Werfen wir zunächst einen Blick auf die Methoden, mit denen Macht ausgeübt wird – auf die Instrumente der Macht.

Danach wollen wir uns den Quellen der Macht zuwenden und schließlich auch die historische Entwicklung sowie den aktuellen Stand der Dinge unter die Lupe nehmen. Vorab ist es jedoch notwendig, mit ein paar Sätzen auf die Gründe, die Menschen nach Macht streben lassen, und auf die Einstellung, mit der man sich dem Thema nähern sollte, einzugehen.

5

Die Gründe, aus denen Macht erstrebt wird, werden – wie so vieles, was mit der Macht zusammenhängt – zwar häufig erahnt oder verspürt, wesentlich seltener jedoch ausgesprochen. Einzelne und Gruppen erstreben Macht mit dem Ziel, ihre eigenen – einschließlich, notabene, ihrer finanziellen – Interessen zu fördern, ihre persönlichen, religiösen oder gesellschaftspolitischen Wertvorstellungen auf anderen Menschen auszudehnen und Unterstützung für die wirtschaftlichen und sozialen Perzeptionen zu gewinnen, die sie vom öffentlichen Wohl haben. Der Geschäftsmann erkauft sich die Unterwerfung seiner Arbeiter mit dem Ziel, seine wirtschaftlichen Interessen voranzutreiben, also um Geld zu verdienen. Das Oberhaupt einer Religionsgemeinschaft predigt in der Erwartung, daß seine Gemeinde oder das Publikum vor den Rundfunk- und Fernsehgeräten seine Überzeugungen übernehmen. Der Politiker sucht die Unterstützung – das heißt also die Unterwerfung – der Wähler, um im Amt bleiben zu können. Der Umweltschützer, der saubere Luft der verschmutzten vorzieht, sucht seinen Ansichten bei jenen Geltung zu verschaffen, die Automobile herstellen oder Fabriken besitzen. Letztere wiederum bemühen sich, ihre Wünsche nach niedrigeren Kosten und weniger Reglementierung durchzusetzen – auch sie fordern also eine Unterwerfung anderer. Konservative versuchen, anderen ihre wirtschafts- und gesellschaftspolitischen Vorstellungen aufzuzwingen, Liberale und Sozialisten verhalten sich kaum anders. Wie in den folgenden Kapiteln noch dargelegt wird, ist in all diesen Fällen die Organisation – der Zusammenschluß von Personen mit gleichen Interessen und Wertvorstellungen – ein integraler Faktor bei der Bemühung, die entsprechende Unterwerfung zu erlangen und Macht zu gewinnen.

Die Alltagssprache kommentiert regelmäßig die Ursachen, die dem Streben nach Macht zugrundeliegen. Beschränkt es sich eng auf die privaten Interessen eines einzelnen oder einer Gruppe, so spricht man von eigennützigem Machtstreben. Spiegelt es hingegen die Interessen einer großen Anzahl Menschen wider, so gelten die jeweiligen Wortführer als begnadete Führungskräfte oder fähige Politiker.

Daß die Gründe für das Streben nach Macht oftmals mit großer Sorgfalt und mit Hilfe ausgeklügelter Fehlinformationen verschleiert werden, ist ebenfalls kein Geheimnis. Der Politiker, der sich als Lobbyist reicher Geldgeber um ein Amt bewirbt, wird sich mit besonderer Eloquenz als öffentlicher Wohltäter, ja sogar als aufopferungsvoller Freund der Armen gerieren, und der entsprechend geschulte Unternehmer beschäftigt seine Arbeiter und Angestellten nicht, um einen möglichst hohen Profit zu erzielen, sondern weil ihm aus einer inneren Überzeugung heraus die Schaffung von Arbeitsplätzen, die Förderung des Gemeinwohls und der Erfolg der freien Marktwirtschaft am Herzen liegen. Dem glühendsten Prediger geht es nach außen hin nur um die Rettung der armen Sünder und um Gnade für die Verworfenen – obwohl man seit alters her weiß, daß er stets mit einem Auge auf den Kollektenteller schielt. Auf all die wortgewaltigen Bekenntnisse und Gelübde derjenigen, die nach Macht streben, gibt es eine gleichsam allgegenwärtige Gegenfrage, die bei allem Zynismus den Kern der Sache exakt trifft. Sie lautet: »Um was geht es ihm denn nun eigentlich in Wirklichkeit?«

Sehr viel weniger bekannt ist, bis zu welchem Ausmaß bereits Machtausübung an sich Ziel des Machtstrebens ist.[5] In allen Gesellschaften, von den primitivsten bis hin zu den angeblich höchstentwickelten, wird die Macht aufs innigste genossen. Elaborierte Rituale der Ehrbezeugung – huldigende Volksmassen, eifrig beklatschte Reden, hierarchische Protokollvorschriften bei Banketten und Empfängen, ein Platz in der Fahrzeugkolonne der Prominenz, die Erlaubnis, den Firmenjet zu benutzen, der militärische Salut –, sie alle feiern den Inhaber der Macht. Rituale dieser Art sind eine große Genugtuung, ebenso wie die Fürbitten und Investitionen jener, die versuchen, andere bei der Machtausübung zu beeinflussen, und schließlich natürlich auch die unmittelbar der Machtausübung dienenden Handlungen selbst, wie etwa die Instruktionen von Untergebenen, militärische Kommandos, Urteilsverkündungen oder die abschließenden Worte des Vorsitzenden am Ende einer Konferenz: »Gut, so werden wir verfahren.« Die Nähe zur Macht und die unmittelbare Machtausübung fördern die Entwicklung eines autosuggestiven Selbstwertgefühls. In keinem anderen Bereich der menschlichen Existenz steht so viel Eitelkeit auf dem Spiel. William Hazlitt drückte es folgendermaßen aus: »Die Liebe zur Macht ist die Liebe zu uns selbst.« Daraus ergibt sich, daß Macht nicht nur zur Durchsetzung eigener Interessen, Wertvorstellungen oder politischer Ziele erstrebt wird, sondern auch um ihrer selbst und der emotionalen und materiellen Befriedigung willen, die ihr Besitz und ihre Ausübung vermitteln.

Daß Macht um ihrer selbst willen erstrebt wird, kann nicht zu offen zugegeben werden; das verbietet der Anstand. Akzeptiert werden indes andere Motivationen: Der einzelne darf nach Macht streben, wenn er von der Absicht getragen wird, anderen seine moralischen Vorstellungen zu vermitteln, wenn er seine Version bestimmter gesellschaftlicher Tugenden durchsetzen möchte, oder wenn er schlicht und einfach Geld verdienen will. Außerdem ist es, wie bereits dargestellt, durchaus zulässig, die eine Absicht durch die Hervorkehrung einer anderen zu tarnen. So figuriert private Bereicherung als Dienst an der Gemeinschaft, verbergen sich schmutzige politische Machenschaften hinter leidenschaftlichen Bekenntnissen zum öffentlichen Wohl. Unzulässig ist es dagegen, Macht allein um der Lust willen anzustreben, die sie einem verschafft.[6]

Obgleich also Machtstreben nur um der Macht selbst willen nicht eingestanden werden darf, ist die Realität, wie stets, längst Teil des öffentlichen Bewußtseins. Politiker werden oft als »machthungrig« bezeichnet, ein Ausdruck, der unzweideutig besagt, daß sie mit ihrem Machtstreben ihre persönlichen Gelüste befriedigen wollen. Konzerne schlucken andere Konzerne nicht etwa des größeren Profits wegen, sondern weil ein noch größeres Unternehmen weiteren Machtzuwachs bedeutet; auch dies ist kein Geheimnis. Amerikanische Politiker – Senatoren, Kongreßabgeordnete, Minister und Präsidenten – opfern den harten Anforderungen des öffentlichen Amtes regelmäßig Vermögen, Freizeit und vieles andere. Ein Motiv dafür dürfte in der Machtausübung ganz allgemein sowie in der Teilnahme an den Ritualen der Macht liegen. Vielleicht bleibt die Freude an der Macht um ihrer selbst willen nur jenen verborgen, die bereits in den Genuß dieser Dinge gekommen sind.

6

Wenn jemand von Macht redet, tut er es selten in einem neutralen Sinn. Es gibt nur wenige Worte, die so unmittelbar zu bewundernden oder, häufiger noch, indignierten Reaktionen Anlaß geben. In einem mächtigen Politiker sehen die einen eine durchsetzungsfähige Führungskraft, für die anderen ist er von gefährlicher Ruchlosigkeit. Bürokratische Macht ist schlecht, aber ein Beamter mit der Macht, sein Amt effizient auszuüben, ist sehr gut. Gefährlich ist die Macht der Konzerne, gefährlich aber auch ein schwach geführtes Unternehmen. Machtausübung seitens der Gewerkschaften ist unerläßlich, wenn es um die Verteidigung von Arbeitnehmerrechten geht. Die Kehrseite der Medaille sind ständige Konflikte mit der persönlichen Freiheit der Gewerkschaftsmitglieder, dem Wohlergehen der Unternehmer sowie der Öffentlichkeit insgesamt.

So hängt ganz offensichtlich sehr viel vom jeweiligen Standpunkt des Betrachters ab, das heißt von den jeweils unterschiedlichen Reaktionen jener, deren Unterwerfung angestrebt und deren Kuh geschlachtet werden soll. Der Politiker, der eine Steuerreform durchsetzt, die man selbst gutheißt, hat gezeigt, daß er seine Macht klug und vernünftig zu nutzen weiß; jenen aber, die zur Kasse gebeten werden, mag genau dieselbe Handlungsweise willkürlich, ja unzumutbar erscheinen. Und die Bewunderung für die Durchsetzungsfähigkeit von Leuten, die den Bau eines neuen Flughafens in die Tat umsetzen, wird gewiß nicht von jenen geteilt, deren Grundstück an die neue Landebahn grenzt.

Die Art, wie wir auf Machtausübung reagieren, ist darüber hinaus stark von der Vergangenheit geprägt. Die Zeiten, da schwarze Sklaven in den Vereinigten Staaten und weiße Leibeigene im zaristischen Rußland mit Hilfe der Peitsche dem Willen der Aufseher, Eigentümer und Grundherren gefügig gemacht wurden, sind noch in lebendiger Erinnerung. Macht bedeutete damals repressive Macht in einer besonders schmerzhaften und grausamen Form. Die Menschheit hat zudem Jahrtausende bitterster Erfahrungen mit repressiver Machtausübung durch militärische Organisation hinter sich, ohne daß bislang ein Ende abzusehen wäre. Der Schauder, der vielen bei der Nennung des Wortes Macht über den Rücken läuft, hat somit seinen Ursprung in historischen Erfahrungen.

Wie wir später im einzelnen sehen werden, hängt die Ausübung von Macht zudem von einer sozialen Konditionierung ab, deren Ziel es ist, sie zu tarnen. Der Jugend wird beigebracht, daß in einer Demokratie alle Macht vom Volk ausgeht und daß in der freien Marktwirtschaft alle Autorität beim souveränen Verbraucher liegt und durch nicht personengebundene Marktmechanismen in die Tat umgesetzt wird. Auf diese Weise wird die öffentliche Macht der Organisationen getarnt – die Macht des Pentagons, die Macht der Waffenindustrie und anderer Konzerne, die Macht der Lobbyisten. Gleichfalls verborgen hinter den Mysterien des Marktes und der Verbrauchersouveränität bleibt die Macht der Konzerne bei der Festsetzung oder Beeinflussung von Kosten und Preisen, bei der Bestechung und Ausschaltung von Politikern sowie bei der Manipulation des Verbraucherverhaltens. Aber am Ende wird dann *doch* deutlich, daß Organisationen die Regierung beeinflussen und sie – und damit auch die Bevölkerung – ihren Bedürfnissen und Zielen unterwerfen. Es wird offensichtlich, daß Konzerne keineswegs den Gesetzen des Marktes untergeordnet sind, sondern daß umgekehrt ihnen der Markt, der sie eigentlich kontrollieren sollte, bis zu einem gewissen Maße als Werkzeug bei der Bestimmung von Preisen und Einkommen dient. Erkenntnisse dieser Art stehen samt und sonders im Gegensatz zur sozialen Konditionierung und rufen daher natürlich Entrüstung hervor. Macht, die zunächst mit Hilfe sozialer Konditionierung verschleiert wurde, dann aber doch bloßgelegt wird, erscheint zutiefst illegitim.

Dennoch ist die Macht an sich kein gutes Objekt allgemeiner Entrüstung. Machtausübung, die Unterwerfung unter den Willen anderer, ist in der modernen Gesellschaft unvermeidlich; ohne sie könnte nichts, aber auch gar nichts erreicht werden. Das Thema Macht sollte im Geist gesunder Skepsis, nicht aber fixiert auf das Böse schlechthin angegangen werden. Macht kann üble gesellschaftliche Konsequenzen haben, ist aber trotz allem für das Funktionieren einer Gesellschaft unerläßlich.[7] Zwar muß sie beurteilt werden, doch wäre es gewiß nicht dienlich, ein Pauschalurteil über alle Formen der Macht zu fällen.

II

Repressive und kompensatorische Macht

1

Das hervorstechendste Merkmal sowohl der repressiven als auch der kompensatorischen Macht ist ihre Objektivität – oder ihre Sichtbarkeit. Jene, die den Willen anderer akzeptieren, sind sich ihrer Handlungsweise bewußt und nach einem mehr oder weniger langen Denkprozeß zu dem Schluß gekommen, so am besten zu fahren. Der Grund dafür ist darin zu suchen, daß ihnen für ihre Unterordnung ein bestimmtes *Quid pro quo* offeriert wurde. Auch jene, die die Macht ausüben, sind sich in diesen Fällen voll und ganz darüber im klaren, was sie tun.

Der Unterschied zwischen repressiver und kompensatorischer Macht ist der gleiche wie zwischen Bestrafung und Belohnung. Repressive Macht bedroht den einzelnen mit physischen oder psychischen Sanktionen, die so schmerzhaft sind, daß der Betroffene von vornherein seinen eigenen Willen und seine eigenen Präferenzen aufgibt, um gar nicht erst das Risiko der Bestrafung einzugehen. Kompensatorische Macht dagegen bietet dem einzelnen einen Gewinn oder eine Bezahlung, die so vorteilhaft oder angenehm ist, daß er, um in ihren Genuß zu kommen, auf die Verfolgung eigener Ziele verzichtet. Weniger abstrakt ausgedrückt: Repressive Macht erzielt Unterwerfung durch die Inaussichtstellung oder die tatsächliche Durchführung von Strafmaßnahmen, kompensatorische Macht hingegen durch die Inaussichtstellung oder die tatsächliche Verteilung von Belohnungen.

Repressive Macht steht seit alters her in einer engen Verbindung mit körperlichen Strafen – Haft unter diversen erschwerenden Bedingungen, Zufügung von Schmerzen verschiedenster Art, Verstümmelung und andere ausgeklügelte Foltermethoden oder gar Tod. Der Eindruck, den derartige Strafen hervorrufen, bleibt nicht ohne Wirkung. Jede Gesellschaft kennt den unerfreulichen Charakter strenger Bestrafung, weiß, wie leicht sie in Grausamkeit ausartet, und hat Gesetze, die die Strafanwendung kontrollieren oder zumindest kontrollieren sollten. Nichts gibt ein Land oder ein Regierungssystem so sehr der Verdammung preis wie die zügellose Anwendung repressiver Strafmaßnahmen. Der Begriff repressive Macht hat jedoch, so wie wir ihn hier verwenden, eine umfassendere Bedeutung: Er erstreckt sich auf jede Macht, die sich auf die Androhung oder Durchführung von Sanktionen gründet, zu denen unter anderem Geldbußen und andere Enteignungsmaßnahmen, aber auch verbale Vorwürfe und das öffentliche Anprangern des Betroffenen durch Einzelpersonen oder die Allgemeinheit gehören.

2

Die Härte, mit der sowohl repressive als auch kompensatorische Macht ausgeübt wird, bemißt sich an der Dringlichkeit der erstrebten Unterwerfung, an ihrem Umfang, ihrer Bedeutung und an den bei der Durchsetzung auftretenden Schwierigkeiten. Zur Verhinderung von Vergewaltigung, Mord und anderen Angriffen auf Leib und Leben der Bürger wird es zum Beispiel in den meisten Gesellschaften für unumgänglich gehalten, potentielle Mörder und Vergewaltiger streng dem Willen der Gemeinschaft zu unterstellen; die Strafen, die im Falle solcher Taten angedroht werden, sind dementsprechend härter als bei kleineren Diebstählen, Verkehrsdelikten oder anderen, eher zweitrangigen Störungen des Rechtsfriedens. Im Falle der kompensatorischen Macht liegen die Dinge ähnlich: Man geht davon aus, daß ein guter Arbeiter oder einer, der Überstunden macht, eine höhere Entlohnung verdient als ein weniger zuverlässiger Kollege. »Ich bezahle ihn gut und kann deshalb auch erwarten, daß er sein Bestes gibt«, sagt der Unternehmer, wobei er nichts anderes meint, als daß er die volle Unterwerfung unter seinen Willen und seine Ziele verlangt. Wer im Gegensatz zu körperlicher Arbeit eine geistige Tätigkeit ausübt oder gar Managementverantwortung trägt, darf nach herkömmlicher Vorstellung eine höhere Entlohnung für seine Unterordnung unter die Ziele der Organisation verlangen als diejenigen, die, so geschickt und begabt sie auch sein mögen, lediglich schwere physische Arbeit oder handwerkliche Tätigkeiten verrichten.[1]

Das richtige Verhältnis von repressiven Strafmaßnahmen und kompensatorischer Belohnung gehört zu den meistdiskutierten gesellschaftspolitischen Fragen unserer Zeit und ist ein ständiger Quell endloser Kommentare und Kontroversen. Steht die Bestrafung des besagten Mörders in einer vernünftigen Relation zum angestrebten Ziel? Und wie verhält es sich mit der Bestrafung der Leute, die des Landesverrats überführt werden? Reicht das gesetzliche Strafmaß für jene aus, die sich durch den Genuß von Marihuana, Kokain und Heroin dem Willen der Allgemeinheit widersetzen? Sind die Gehälter überhöht, mit denen Topmanager für die Ziele der Konzerne zurechtgebogen werden – etwa im Vergleich mit den Löhnen der Arbeiter, die, umgeben von Schmutz und Lärm, am Fließband stehen? Und wie steht es mit den Beamten und Angestellten im Öffentlichen Dienst, jenen also, die sich den Zielen des

Staates unterwerfen? Bekommen sie zuviel oder zuwenig im Vergleich zu ihren Kollegen in der freien Wirtschaft? Was ist mit den Soldaten, deren Unterwerfung zum Teil durch eine starke soziale Konditionierung – auf die wir noch zu sprechen kommen werden –, zum Teil durch Besoldung, zum Teil aber auch – besonders, wenn ihre Kampfbegeisterung vor dem Feind zu wünschen übrigläßt – durch repressive Strafmaßnahmen erzielt wird? Das Faszinierende an der Beschäftigung mit dem Thema Macht ist, daß es immer wieder neue Fenster erschließt, die einen Ausblick auf das Alltagsleben gestatten. Die Bedeutung, die in allen Gesellschaften der Frage beigemessen wird, wie gerecht oder angemessen eine Strafe oder eine Belohnung sein soll, ist eines jener Fenster, durch das zu schauen wir im folgenden noch mehrmals Gelegenheit haben werden.

3

Es entspricht modernen Verhaltensregeln, daß zwischen kompensatorischer und repressiver Macht immer ein deutlicher Trennungsstrich gezogen wird. Kompensatorische Erzwingung gilt als wesentlich zivilisierter und leichter vereinbar mit der Freiheit und Würde des einzelnen als repressiver Zwang. Die Stellung des freien Lohnarbeiters wird in jeder Hinsicht höher eingeschätzt als die des Sklaven, dessen Unterwerfung unter Willen und Ziel seines Herrn durch die Androhung grausamer Körperstrafen forciert wird.

Der Unterschied ist in der Tat gewaltig, sollte jedoch eher dem ökonomischen Fortschritt als einem höheren gesellschaftlichen Aufklärungsniveau zugeschrieben werden. In armen Gesellschaften ist der Unterschied zwischen repressiven und kompensatorischen Zwängen nur gering; je reicher ein Gemeinwesen ist, desto ausgeprägter wird er. In Zeiten, da noch allgemein Armut herrschte, schufteten freie Arbeiter aus Angst vor Hunger und anderen Entbehrungen – das war damals das Gegenstück zur Kompensation. Der Sklave arbeitete aus Furcht vor der Peitsche. Ob man lieber hungert oder sich lieber prügeln läßt, ist wohl Geschmackssache. Der freie Arbeiter hatte vor dem amerikanischen Bürgerkrieg in den Südstaaten zwar ein höheres soziales Ansehen als der schwarze Plantagenarbeiter, doch änderte das nichts daran, daß er ständig von Verelendung bedroht war. Die daraus resultierenden Zwänge dürften in vielen Fällen kaum denen nachgestanden haben, die sich aus der Angst der Sklaven ergaben. Es spricht sogar einiges dafür, daß die soziale Sicherheit des Sklaven größer war: Er konnte zwar geschlagen, nicht aber entlassen werden. Erst mit der fortschreitenden Wirtschaftsentwicklung kam es zu einer klaren Differenzierung zwischen den beiden Formen der Machtausübung: Der freie Arbeiter konnte sich nun gewisse Rücklagen bilden, die ihn im Falle der Entlassung wenigstens eine Zeitlang über Wasser hielten. Allmählich stieg die Zahl der Stellenangebote, und schließlich entstanden Gewerkschaften. Die Einführung von Arbeitslosenunterstützung bedeutete dann einen wichtigen Schritt vorwärts und markierte eine deutliche Abkehr von den schmerzlichen Alternativen, die zuvor kompensatorischen und repressiven Zwang vereint hatten. Mehr und mehr wurde die Arbeit also aufgrund der finanziellen Entlohnung denn aus Furcht vor dem Verlust des Arbeitsplatzes geleistet.

Was die spezielle Situation in Amerika betrifft, so sollte in diesem Zusammenhang noch vermerkt werden, daß infolge der Differenzierung zwischen der Stellung der Sklaven und der der freien Arbeiter – im Verbund mit wachsender Freizügigkeit zwischen den Südstaaten und den freien Staaten des Nordens – die Sklaverei schließlich ohnehin unwirtschaftlich geworden wäre, so gern die Plantagenbesitzer sie auch aus moralischen, sozialen und traditionellen Gründen beibehalten hätten.[2] Die Vorteile, die der freie Arbeiter genoß, waren ganz erheblich und für jedermann erkennbar. Da dank der Güterzüge, auf die man aufspringen konnte, auch Transportmöglichkeiten vorhanden waren, wäre es über kurz oder lang zu einer immer größere Ausmaße annehmenden Absatzbewegung in Richtung Norden gekommen. Um diesem Trend Einhalt zu gebieten, hätten die Plantagenbesitzer ihre Prinzipien Prinzipien sein lassen und ihren Sklaven entweder eine Art Lohn oder, was wahrscheinlicher ist, einen Anteil an der Ernte angeboten, um sie bei der Stange zu halten. Die Unterwerfung des Sklaven unter den Willen seines Herrn wäre mehr und mehr aufgrund kompensatorischer Belohnung und immer weniger mit Hilfe repressiver Strafmaßnahmen erfolgt.

An diesen Beispielen wird deutlich, wie sich ökonomischer Fortschritt auf die Instrumentarien der Macht auswirkt. Wirft man einen Blick auf die Wachstumsrate des Bruttosozialprodukts in der zweiten Hälfte des neunzehnten Jahrhunderts, so könnte man sogar die Ansicht vertreten, daß sich die Konflikte, die zum Bürgerkrieg geführt haben, von selbst erledigt hätten, hätte man nur noch etwa zwei Jahrzehnte gewartet. Der Krieg selbst wäre überflüssig geworden. Mit Urteilen über Ereignisse, die im nachhinein derartig glorifiziert worden sind, hält man sich aber besser etwas zurück.

4

Werfen wir an dieser Stelle einen Blick auf die Verwandtschaft zwischen repressiver oder kompensatorischer Macht und dem, was man als Arbeitsmoral bezeichnet. Daß schlechtbezahlte Arbeiter ermüdende, anstrengende Arbeit leisten, gilt merkwürdigerweise als moralisch gerechtfertigt. Weiter oben auf der sozialen Stufenleiter zeugt phantasievoll geplanter Müßiggang von Kultur und Kultiviertheit derer, die sich ihm hingeben. Arbeitslosenunterstützung, Sozialhilfe und andere Formen der sozialen Absicherung werden als ausgesprochen schädlich für die Arbeitsmoral und folglich für die Armen angesehen – und sind daher für Konservative ein beständiger Stein des Anstoßes.

Die konservative Reaktion ist begründet. Denn höheres Einkommen und Sozialhilfe beeinträchtigen in der Tat die motivierende Kraft des Zwangs.[3] Je weiter die Kluft zwischen repressiv und kompensatorisch bedingter Unterwerfung wird, desto mehr wird auch das Arbeitsverhalten zum Problem. Die Klagen über mangelnde Sorgfalt der Arbeiter vervielfachen sich. Manch einer wird daraus den Schluß ziehen, ein gewisses Maß an Entbehrung oder wenigstens die Drohung damit sei zur Aufrechterhaltung von Disziplin und Arbeitsmoral unerläßlich. Als die Reagan-Administration 1981 die Macht übernahm, war dies sogar ein allgemein anerkannter Grundsatz der amerikanischen Regierungspolitik. Dennoch muß die Frage gestellt werden, ob die ständig breiter werdende Kluft zwischen repressiver und kompensatorischer Machtausübung im ökonomischen Bereich wirklich ein Grund zur Klage ist. Ein Wirtschaftssystem, in dem die Menschen, fremdbestimmt durch den Willen und die Ziele anderer, durch eine im großen und ganzen positive Belohnung eher zur Arbeit motiviert werden als durch den negativen Zwang, der in der Furcht vor schmerzhaften Sanktionen gründet, hat einiges, wenn nicht sogar sehr viel für sich.

5

Die Abschaffung der Sklaverei bedeutete also den Entzug des Rechts darauf, mit Hilfe repressiver Strafmaßnahmen Arbeitsleistung, das heißt die Unterwerfung unter den Willen des Sklavenhalters, zu erzwingen. An die Stelle der Repression trat kompensatorischer Lohn, so gering er zunächst auch noch sein mochte. Auch Fabrik- und Bergwerksbesitzer verfügten einst über das Recht, auf Gewaltmaßnahmen zurückzugreifen oder mit Gewaltanwendung zu drohen, wenn es darum ging, einen Streik zu brechen oder sonstwie unbotmäßige Arbeiter gefügig zu machen. Auch dieses Recht ist weitgehend zurückgenommen worden, und wenn es heute doch noch einmal zur Anwendung kommt, hält man es für rückschrittlich. Im Spätherbst 1981 nahm die polnische Regierung Zuflucht zum Kriegsrecht, um Streiks zu verhindern und Arbeiter und Studenten den Zielen des Staates und der Kommunistischen Partei zu unterwerfen. In diesem Fall ersetzte also repressive die kompensatorische Macht, nachdem letztere durch die eklatante Verknappung möglicher Kompensationsgüter – Lebensmittel und anderer Dinge des täglichen Gebrauchs – enorm geschwächt worden war. Daß diese Kehrtwendung zurück zur repressiven Macht sehr beklagt wurde, bedarf kaum besonderer Erwähnung.

Nicht nur die hohe Politik bietet hier Beispiele. So pflegten Ehemänner dereinst die Unterordnung oder den Gehorsam ihrer Frauen zu erreichen, indem sie mit repressiver Gewalt drohten und oft auch tatsächlich gewalttätig wurden. Derartiges Verhalten wird heute nicht mehr gutgeheißen, vielmehr ist der Schutz mißhandelter Frauen zu einem öffentlichen Anliegen geworden. In den Schulen wurde der Wille des Lehrers lange Zeit, einer alten Tradition folgend, mit repressiven Strafmaßnahmen durchgesetzt, heute dagegen meint kaum noch jemand, ein Kind, das nicht geprügelt wird, werde verwöhnt.

Die Priester schließlich erreichten ehedem die Unterordnung ihrer Gemeinde unter die von ihnen verkündeten Glaubensgrundsätze, indem sie Abtrünnigen und Andersdenkenden weiszumachen versuchten, ihrer harrten im Jenseits die schauderhaftesten Strafen. Heute hingegen werden Drohungen mit Fegefeuer und Verdammnis häufig für archaische Relikte aus längst vergangener Zeit gehalten.

So wie die Reputation der repressiven Machtausübung schwindet, bemüht man sich dort, wo sie noch fortbesteht, ihre Schärfe zu mildern. Soldaten, die vor dem Feind desertierten, wurden früher ohne langes Federlesen exekutiert, und noch im Ersten Weltkrieg erging es vielen so. Im Zweiten Weltkrieg hielt man diese Bestrafung bereits für unangemessen. Auf amerikanischer Seite wurde ein einziger Soldat hingerichtet, weil er sich geweigert hatte, dem Feuer des Feindes zu trotzen, und sein Fall wurde zu einer kleinen *Cause célèbre.* Die Todesstrafe ist im Laufe der Zeit in den meisten – wenn auch noch nicht in allen – modernen Staaten in Verruf geraten, und das gleiche gilt für Folterungen, Nahrungsmittelentzug und Auspeitschungen.

Ebenfalls Hand in Hand mit dem Reputationsverlust repressiver Macht kam es zu einer mit großem Einsatz betriebenen und weite Bereiche umfassenden Bemühung, die Anwendungsmöglichkeiten kompensatorischer Macht zu vergrößern. Insbesondere waren hier Ziele gemeint, die man aus gesellschaftspolitischen Gründen für erstrebenswert hielt, darunter vorrangig gesteigerte Anstrengungen der Wirtschaft und höhere Investitionen. Das Schlüsselwort in diesem Zusammenhang heißt *Incentive*, Anreiz. Unter einem Anreiz verstehen wir etwas, das die kompensatorische Vergütung für die erwünschte soziale Unterordnung attraktiver, ja zwingender macht.[4] Es gibt nur wenige Themen, die von den Regierungen heute häufiger diskutiert werden. Die Steuer- und die Finanzpolitik, die Agrarpolitik und die Tarifpolitik sind samt und sonders mit den Wirkungen vorgegebener Anreize, also den Folgen praktizierter kompensatorischer Macht, beschäftigt. Die Relation zwischen Kompensation und Leistung hält auch wirtschaftliche Großbetriebe ständig in Atem und beherrscht weitgehend die formale ökonomische Diskussion. Dies ist die gegenwärtige Rolle der kompensatorischen Macht.

Wenngleich Reputation und Anwendung repressiver Macht in modernen Gesellschaften stark an Bedeutung verloren haben – besonders im Vergleich zur kompensatorischen Macht –, so hat sich doch ihre alte Aura erhalten. In den Augen jener, die einst das Recht besaßen, sich ihrer zu bedienen, ist sie nach wie vor ein Mittel zur Unterwerfung. Ehemänner, Eltern, Lehrer, Polizisten, und Rausschmeißer verfügen noch heute über eine Autorität, die sich aus der einstmals sehr engen Verbindung mit repressiver Macht herleitet.

Wir erkennen hierin auch die Ursprünge konservativen Verlangens nach Todesstrafe, körperlicher Züchtigung in der Schule, nach Männerherrschaft und Frauenunterdrückung, nach blutigeren Vollmachten für die Polizei, der Erleichterung von Durchsuchungen und Verhaftungen sowie nach dem Recht auf weitgehend uneingeschränkten Besitz – und konsequenterweise auch auf den Gebrauch – tödlicher Waffen. Diese Relikte einer insgesamt gewalttätigeren Zeit seien, so wird behauptet, zur Aufrechterhaltung von Recht und Ordnung sowie ganz allgemein zur Durchsetzung akzeptabler gesellschaftlicher Verhaltensnormen erforderlich. Der wichtigere Grund liegt jedoch darin, daß es sich hierbei durchweg um Manifestationen repressiver Macht handelt. Da es Konservativen ein natürliches Bedürfnis ist, die Vergangenheit zu konservieren oder aber wiederaufleben zu lassen, liegt ihnen diese Macht, die früher eine viel größere Rolle spielte als heute, besonders am Herzen.

6

Entscheidend sowohl bei der repressiven wie bei der kompensatorischen Macht ist die spezifische Relation einer in Aussicht gestellten Vergütung oder der angedrohten Sanktion zur dadurch bewirkten Unterwerfung. Der Fließbandarbeiter, der nicht mehr bezahlt wird, wird seinen Job bald aufgeben. Auch wird er schwerlich bereit sein, unbezahlte Überstunden zu leisten. Den potentiellen Verbrecher hält die Strafandrohung von der Durchführung seiner Pläne ab, und der Autofahrer beachtet die Geschwindigkeitsbegrenzung, weil er sonst mit einer entsprechenden Geldbuße rechnen muß.

In all diesen und vielen anderen Fällen spielt bei der Unterwerfung jedoch noch ein weiteres Motiv mit, und zwar die Tatsache, daß Unterwerfung als solche eine saubere, angesehene und allgemein akzeptierte oder schickliche Form des Verhaltens ist. Erwachsene gehen unter anderem deshalb zur Arbeit, weil man das eben tut. Man verbummelt sein Leben eben nicht, man verschwendet nicht seine Zeit. Im Allerheiligsten der obersten Führungsetagen wird von den Männern – und den wenigen Frauen –, die dort tätig sind, erwartet, daß sie ihre gesamte Energie dem Unternehmen widmen. Wenn es nicht gerade direkt um die Erhöhung ihrer Bezüge oder um Steuerermäßigungen geht, ist es für sie völlig undenkbar, durchblicken zu lassen, daß ihre Leistung als Manager in einer Relation zu ihrer Bezahlung steht und daß ein Topmanager mit einem Seitenblick auf sein Gehalt weniger als sein Bestes gibt. Das gleiche gilt auch in der Politik. Von keinem Politiker oder hohem Beamten darf man erwarten, er gleiche seine Leistung der Bezahlung an, die er erhält. Kinder gehorchen ihren Eltern – unterwerfen sich deren Willen –, weil sich das für Kinder eben so gehört. Aus ähnlichen Gründen ordnen sich manche Ehefrauen ihren Männern unter. Und der Autorität des Staates fügen sich die meisten Leute nicht etwa aus Furcht vor repressiver Bestrafung oder weil sie sich Hoffnung auf irgendeine Art von kompensatorischer Belohnung machen, sondern ganz einfach deshalb, weil sie gesetzestreue Bürger sind.

Die Schwierigkeit, der man begegnet, wenn man Macht verstehen will, liegt – wie überall – darin, daß die verschiedenen Ausprägungen nicht in reiner Form vorkommen. In engster Verquickung mit repressiver und kompensatorischer Machtausübung findet sich so auch die Unterwerfung, die daraus resultiert, daß der Betroffene von sich aus glaubt oder davon überzeugt werden konnte, die Unterordnung sei für ihn selbst das Beste. Unterwerfung oder Unterordnung aus Überzeugung spielt eine bedeutende Rolle, und sie gewinnt darüber hinaus zunehmend an Gewicht. Denn in gleicher Weise, wie wirtschaftlicher und sozialer Fortschritt einem Wandel von repressiver, physischer Machtausübung zu kompensatorischer, pekuniärer Belohnung Vorschub leistete, wirkt er sich heute in immer stärkerer Weise zugunsten konditionierter Macht aus.

III

Konditionierte Macht

... das Weltgeschehen ... besteht fast aus nichts anderem als aus einem ewigen Wettstreit um Ehre, Reichtümer und Macht ... Dies sind in der Tat große Schwierigkeiten, aber keine Unmöglichkeiten, denn durch Erziehung und Disziplin ist es möglich, sie miteinander zu versöhnen, und manchmal gelingt es auch.

Thomas Hobbes, *Leviathan*

Die Schulbuchtexte sollen den Bürgersinn und das Verständnis für das System der freien Marktwirtschaft schärfen und insbesondere den Patriotismus und den Respekt vor den anerkannten Autoritäten fördern ... Die Schulbuchtexte sollen keine Lebensgewohnheiten befürworten, die von den allgemein anerkannten gesellschaftlichen Normen abweichen ...

Proklamation der obersten Texanischen Schulbehörde, 1982

1

Repressive und kompensatorische Macht sind sichtbar und objektiv, konditionierte Macht dagegen ist subjektiv; weder diejenigen, die sie ausüben, noch diejenigen, die ihr unterworfen sind, sind sich ihres Waltens stets bewußt. Das Sich-Fügen in die Autorität anderer und die Unterwerfung unter einen fremden Willen sind in diesem Fall bevorzugtes Ziel des Betroffenen selbst. Die Zielwahl kann bewußt gesteuert werden, sei es durch Überredung und Überzeugung, sei es durch Erziehung und Ausbildung: In beiden Fällen handelt es sich um explizite oder direkte Konditionierung. Sie kann aber auch vom kulturellen Umfeld der Betroffenen diktiert werden, die Unterwerfung wird dann allgemein als die normale, anständige oder traditionell korrekte Verhaltensweise angesehen. In diesen Fällen liegt implizite oder indirekte Konditionierung vor. Beide Formen lassen sich nicht durch eine scharf gezogene Trennungslinie voneinander abgrenzen. Die explizite Konditionierung geht graduell in die implizite über.[1] Um dieser etwas abstrakten Darstellung Substanz zu verleihen, möchte ich noch einmal auf die Mittel und Wege zu sprechen kommen, mit deren Hilfe es Männern in der Vergangenheit gelang – und in einem nicht unbeträchtlichen Maße auch heute noch gelingt –, Macht über Frauen auszuüben und sie ihrem, dem männlichen, Willen gefügig zu machen.

Zum Teil sind maskuline Autorität und ihre Durchsetzung gewiß darauf zurückzuführen, daß der Mann leichteren Zugang zur repressiven Macht hat, das heißt auf die physische Überlegenheit, die es ihm erlaubt, der unbotmäßigen, physisch schwächeren Frau seinen Willen aufzuzwingen. Und niemand kann ernsthaft bezweifeln, daß auch die kompensatorische Macht oftmals ihren Zweck erfüllt, gehören hierzu doch Belohnungen in Form von neuen Kleidern, Schmuck, Equipage, Wohnung, Unterhaltung und der Erlaubnis, an dieser oder jener Veranstaltung von gesellschaftlich hochstehendem Rang teilzunehmen. All diese Dinge dienen seit langem dazu, die Frau zur Hinnahme männlicher Entscheidungen zu veranlassen, und haben ihre Nützlichkeit immer wieder erfolgreich unter Beweis stellen können. Es bedarf jedoch keiner großen

Überlegung, um einzusehen, daß männliche Macht und weibliche Unterwerfung seit alters her in viel stärkerem Maße darauf gegründet waren, daß man in ihnen die natürliche Ordnung der Dinge zu erkennen glaubte. Nach gängiger Überzeugung durfte der Mann die Frau lieben, verehren und umsorgen, während die Frau dem Manne Liebe, Verehrung und *Gehorsam* schuldete. Zum Teil war diese Einstellung Produkt einer bestimmten Erziehung durch Elternhaus, Schule und Kirche und eng verknüpft mit dem Bild, das man sich dort von der angestammten Rolle der Frau in Familie und Gesellschaft machte. Noch bis vor kurzem wurden an Universitäten und Colleges Frauen, aber keine Männer in den häuslichen Künsten, Haushaltslehre und Hauswirtschaftslehre, unterrichtet, und stets schwang dabei der Gedanke mit, daß die Beherrschung dieser beiden Fächer für die als normal erachtete Unterwerfung unter den Willen des Mannes wichtig sei. Vollkommen verschwunden sind diese Implikationen bis heute nicht.

Die Unterordnung der Frauen wurde jedoch nur teilweise durch direkte Belehrung – also explizite Konditionierung – erzielt. Sehr viel wurde sicher – und wird – durch die simple Hinnahme dessen erreicht, was in dem gegebenen gesellschaftlichen und kulturellen Umfeld traditionsgemäß für recht und billig gehalten wurde oder was, in Anlehnung an Max Weber, als das etablierte patrimoniale Verhältnis zwischen Herrscher und Beherrschtem galt. Das ist implizite Konditionierung – eine machtvolle Kraft.

Im großen und ganzen läßt sich die konditionierte Unterwerfung der Frauen auf eine Glaubensfrage zurückführen. Die Frauen glaubten, daß der männliche Wille unstatthafter weiblicher Selbstbehauptung vorzuziehen sei; bei den Männern herrschte dementsprechend der Glaube vor, ihr Geschlecht oder geschlechtsspezifische physische und geistige Qualitäten berechtigten sie dazu, die Führung zu übernehmen. Es entstand eine unübersehbar große, sich in ihrer Argumentation aber häufig wiederholende Literatur, die sowohl diese weibliche Unterwerfung feierte als auch jenen hin und wieder auftauchenden und mitunter etwas exzentrischen Typ Frau, der es aufgrund ihrer Persönlichkeit, ihrer Cleverness oder ihres gezielten und bisweilen extravaganten Einsatzes sexueller Fähigkeiten gelingt, der Regierung, der Gemeinde, den Liebhabern oder den Ehemännern *ihren* Willen aufzuzwingen.

Beweise für diese Macht des Glaubens finden sich in den modernen Emanzipationsbestrebungen der Frauenbewegung. Diverse Erscheinungsformen repressiver Männermacht, einschließlich des Rechts der Männer, ihre Frauen mit physischen oder psychischen Mitteln zu bestrafen, sind von ihr attackiert worden. Die Schaffung neuer Beschäftigungsmöglichkeiten für Frauen außerhalb des Haushalts sowie die öffentliche Anprangerung von Diskriminierungen am Arbeitsplatz trugen dazu bei, die Auswirkungen der von den Männern ausgeübten kompensatorischen Macht zu lindern. Das Hauptanliegen der Frauenbewegung war es jedoch, den Glauben zu erschüttern – eben jenen Glauben, daß Unterwerfung und Untertänigkeit normal, tugendhaft oder aus irgendwelchen anderen Gründen angebracht oder angemessen seien. Umgekehrt war die beständige Wiederholung der Glaubensgrundsätze – also das hartnäckige Bestehen auf sogenannten traditionellen Werten wie Heim, Familie und Religion – charakteristisch für die mitunter sehr lautstarken Bemühungen jener, die die Emanzipationsbewegung bekämpften, und unter denen sich möglicherweise mehr Frauen als Männer befanden.

2

In ähnlicher Weise, wie sich eine männliche Vorherrschaft behauptete, manifestierten sich auch andere Erscheinungsformen der Macht. Die Macht der Kirche baute ursprünglich, wie bereits erwähnt, unter anderem darauf, daß ihr die Instrumente repressiver Strafmaßnahmen zu Gebote standen – und zwar ebenso im Diesseits wie im Jenseits. Und niemand wird bestreiten, daß die Belohnungen, die die Kirche auszuteilen vermochte, eine ganz erhebliche kompensatorische Verlockung darstellten. Dennoch beruhte und beruht die Macht der Kirche vorrangig auf dem Glauben, und mit Bedacht hat sie der Etablierung und Konsolidierung des Glaubens von Anfang an höchste Aufmerksamkeit geschenkt. Ihre Glaubenspredigt ist uns derart in Fleisch und Blut übergegangen, daß oft schon Glaubensbeteuerungen für identisch mit der Religion selbst gehalten werden.

Beim Militär bietet sich das gleiche Bild. Soldaten werden für ihre Dienste entlohnt – und sollen es auch werden. Wer den Kriegsdienst verweigert oder sich nicht den möglicherweise tödlichen Risiken einer Schlacht aussetzen will, wird vielfach mit repressiven Alternativen bedroht. Andererseits gilt es seit langem als selbstverständlich, daß gute Soldaten von der Sache, für die sie kämpfen, überzeugt sind. Die Bereitschaft, Tod und Verstümmelung in Kauf zu nehmen, erfordert hohe moralische Grundsätze – und diese wiederum erstehen aus dem Glauben.[2] Söldner, die lediglich von kompensatorischer, und unfertige Rekruten, die nur von repressiver Macht motiviert sind, galten von jeher als zweitklassige Krieger.

Der Zugang zur repressiven Macht, das heißt, ihre Fähigkeit, diejenigen, die sich ihrem Willen nicht unterwerfen, mit Haft, Folter oder physischer Vernichtung zu bedrohen, ist bis in unsere Tage in einem erschreckend großen Teil der Welt für viele politische Führer die Basis der Macht schlechthin und mitentscheidend dafür, daß sie sich im Amt halten können. Darüber hinaus machen sie auch ausgiebigen Gebrauch von den Möglichkeiten der kompensatorischen Macht, das heißt, sie erkaufen sich die Dienstbereitschaft von Personen, die sich auf andere Weise nicht ihrer Autorität beugen würden. Bis vor relativ kurzer Zeit war es in verschiedenen Teilen der Vereinigten Staaten gang und gäbe, Wählerstimmen zu kaufen. Vergleichbares geschah auch in anderen Demokratien. Ämterpatronage, Einladungen zu gesellschaftlichen Ereignissen, Ordensverleihungen und andere Ehrungen sowie vor allem die Usancen bei der Vergabe öffentlicher Aufträge zeigen, daß die kompensatorische Macht bis heute eine bedeutende Rolle spielt. Und doch läßt sich auch für den Bereich der Politik feststellen, was bereits für die Religion und das Militär galt: Die konditionierte Macht ist weit wichtiger. Politiker widmen heutzutage den überwiegenden Teil ihrer Zeit und Kraft der Pflege des Glaubens und der Überzeugungen. Politische Macht besteht in den Demokratien des zwanzigsten Jahrhunderts weitgehend aus konditionierter Macht. Auch auf diese Problematik werde ich im folgenden noch zurückkommen.

Auch im Wirtschaftsleben kommt der konditionierten Macht große Bedeutung zu. Der einfache Arbeiter oder Angestellte reagiert auf kompensatorische Macht. Gäbe es sie nicht, so würde er nicht arbeiten. Doch sieht man einmal ab von ganz extrem ermüdenden oder anspruchslosen Tätigkeiten, so wird man bei jedem Arbeiter auch einen gewissen Stolz auf seine Arbeit feststellen können, und in seiner Arbeitsweise wird zum Ausdruck kommen, was Thorstein Veblen den *Instinct of workmanship*, den Werkinstinkt, nannte. Diese Eigenschaft gewinnt mehr und mehr Gewicht und wird immer häufiger beschworen, je höher man in der Hierarchie eines Betriebs oder Konzerns steigt. Der Topmanager und der auf höhere Weihen erpichte Angestellte sind stolz darauf, daß sie an das, was sie tun, wirklich *glauben.* Natürlich sind auch im Bereich des Managements die kompensatorischen Verlockungen nicht ohne Reiz, doch sind die geschäftlichen Ziele des Unternehmens tief in der Motivation des Managers, in seinem Glauben verwurzelt und verfügen über eine von der Kompensation unabhängige Kraft. Sie gelten als gut und moralisch richtig, und der Glaube an sie ist eine überaus effektive Erscheinungsform konditionierter Macht.[3]

Wo immer Macht in Erscheinung tritt und Erwähnung findet, im Bereich der Familie, der Religion, des Militärs, der Politik oder der Ökonomie – Beispiele, wohlgemerkt, die ebensoviel verbergen wie sie enthüllen –, überall spielt die konditionierte Macht eine bedeutende Rolle. Und weil sie aufs engste mit dem gesamtgesellschaftlichen Entwicklungsprozeß verknüpft ist, wächst ihre Bedeutung immer mehr.

3

Konditionierte Macht ist das Ergebnis eines Kontinuums von Faktoren, die von objektivierter, sichtbarer Überzeugung bis zu dem reichen, was das Individuum im gesellschaftlichen Kontext dazu gebracht hat, etwas als falsch oder richtig einzustufen. Wie wir gesehen haben, kann diese Macht explizit sein, also Ergebnis eines direkten und unverhüllten Versuchs, den Glauben durchzusetzen, der den Interessen des Individuums oder der Gruppe, die die Macht erstreben oder besitzen, am ehesten entspricht. Der Glaube kann aber implizit bereits auch in den bestehenden gesellschaftlichen und kulturellen Bedingungen verankert sein, die Unterordnung unter die Autorität anderer spiegelt dann die allgemein akzeptierte Auffassung von den Pflichten des Individuums wider. Geht man von der expliziten zur impliziten Konditionierung über, so ist dies ein Übergang von offenen oder sogar aufdringlichen Versuchen, jemanden für seine Überzeugung einzunehmen, zur heimlichen Unterwerfung, die unauffällig ist, weil jeder sie für selbstverständlich hält. Ein bedeutsames Phänomen in diesem Zusammenhang ist im übrigen die Tatsache, daß die Bereitschaft der Gesellschaft, sich mit konditionierter Macht abzufinden, um so rascher wächst, je zügiger die expliziten Methoden der Konditionierung durch implizite ersetzt werden.

Zu den direktesten Methoden konditionierter Machtausübung gehört in den modernen Industriegesellschaften die Werbung. Mittels künstlerischer Gestaltung und beständiger Wiederholung versucht man, die Leute *glauben* zu machen, daß eine bestimmte Biermarke mit besonders angeregter Geselligkeit verbunden ist, daß diese und keine andere Zigarettenmarke über ganz spezifische gesundheitsfördernde Eigenschaften verfügt, daß unser gesellschaftliches Ansehen davon abhängt, wie weiß unser Hemdkragen ist, daß die Moral dieses oder jenes Politikers einzigartig ist und daß ein bestimmtes politisches Vorhaben wünschenswert oder töricht ist. Das Ergebnis ist in allen Fällen das gleiche: Der Käufer läßt sich verleiten, den Absichten des Verkäufers zu vertrauen. Er fügt sich dem Willen des Bier-, Zigaretten-, Waschmittel- oder Politikvertreibers. Der Umstand, daß in einem solchen Vorgehen nicht immer die unmittelbare Machtausübung erkannt wird, ändert nichts daran, daß es sich um Machtausübung handelt, so wie auch die Tatsache, daß die Überzeugung oder der Glaube und die daraus resultierende Unterwerfung durchaus oberflächlicher und zeitlich begrenzter Natur sein können, den eigentlichen Charakter der Übung nicht zu ändern vermag. Es gibt in unserer Zeit nur wenige Erscheinungsformen der Macht, die mit so viel finanziellem und persönlichem Engagement betrieben werden wie die Prägung und Pflege von Überzeugungen und die sich darauf aufbauende Machtausübung durch Werbung.

Der Versuch, durch Werbung den Glauben anderer gewissermaßen einzufangen, gilt indes nicht überall als die feine Art, und zwar auch deshalb, weil es sich um eine sehr plakative und vordergründige Methode handelt, bei der man stets damit rechnen muß, daß sie Widerspruch und Ablehnung hervorruft. Während jemand also bei der Bemühung, seine Produkte an den Konsumenten zu bringen, eine Anzeigenkampagne startet, wird er, wenn es darum geht, die Bürger vor seinen politischen Karren zu spannen – also etwa um die Abschaffung lästiger Vorschriften oder angeblich ungerechtfertigter Steuern – einen Aufklärungsfeldzug beginnen. Und jede andere Interessengruppe, die dem Bürger ihren politischen Willen aufoktroyieren will, wird zu ähnlichen Mitteln greifen, denn die gesellschaftliche Reputation von aufklärenden oder bildenden Maßnahmen ist im Vergleich zur Werbung sehr hoch.

Völlig unproblematisch ist indessen auch eine derartige Vorgehensweise nicht. Auch Aufklärung kann gelegentlich zu aufdringlich werden. Ein Politiker kann davon sprechen, sein Publikum informieren zu wollen. Daß es der Aufklärung oder der Bildung bedarf, kann er nicht sagen, da sonst unweigerlich der Eindruck entsteht, er halte nicht viel von der Intelligenz der Leute. Privatim kann ein Präsident sagen, auf diesem oder jenem Gebiet sei eine bessere Unterrichtung der Öffentlichkeit vonnöten. Wendet er sich aber dann über das Fernsehen direkt an die Bürger, wird er ihnen lediglich sagen, sie sollten sich dieses oder jenes *ins Bewußtsein rufen.* Die bildende oder erzieherische Funktion des Fernsehens, der Presse und des Rundfunks – kurz: der Medien – wird recht hoch eingeschätzt. Sie selbst möchten das nicht für sich beanspruchen. Bescheiden behaupten sie, sie beschränkten sich darauf, ihre Leser, Zuschauer und Zuhörer zu *informieren.*

Daß Macht im Spiel ist, das heißt, daß es auch hier um die Unterordnung der einen unter die Absichten der anderen geht, demonstriert die permanente Rangelei um den Zugang zu den Medien. Alle amerikanischen Präsidenten der jüngsten Vergangenheit sind wiederholt mit Presse, Fernsehen und Rundfunk in Konflikt geraten. Teilweise lag dies daran, daß die Medien den Zugang des Präsidenten zur konditionierten Macht bis zu einem gewissen Grade kontrollieren können. Hinzu kommt, daß Konditionierung im Sinne des Präsidenten nicht immer den Wünschen der Medien entspricht, die ja ihre eigenen Vorstellungen von der Konditionierung des Publikums haben. Daraus ergeben sich zwangsläufig Kontroversen. Aber auch die unermüdlichen – und keineswegs erfolglosen – Versuche des Präsidenten, die Presse mit Zuvorkommenheit, scheinbarer Vertraulichkeit und schauderhaft wortreicher Schmeichelei, mit eigens arrangierten Festlichkeiten, würdevoller Ehrerbietigkeit und anderen Winkelzügen zu verführen, haben hierin ihren Ursprung – wie letztlich auch die vielzitierte und nicht unwichtige Bremserfunktion der Medien gegenüber der präsidialen Macht. Eine der Konsequenzen, die sich daraus ergeben, ist die weitverbreitete Überschätzung der Macht von Presse, Rundfunk und Fernsehen, auf die ich in einem späteren Kapitel noch einmal zurückkommen werde.

4

Niemand wird wahrscheinlich die Bedeutung der Medien bei der expliziten Konditionierung, das heißt ihre instrumentelle Funktion im Kampf um die Macht und deren Erhaltung, in Frage stellen. Diejenigen, die unmittelbar an diesem Geschäft beteiligt sind, sind sich ebenfalls ihrer Bedeutung bewußt und benehmen sich dementsprechend. Weniger gefeiert wird die

Konditionierung durch Erziehung und Ausbildung, also durch die Familie, durch Schulen und Universitäten. All diese Institutionen tragen in erheblichem Maße zur Förderung und Verbreitung jener Überzeugungen bei, die die Machtausübung erleichtern oder gar überhaupt erst möglich machen. Selbst in Schulen von ansonsten höchst fragwürdiger Kompetenz wird den Kindern vom ersten Tag an beigebracht, daß die Autorität von Eltern und Lehrern respektiert werden muß und daß man den Gesetzen Gehorsam schuldet. Sie lernen, daß den Entscheidungen einer demokratischen Regierung die Weisheit gleichsam innewohnt, daß es in bezug auf Eigentum, Kleidung und persönlicher Hygiene so etwas wie allgemeinverbindliche Regeln gibt und daß es durchaus normal und empfehlenswert ist, die Führerschaft anderer zu akzeptieren – wobei wir wieder bei der subjektiv freiwilligen Unterwerfung des eigenen Willens unter einen fremden wären.[4] Der große Wert, den alle mit Ausbildung und Erziehung befaßten Institutionen auf Mannschaftssportarten legen, gründet sich zum Teil auch darauf, daß diese ein gutes Training für die weitgehend automatische Ersetzung individueller Ziele durch Gruppen- oder Teamziele darstellen und daß der Mitspieler lernt, seine eigenen Präferenzen und Gedanken denen des Trainers oder des Mannschaftskapitäns unterzuordnen.

Ganz spezifischen Formen der Macht wird durch erzieherische Konditionierung der Weg geebnet. So dienen in fast allen Ländern der Welt traditionelle Rituale wie Treuegelöbnisse vor der Fahne, heroisierende Darstellungen von Ereignissen aus der nationalen Vergangenheit oder direkter Wehrkundeunterricht, in dem der Wert und die Bedeutung militärischer Bereitschaft und Leistung hervorgehoben werden, dazu, Schulkindern die Prinzipien des Patriotismus einzubleuen, deren Akzeptierung wiederum eine wichtige Voraussetzung für die militärpolitischen Ziele des Staates ist. Die erzwungene Reverenz vor der Fahne konditioniert die Betroffenen mit dem Ziel, ihre Subordination in Fragen der Außen- und Militärpolitik zu erleichtern, und soll dazu beitragen, Fragen der Sicherheits- und Verteidigungspolitik der beständigen Herausforderung durch die Parteien oder andere Interessengruppen zu entziehen.

Erzieherische Konditionierung erstreckt sich auch auf das Wirtschafts- und Gesellschaftssystem. Kindern in kommunistischen Ländern werden unablässig die Vorzüge des Sozialismus sowie die Notwendigkeit gepredigt, sich seinen Zielen voller Enthusiasmus zu unterwerfen. Bei diesen Bemühungen handelt es sich jedoch, von ihrer Intensität einmal abgesehen, keineswegs um eine Besonderheit des kommunistischen Erziehungswesens. In ganz ähnlicher Manier werden amerikanischen Kindern die Tugenden der freien Marktwirtschaft gepredigt, und aus den Unternehmerverbänden und den Führungsetagen der Konzerne tönt immer wieder die Forderung, dieselben an Schulen und Universitäten sowie ganz allgemein in der Öffentlichkeit mit noch größerem Nachdruck zu propagieren – ganz nach sozialistischem Vorbild. In dem Maße, in dem dieser Unterricht Erfolg hat, werden die Schüler dazu gebracht, die Interessen der Geschäftswelt mit dem öffentlichen Wohl wie auch mit den eigenen Interessen gleichzusetzen. Der verbissene Ernst, mit dem solche Konditionierung auch heute noch an den Schulen betrieben wird, zeigt sich an den Entrüstungsstürmen, die ausgelöst werden, wenn bekannt wird, daß Jugendliche in Bibliotheken Zugang zu Büchern haben, die sich kritisch mit der bestehenden Wirtschafts- und Gesellschaftsordnung auseinandersetzen.

Wie wichtig diese direkte erzieherische Konditionierung ist, demonstriert auch der fortgesetzte Streit über den Religionsunterricht an öffentlichen Schulen in Amerika. Erklärtes Ziel des Religionsunterrichts ist es, dafür Sorge zu tragen, daß die

Kinder schon in jungen Jahren jene Gläubigkeit entwickeln, die die Voraussetzung für die Hinnahme religiöser Autorität ist. Weil zweifelhaft erschien, ob eine solche Konditionierung und der sich daraus ergebende Machtgebrauch überhaupt wünschenswert wäre, und weil dazu noch unüberbrückbare Gegensätze über die Frage bestanden, welche religiöse Autorität denn anerkannt werden sollte, wurde dem Religionsunterricht durch die amerikanische Verfassung ein Riegel vorgeschoben. Von denen, die auf die zu erwartende Macht spekulierten, ist dieses Verbot niemals akzeptiert worden. Sie fahren fort, eine implizite Konditionierung zu propagieren, wie sie schon durch so bescheidene religiöse Bräuche wie das freiwillige, stille Gebet erfolgt. Die Gegner des Religionsunterrichts sehen nun gerade darin die Quelle religiösen Glaubens – und damit die potentielle Unterwerfung unter eine religiöse Autorität. Auch andere Kontroversen – die Auseinandersetzungen über die Sexualerziehung sind ein herausragendes Beispiel – spiegeln die Bedeutung wider, die der sozialen Konditionierung durch die Schulen und der sich aus ihr ergebenden Unterwerfung – oder auch Nicht-Unterwerfung – unter eine Autorität beigemessen wird, einer Unterwerfung, welche die Folge oder vermeintliche Folge eben der inneren Einstellung ist, welche die Erziehung suggeriert hatte. Nur wenn man sich klar vor Augen hält, daß es um Macht geht, wird verständlich, warum der Disput um Religions- und Sexualerziehung oftmals einen geradezu giftigen Charakter annimmt.

5

Die Versuchung liegt nahe, davon auszugehen, daß Konditionierung, ihr Gegenstück Unterwerfung sowie die damit verbundene Machtausübung durch für jedermann leicht erkennbare Methoden wie das Erziehungssystem und den Einsatz der Medien zu erzielen sei. Wir haben es hier mit der weitverbreiteten Neigung zu tun, dem unmittelbar Hör- und Sichtbaren größere Bedeutung beizumessen, als es eigentlich verdient. Es gibt indessen in allen Gesellschaften eine noch weit umfassendere Form der sozialen Konditionierung, die so subtil und allgegenwärtig ist, daß sie als natürlicher und integraler Bestandteil des Lebens angesehen wird. Der erforderliche Glaube und die Unterwerfung bedürfen in diesen Fällen keiner besonderen Unterstützung. So braucht die elterliche Autorität meist nicht extra betont zu werden. Sie ist allem Anschein nach normal, und Kinder akzeptieren sie angeblich von Natur aus. Ähnlich verhält es sich mit der Autorität von Lehrern, Priestern, Repräsentanten von Gruppen und Gemeinden, gewählten Volksvertretern, Finanzbeamten und Vollstreckern des Gesetzes. Zum Teil, weil es alle so machen, also gleichsam aus einem Herdentrieb heraus, steht man seinem Arbeitgeber zu Diensten und legt das biblisch sanktionierte Verhalten des guten treuen Knechts an den Tag. Die Verworfenheit von Mord, Vergewaltigung, ja selbst einfachem Diebstahl muß nach allgemeiner Ansicht nicht ausdrücklich gelehrt werden.

Implizite Konditionierung in der hier geschilderten Art wirkt von Geburt an allumfassend, aber dabei subjektiv und unmerklich auf uns ein. Was nun wichtiger ist, diese oder die offene Konditionierung, läßt sich quantitativ nicht festlegen; ihre Bedeutung als solche steht jedoch außer Zweifel.

6

Ist der Glaube erst einmal gewonnen, sei es durch explizite oder durch implizite Konditionierung, dann wird die nachfolgende Unterordnung unter den Willen anderer als Frucht der ureigenen moralischen Überzeugungen des Betroffenen oder als Ausdruck seines Gemeinschaftssinns aufgefaßt. Sie gilt, mit Worten, als Produkt all dessen, was der sich Unterwerfende für gut und richtig hält. In seiner reinsten Form ist dieses Moralempfinden vollkommen losgelöst von kompensatorischer Belohnung oder repressiver Bestrafung. Ganz wie Kinder, die ungefragt ihren Eltern gehorchen, verhalten sich hier die Erwachsenen. Sie baden, benutzen ein Deodorant, gehen zur Kirche oder fügen sich der Meinung eines politischen Führers. Man tut es, weil es sich so gehört und weil es einen persönlich befriedigt, Belohnung oder Bestrafung sind nicht mit im Spiel. Im Normalfall kommt es jedoch zu einer Kombination aus allen drei Instrumentarien der Machterzwingung. Kinder fügen sich der elterlichen Autorität, weil es so üblich oder natürlich ist. Mit hineinspielen mag aber auch die Aussicht auf kompensatorische Belohnung bei Wohlverhalten oder auf Bestrafung im Falle von Aufsässigkeit. Viele Menschen unterwerfen sich auch religiöser Autorität infolge familiärer oder sozialer Konditionierung dieser Art, doch gibt es nach wie vor auch einige, die sich die phantasiereiche Vielfalt von Unannehmlichkeiten vor Augen führen, die letztlich der Widerspenstigen harrt. Für viele Erwachsene genügt es, wenn man von ihnen erwartet, gute Bürger zu sein und sich als solche den Entscheidungen ihrer Regierung zu unterwerfen. Aber für diejenigen, die sich dementsprechend verhalten, steht immer auch irgendwelche Kompensation in Form von Ämtern, Beschäftigung und gesellschaftlichem Ansehen bereit, während jemand, der ein nach konditionierter Sicht akzeptables Verhalten ablehnt, mit bisweilen empfindlicher Bestrafung durch die Gemeinschaft, in der er lebt, oder direkt durch die unmittelbare Autorität rechnen muß. Niemals dürfen wir bei der Betrachtung der Macht davon ausgehen, daß nur eine einzige Machtquelle und nur ein Machtinstrument am Werke ist.

7

Eine wertvolle Einsicht, die wir bei der Zerlegung der Macht in ihre anatomischen Bestandteile gewinnen, ist die Erkenntnis, daß Unterschiede, die oft als grundsätzlich eingestuft werden, faktisch nur gradueller Natur sind – auch wenn sie, wie wir nicht vergessen dürfen, beträchtlich sein können. Außerdem ändert sich von Fall zu Fall die Gewichtung der konstituierenden Elemente. Die Machtausübung totalitärer Regime ist dadurch gekennzeichnet, daß besonders intensive – und exklusive – Zwangskonditionierung via Schule, Presse, Rundfunk, Fernsehen und Rhetorik mit echten kompensatorischen Belohnungen für Parteigänger und – oftmals endgültiger – repressiver Bestrafung der Opponenten kombiniert wird. Die gewaltige Propaganda des Joseph Paul Goebbels in den dreißiger und vierziger Jahren in Deutschland war ein äußerst markantes Charakteristikum des Nationalsozialismus – und ein Beispiel für den massiven Einsatz unverhüllter konditionierter Macht. Damit gekoppelt war jedoch die mächtige kompensatorische Verlockung in Form von Arbeitsplätzen und Aufträgen für die Produktion kriegswichtiger Güter. Auf diejenigen, die sich trotz allem nicht unterordneten, wartete repressive Bestrafung in Form von Konzentrationslagern. Im stalinistischen Rußland sah es ähnlich aus, auch dort kam es zum geballten Einsatz kompensatorischer Belohnung, repressiver Bestrafung und offener Konditionierung. Anderswo waren und sind die

Mischungen etwas anders. So waren die beiden lateinamerikanischen Diktatoren Rafael Trujillo und Anastasio Somoza vor allem wegen ihrer Grausamkeit berüchtigt. Ungeübt in konditionierter Macht (es gab schließlich kaum irgendwelche Leistungen, die sie auch nur einigermaßen glaubwürdig propagandistisch hätten ausschlachten können) und ohne die nötigen Mittel, um im größeren Umfang auf kompensatorische Macht zurückgreifen zu können, waren sie gezwungen, sich nahezu ausschließlich auf repressive Macht zu verlassen. Dies hat zu einer Unterscheidung zwischen autoritärer Macht mit mehr oder weniger ausschließlich repressiven Methoden auf der einen und totalitärer Macht mit dem umfassenderen Einsatz repressiver, kompensatorischer und konditionierter Macht auf der anderen Seite geführt. Südamerikanische, afrikanische und asiatische Diktatoren gelten als autoritär, die kommunistischen Länder als totalitär. Weiter hat man behauptet, die autoritäre Machtausübung sei, da ihre Machtmittel beschränkt sind, der umfassenderen totalitären Machtausübung moralisch überlegen.[5] Den Menschen im Machtbereich autoritärer Regime hilft diese Unterscheidung freilich herzlich wenig. Gezwungen, sich in erheblicherem Maße auf die repressive Macht und die mit ihr verbundenen Grausamkeiten zu verlassen, kann ein autoritäres Regime durchaus noch unangenehmer und abstoßender sein als ein totalitäres.

Auch demokratische Regierungen verzichten nicht auf repressive, kompensatorische und konditionierte Macht. Wiederum liegt der Unterschied in der Art, wie die drei Formen miteinander kombiniert werden, in der Art der Beschränkungen, denen die Machtmittel unterliegen und vor allem auch darin, bis zu welchem Grade sich der Staat die Ausübung konditionierter Macht vorbehält. Bei der Betrachtung der Macht muß immer sensibel registriert werden, wie die Kombination ihrer Komponenten wechselt. Diese wechselnden Kombinationen und Permutationen werden uns auf den folgenden Seiten noch ausführlich beschäftigen. Und wir werden die Wirklichkeit betrachten, die hinter Bezugnahmen auf wirtschaftliche, politische, religiöse und sonstwie geartete Macht verborgen liegt. Diese Machtverhältnisse lassen sich nur begreifen, wenn wir in der Lage sind, die Elemente zu erkennen, aus denen sie sich zusammensetzen. Wir müssen uns daher zunächst einmal mit den Quellen der Macht beschäftigen.

IV

Die Quellen der Macht – Persönlichkeit

> In einem Premierminister, der nicht mehr in Amt und Würden ist, sieht man allzu oft nur noch einen Mann, der einstmals pompöse Reden schwang, und ein General ohne Armee ist nichts weiter als der zahme Held eines Marktfleckens.
>
> W. Somerset Maugham, *The Moon and Sixpence*

1

Wir kommen nun zu dem, was hinter den in den letzten Kapiteln skizzierten Exekutivmitteln steht und was die Ausübung von repressiver, kompensatorischer und konditionierter Macht in ihren diversen Erscheinungsformen und Kombinationen überhaupt erst ermöglicht.

Es gibt drei Zugänge: Persönlichkeit, Besitz und Eigentum und Organisation. Ebenso wie die Exekutivmittel sind diese drei Faktoren – die eigentlichen Quellen der Macht – fast immer miteinander kombiniert. Persönlichkeit gewinnt durch Besitz, und umgekehrt, und gewöhnlich zieht sie zusätzliche Kraft aus einer Organisation. Besitz ist stets mit einer Organisation verbunden und nicht selten auch mit einer dominierenden Persönlichkeit. Und eine Organisation wiederum wird durch Besitz und Persönlichkeit vermehrt und getragen.

Jede dieser drei Quellen der Macht steht in einer engen, wenngleich niemals exklusiven Beziehung zu einem bestimmten Exekutivmittel. Die Organisation ist aufs engste verbunden mit konditionierter Macht, Besitz natürlich mit kompensatorischer, und zwischen repressiver Macht und Persönlichkeit gibt es seit alters her einen direkten Zusammenhang. Durch physische Überlegenheit erreichten in früheren Zeiten Einzelpersonen die Unterwerfung anderer, die Fähigkeit, aufsässige oder auch nur nonkonformistische Individuen mit Körperstrafen zu belegen. Gewisse Elemente dieser traditionellen Verbindung haben sich bis in unsere Tage erhalten, sie kommen vor allem in den Beziehungen von Kindern untereinander noch zum Tragen. In jeder Kindergruppe wird dem physisch stärksten Jungen – gelegentlich kann es sich auch um ein Mädchen handeln – ganz naturgemäß nachgegeben. Wer von dieser seiner Fähigkeit, repressive Macht durchzusetzen, besonders willkürlich oder in besonders auffälliger Weise Gebrauch macht, wird als Draufgänger gefeiert oder als kleiner Tyrann gescholten. Es gilt als selbstverständlich, daß Kinder, je reifer und – angeblich – zivilisierter sie werden, immer seltener auf repressive Macht zurückgreifen und daß der persönlichkeitsbedingte Aspekt dieser Macht kontinuierlich an Bedeutung verliert.

Die Verknüpfung zwischen Persönlichkeit und Macht wird indes auch weiterhin die Einstellungen prägen. Bedeutende Führerpersönlichkeiten aus Mythologie und Geschichte, wie Herakles, Peter der Große oder Charles de Gaulle, verdankten vermutlich einen Teil ihrer Macht ihrer physischen Stärke oder ihrer Körpergröße. Sie gelten als *gebieterische* Erscheinungen. Napoleon war auch deshalb bemerkenswert, weil er so klein war. In allen modernen Gesellschaften besteht nach wie vor eine gewisse Tendenz dazu, großgewachsenen oder auf andere Weise physisch eindrucksvollen Personen nachzugeben – eine Vorgehensweise, die in sich bereits eine milde Form der Unterwerfung darstellt. Zu den wenigen heutzutage noch goutierten Formen der Diskriminierung zählt die Benachteiligung überdurchschnittlich kleiner Menschen, während großgewachsene Personen mit einem Sympathiebonus bedacht werden. Einem kurzgeratenen Menschen, der sich irgendwo unbeliebt macht, kann es durchaus passieren, daß man ihn einen »unangenehmen, widerlichen Giftzwerg« schimpft. »Riesen« werden mit diesen pejorativen Attributen gemeinhin nicht belegt.

Es ist eine Binsenweisheit, daß die meisten geschichtlichen Größen, die ihre Macht aus der Persönlichkeit bezogen, wie Moses, Konfuzius, Aristoteles, Platon, Jesus, Mohammed, Marx oder Gandhi, ihrer Körperkraft oder dem persönlichen Rückgriff auf repressive Macht nichts oder fast nichts verdankten. Die Qualitäten, die es ihnen ermöglichten, Millionen oder sogar Hunderte von Millionen Menschen dauerhaft ihrem Willen gefügig zu machen, waren weniger demonstrativ. Bald war allerdings mehr als nur Persönlichkeit erforderlich: Gesetzgeber, Tempel, Schulen, Apostel, Kirchen, Moscheen, die Erste Internationale oder die indische Kongreßpartei entstanden um sie herum und unterstützten sie. War also zunächst die Persönlichkeit Quelle der Macht, so gesellten sich zum Zwecke der Aufrechterhaltung und weiteren Verbreitung Organisationen und nicht unerhebliche Besitztümer hinzu. Die originäre Bedeutung der Persönlichkeit bei der Bemühung, die Überzeugungen und den Glauben zu gewinnen, kann jedoch niemand anzweifeln – und es waren eben dieser Glaube und diese Überzeugungen, die in all den genannten Fällen der Bewegung Kraft, Schwung und Glaubwürdigkeit verliehen.

2

Die Verknüpfung von Persönlichkeit und konditionierter Macht gewann zunehmend an Bedeutung und ist heutzutage die wichtigste aller Kombinationen. Die tatkräftige Persönlichkeit sichert sich Unterwerfung mittels Überredung und Überzeugung, sie schafft und fördert Glauben durch den Einsatz ihrer Führungsqualitäten. Die Frage, welche Aspekte der Persönlichkeit im einzelnen den Zugang zur konditionierten Macht ebnen, hat die Menschen seit jeher beschäftigt und zählt auch heute noch zu den meistdiskutierten Problemen.[1] Von großer historischer und auch von aktueller Bedeutung ist die erfolgreich auf andere Menschen übertragene Überzeugung des einzelnen, in unmittelbarer Kommunikation mit einer übernatürlichen Kraft zu stehen und von ihr geleitet zu werden – einer Kraft wohlgemerkt, die der Masse als solcher nicht zugänglich ist. Zahllose Religionsführer, aber auch Jeanne d'Arc, Philipp II. und General Douglas MacArthur gewannen auf diese Weise ihre Anhängerschaft. Darüber hinaus können auch eher diesseitige Eigenschaften wie Scharfsinn und andere geistige Fähigkeiten – Charme, der erfolgreich vermittelte Eindruck von Rechtschaffenheit, Humor, feierliches Gehabe und vieles andere – eine wichtige Rolle spielen. Nicht zuletzt gilt dies für die Fähigkeit, seine Gedanken mit zwingender Eloquenz und Beharrlichkeit vorzutragen.

Zugang zu konditionierter Macht gewährleisten mitunter auch persönliche Eigenschaften, die weder etwas mit Intelligenz noch mit Ausdrucksfähigkeit zu tun haben. Von höchster Bedeutung bei der Überzeugung und der daraus resultierenden Unterwerfung anderer ist ein extrem stark entwickeltes Vertrauen in die eigene Überzeugung. Bei dieser Charaktereigenschaft kann Intelligenz geradezu ein Hemmnis sein. Zu den elementaren Erkenntnissen der Wirtschafts-, Außen- und Militärpolitik, aber auch des Geschäftslebens, zählt die Tatsache, daß die Folgen einer bestimmten Handlungsweise häufig nur ungenau vorherzusagen sind, und manchmal ist selbst dies unmöglich. Niemand weiß genau, was eine Erhöhung des Zinssatzes im Einzelfall für Konsequenzen nach sich ziehen wird. Niemand kann mit Sicherheit sagen, was eine Unterstützungsgeste für irgendeine notorisch kriminelle Regierung oder die Durchführung einer sorgfältig augetüftelten Militäraktion letztlich für Folgen zeitigen wird. Das gleiche gilt für unternehmerische Initiativen verschiedenster Art. In all diesen Fällen kommt es regelmäßig zu einer Übertragung der Macht auf den, der mit größter Überzeugungskraft das Unbekannte zu behaupten versteht, seinem Willen unterwirft man sich. Die Macht erwächst also nicht dem Wissenden, sie fällt vielmehr demjenigen zu, der, oftmals aus Abgestumpftheit oder Sturheit heraus, an sein Wissen glaubt, und andere Menschen von diesem Glauben überzeugen kann.

3

In der modernen politischen Diskussion besteht allenthalben eine starke Tendenz, den Stellenwert der Persönlichkeit bei der Ausübung von Macht zu hoch einzuschätzen. Dieser Irrtum ist das Ergebnis eines aus vielen verschiedenen Faktoren zusammengesetzten Prozesses, und der wichtigste Einzelfaktor dabei ist die historisch herausragende Bedeutung politischer Führerfiguren. Zahlreiche Personen dieses Schlages, von Moses bis Marx, Hitler, Stalin, Winston Churchill und Franklin D. Roosevelt, verfügten zweifellos über die Fähigkeit, mit den Mitteln der Überredung oder der Repression andere ihren Zielen unterzuordnen. Ihre Persönlichkeit verschaffte ihnen auf verschiedene Weise Zugang zu repressiver, kompensatorischer und konditionierter Macht. Menschen wie ihnen – und, gleichsam in ihrem Schlepptau, einer ganzen Reihe anderer, weit weniger illustrer Figuren in hohen Positionen – bringt die Öffentlichkeit stets ein hohes Maß an Bewunderung entgegen, und was in Wirklichkeit viel eher dem Besitz und der Organisation, die sie umgeben, zugeschrieben werden müßte, gilt einzig und allein als Verdienst ihrer Persönlichkeit.

Auch die Eitelkeit trägt ihren Teil zur Überschätzung der Rolle der Persönlichkeit bei. Nichts erfreut den Manager in einem Konzern, den Fernsehmoderator oder einen Politiker so sehr wie der Gedanke, daß er in einzigartiger Weise mit Führungsqualitäten begabt sei, die sich auf Intelligenz, Charme und rhetorische Ausdauer zurückführen lassen, kurz, daß er ein persönliches Anrecht darauf habe, anderen zu befehlen. Und wenn der Betreffende nur wirklich daran glaubt, folgen ihm andere nach.

Eine weitere Ursache für die besondere Hervorhebung der Persönlichkeit als Quelle der Macht könnte man den Unterwürfigkeits-Effekt nennen. Wer immer über den Zugang zu den Exekutivmitteln der Macht verfügt, übt eine natürliche Anziehungskraft auf Leute aus, die seinen Einfluß teilen und es sich in seinem Schatten wohlsein lassen wollen. Dem großen Meister ins Gesicht zu sagen, daß er Macht und Aufstieg seinem Geld und der Organisation, zu der er gehört, verdankt, frommt nicht den Zwecken der Schmeichelei. Vielmehr heißt es – und so sagt man es ihm auch –, seine Persönlichkeit und seine Führungsqualitäten seien es gewesen, die ihm die Macht verschafften. Und der Betroffene läßt sich, ebenso wie andere, überzeugen: er glaubt es selbst.

Schließlich gibt es auch noch das neuere Phänomen der synthetischen oder aufgebauten Persönlichkeit, dessen Bedeutung nicht gering zu achten ist. Die Persönlichkeit reflektiert, wie bereits gesagt, ein früheres, primitiveres Stadium der

Machtausübung und appelliert daher an die archaischen Instinkte, die die Diskussion über diese Fragen beherrschen. Außerdem ist die Persönlichkeit ganz einfach interessanter als eine Organisation und für Reporter, Fernsehkommentatoren und andere, die mit der Machtausübung zu tun haben und sie mit etwas, das läuft, redet und sichtbar ist, assoziieren, schlichtweg attraktiver. Die Sache hat auch einen ganz praktischen Aspekt: Menschen können Interviews geben und im Fernsehen erscheinen, Organisationen nicht. Eine Konsequenz daraus ist, daß man den führenden Köpfen von Organisationen Persönlichkeitsmerkmale zuschreibt, die man je nach Art und Ausmaß der ausgeübten Macht für passend hält. Diese Schimäre wird dann mit Beharrlichkeit und professioneller Perfektion aufrechterhalten, ihr dient ein großer Teil des Public-Relations-Aufwands. Minister, andere hohe Staatsbedienstete und die Vorstandsvorsitzenden großer Konzerne sind Beispiele für weitgehend synthetisierte Persönlichkeiten, und ebenso wie sie selber lassen sich anfällige Journalisten und Kommentatoren von den einzigartigen persönlichen Qualitäten überzeugen. Beweis für diese These liefert das Schicksal eines Aufsichtsratsvorsitzenden bei General Motors oder eines Verteidigungsministers: Am selben Tag, da sie ihr Amt aufgeben oder in den Ruhestand treten und sich somit von der Organisation trennen, löst sich ihre synthetische Persönlichkeit auf, und das dahinterstehende Individuum verschwindet in jener harmlosen Obskurität, die ihm von seiner eigenen Persönlichkeit her vorbestimmt war.[2]

Die Rolle der Persönlichkeit zu dramatisieren, entspricht in ihrer Art im übrigen auch verbreiteten Ritualen des gesellschaftlichen Lebens. In der modernen Hauptstadt – Washington ist hier zweifellos ein Extrembeispiel – dreht sich ein sehr hoher Prozentsatz allen gesellschaftlichen und sonstigen Verkehrs um Leute, die Macht ausüben – die ihre Ziele anderen aufoktroyieren. Mit ihnen und mit jenen, die für mächtig gehalten werden, Kontakte zu knüpfen, ist in den meisten Fällen Zweck der Übung. Bei den Leuten, denen sie entgegengebracht wird, steht diese Aufmerksamkeit hoch im Kurs, weshalb Politiker, Behördenvertreter, Journalisten und andere sich nach außen hin gerne mit dem Schein der Macht umgeben und in Kleidung, Manieren und allgemeinem Auftreten eine sorgfältig einstudierte Darstellung von Führungsqualität und Beherrschung bieten. Ihre Konversation richtet sich oftmals ziemlich unverblümt danach, wie der Redende es versteht, seinen Willen anderen aufzuzwingen. Das Ergebnis ist oft recht überzeugend.

4

Auch die Rituale der Politik – Konferenzen, Audienzen, Applaus – führen zu einer Fehleinschätzung der Machtquelle Persönlichkeit. Man könnte hier vom Schauspieler-Effekt sprechen. Der politische Redner verkündet seine Thesen regelmäßig vor Zuhörerschaften, deren Überzeugungen schon längst völlig konditioniert sind, und er richtet sich oft ganz automatisch verbal und gedanklich nach seinen eigenen Vorstellungen von diesen Überzeugungen. Der Applaus für seine Rede gilt dann als Gradmesser seines Einflusses und seiner Macht, und den eigentlichen Ursprung letzterer sieht man in seinen hervorragenden Charaktereigenschaften, das heißt in seiner Persönlichkeit. In Wirklichkeit zeigt er lediglich, daß er es versteht, sich dem konditionierten Glauben seiner Wählerschaft anzupassen. Seine Macht ist die Macht des Priesters, der mit kundigem Blick auf die Wolken sein Gebet um Regen fortsetzt.

Als Beweis für die hier geschilderte Fehlkalkulation ließen

sich zahlreiche Beispiele anführen. Zu den interessanteren darunter zählt in Amerika William Jennings Bryan, den viele für den einflußreichsten Redner seiner Zeit halten. Die riesigen Menschenmassen, die zu seinen Veranstaltungen strömten, beugten sich, wie es heißt, seinem Willen. In Wirklichkeit bestand sein Talent, das keineswegs unterschätzt werden sollte, darin, ein bereits konditioniertes Publikum anzulocken und ihm zu erzählen, was es hören wollte. Der Applaus und das Amen stammte nicht von neu gewonnenen Jüngern, sondern von all denen, die er lediglich in ihren eigenen, längst vorhandenen Instinkten oder Überzeugungen bestätigt hatte.

Das englische Wort *Leader* – Führer, Anführer – ist, so wie es heutzutage gebraucht wird, doppeldeutig und sollte in seiner Ambivalenz auch erkannt werden. Ein *Leader* mag jemand sein, dem es gelingt, andere seinen Zielen zu unterwerfen. Die Alltagssprache versteht darunter aber auch Leute, die nur über die Fähigkeit verfügen, sich selbst mit dem konditionierten Willen der Masse zu identifizieren und der Masse ihre eigenen Ziele zu verdeutlichen.

5

Bei der Beziehung zwischen dem mitreißenden Redner und seinem applaudierenden Publikum, dem Verhältnis zwischen dem politischen Kandidaten und seiner Wählerschaft sowie den Bindungen zwischen dem Prediger und der Schar seiner Getreuen handelt es sich also nicht nur um reine Machtausübung, sondern ebenso oft um die Unterwerfung des angeblichen Anführers unter den Willen – die konditionierten Überzeugungen – seiner Anhänger. Auch dieser Sachverhalt wird vielfach schon erkannt; es gibt hier, wie auch auf anderen Gebieten, ein geradezu volkstümliches Gespür für die tiefere

Wahrheit. Ein Politiker, dessen größtes Geschick darin besteht, daß er sich mit der Masse identifizieren kann, wird im Gegensatz zu einem Kollegen, der über die Fähigkeit verfügt, andere zu überzeugen und zu befehligen, als Demagoge bezeichnet. Man sagt, er »redet der Masse nach dem Mund«. Abschätzige Ausdrücke wie dieser beschreiben sein Verhältnis zur Macht korrekt: Seine Persönlichkeit wirkt wie eine Quelle der Macht, ist jedoch in Wirklichkeit gar keine.

Vollkommen ignorieren darf man Personen, die ihre Ansichten nach den Überzeugungen und Wünschen der Masse ausrichten, allerdings nicht. Das gleiche gilt für die Persönlichkeit in ihrer Eigenschaft als Machtquelle. Im Normalfall handelt es sich um eine Art Gegengeschäft: Ein potentieller Führer oder Anführer, der die notwendigen persönlichen Voraussetzungen besitzt, erkennt den Willen der Wählerschicht, auf die es ankommt, und identifiziert sich mit ihnen. Doch indem er dies tut, erreicht er, daß seine Klientel sich bereit erklärt, in manchen Bereichen *seinen* Willen zu akzeptieren. Er erzählt seinen Gefolgsleuten, was nach deren eigener Konditionierung angeblich richtig oder nützlich ist, und sie akzeptieren die Art und Weise, in der er ihren Überzeugungen Ausdruck verleiht, und lassen sie von ihm hie und da modifizieren, besonders was die Umsetzung in die Praxis betrifft. Über echte Macht gebietet nur der, der es bei diesem Handel schafft, einen substantiellen Teil seiner Überzeugungen durchzusetzen. Gering dagegen ist die Macht eines Menschen, der sich voll und ganz nach den Überzeugungen der Masse richtet. Martin Luther King Jr. wußte, was seine Gefolgschaft wollte, und vermochte diesen Willen auch zu artikulieren. Aber bei den Aktionen, die ihren Ansprüchen Nachdruck verleihen sollten, blieb er selbst die treibende Kraft. Ebenso verhielt es sich mit Franklin D. Roosevelt und zahlreichen anderen. Die echte Macht eines *Leaders* läßt sich danach beurteilen, inwieweit es ihm gelingt, seine

Anhängerschaft zur Übernahme seines Weges und seiner Lösungen für ihre Probleme und Ziele zu bewegen.

6

Sobald die Persönlichkeit eine enge Verbindung mit einer Gefolgschaft eingeht, entwickelt sich unvermeidlich eine Struktur. Der Politiker erhält eine sogenannte Organisation oder, wenn die Struktur besonders stark erscheint, einen Apparat. Der durchsetzungsfähige Arbeiterführer schafft sich eine starke Gewerkschaft, der kompetente Geschäftsmann ein von guten Managern geführtes Unternehmen, der Religionsführer eine Kirche und eine Gemeinde. Die Persönlichkeit sucht stets eine Organisation als Verstärkung.

Auch gekaufte Unterwerfung vergrößert die Macht der Persönlichkeit. Jeder Politiker weiß das. Historische Bedeutung kam diesem Phänomen vor allem bei religiösen Machthabern zu, und eine ganz zentrale Rolle spielt es im Geschäftsleben. Wir werden im folgenden daher die Funktion des Eigentums, aus dem die notwendigen Gelder stammen, genauer untersuchen. Danach werden wir uns mit der Organisation auseinandersetzen, der dritten und, in der modernen Welt, transzendenten Quelle der Macht.

V

Die Quellen der Macht – Eigentum, Besitz

> Worum es eigentlich ging, war Ausbeutung, würde ich sagen... Lesen Sie statt Ausbeutung *Besitz*, und Sie haben es erfaßt. Erst schlägt der Ausbeuter dem Lohnsklaven seinen Reichtum um die Ohren, dann trichtert er ihm ein, daß das Streben nach Besitz Grund genug ist, ihn in der Tretmühle zu zermürben. So ködert er ihn gleich doppelt.
>
> John le Carré, *Die Libelle*

1

Von den drei Quellen der Macht ist Eigentum und Besitz die dem Anschein nach direkteste. Wer Eigentum besitzt, verfügt über den simpelsten und verbreitetsten Zugang zur Macht, denn er kann denjenigen, dessen Willen er beugen will, ganz einfach kaufen. Auf diese Weise unterwirft der Arbeitgeber die Arbeitnehmer seinen Zielen, der Reiche seinen Chauffeur, der Interessenverband die Politiker, die er sich hält, und der Lüstling seine Mätresse. Die enge Verknüpfung von Eigentum und kompensatorischer Macht ist so einfach und unmittelbar, daß sie in der Vergangenheit für allumfassend gehalten wurde. Eigentum stellte – und stellt zum Teil noch immer – für Sozialisten nicht nur die entscheidende, sondern die alleinige

Quelle der Macht dar, gleichsam eine übergeordnete Hülle, die das kapitalistische System zusammenhielt und -hält. Solange es in Privathand verbleibt, ist allen anderen die Macht versagt. »In diesem Sinne können die Kommunisten ihre Theorien in dem einen Ausdruck: Aufhebung des Privateigentums, zusammenfassen.«[1] Adolf Berle, der sich in seinem langen Leben eingehender mit der Natur der Macht befaßt hat als jeder andere amerikanische Autor, beschäftigte sich unter anderem ausführlich und mit großem Scharfsinn mit der allmählichen Verlagerung der Macht innerhalb der modernen Großkonzerne. Dort übernahm nämlich Schritt für Schritt das Management die Funktion des entscheidenden Machtträgers – und zwar auf Kosten der Eigentümer, das heißt, der Aktionäre. Einem der Bücher, in denen er sich mit diesem Thema auseinandersetzte, gab Berle den Titel *Macht ohne Eigentum.*[2] Jeder Versuch der unlauteren Machtausübung verwandelt sich automatisch in Geldmißbrauch, das heißt, die mißbräuchliche Verwendung von Eigentum: in Schmiergelder für Politiker und Beamte, Vertragspartner und fremde Regierungen.

Vor allem auf dem linken, bis zu einem gewissen Grade aber auch auf dem rechten Flügel des politischen Spektrums, gilt es nach wie vor als Manifestation spontaner, handfester Intelligenz, mit besonderem Nachdruck auf die entscheidende Macht des Eigentums hinzuweisen. Was kann, bei Licht betrachtet, schon wichtiger sein? Die Antwort lautet: Nichts – jedenfalls meistens. Ein amerikanischer Kongreßabgeordneter, der 1980 im Zuge der sogenannten *Abscam*-Razzien wegen Entgegennahme von Bestechungsgeldern festgenommen worden war, gab bei seinem Verhör zum besten, wie sich nach landläufiger Meinung kompensatorische, von Eigentum abgeleitete Vergütung und persönlichkeitsbedingte oder durch soziale Konditionierung induzierte Überredung unterscheiden: »Geld redet«, sagte er, »aber Quatsch verkauft sich besser.«[3]

Eigentum ist in Wirklichkeit, wie wir gesehen haben, nur eine von insgesamt drei Quellen der Macht und hat überdies in jüngster Zeit, gemessen an der wachsenden Bedeutung der Organisationen, stark an Einfluß verloren. Die Macht im Staat und im Geschäftsleben, die früher dem Eigentum und seinen finanziellen Ressourcen entsprang, resultiert heutzutage aus dem strukturierten Zusammenwirken einzelner, der Bürokratie. Auch verschafft Eigentum heute nicht mehr in gleicher Weise wie früher Zugang zu den Instrumentarien der Macht. Früher stand zur Unterwerfung anderer die repressive Macht zu Gebote; Privateigentum verlieh einem das Recht, Sklaven, Diener und Leibeigene zu bestrafen, und berechtigte den Besitzer, bei Arbeiterunruhen die Staatsmacht zu Hilfe zu rufen. Heute wird ein solches Vorgehen im allgemeinen weder gutgeheißen noch ist es gesetzlich sanktioniert. Die Praxis, sich politische Unterwerfung einfach zu erkaufen, ist gleichfalls rückläufig. Ihre gegenwärtige Bedeutung – die dennoch nicht zu unterschätzen ist – rührt daher, daß finanzielle Mittel den Zugang zur konditionierenden Macht erleichtern. Heute benutzt der Reiche sein Geld nicht mehr zum Stimmenkauf. Wenn er seinen politischen Willen durchsetzen will, kauft er sich oder seinen Gesinnungsgenossen lieber Sendezeit im Fernsehen und setzt auf Unterwerfung via Konditionierung.

2

Die Konditionierung der Überzeugungen ist natürlich schon immer durch Eigentum erleichtert worden. Vor allem aber am Ende des neunzehnten Jahrhunderts stand Eigentum in so hohem Ansehen, daß dem Besitzenden allein schon aufgrund seines Reichtums Macht zukam. Er hatte es gar nicht nötig, in irgendeiner Form Kompensation anzubieten. Was ein Reicher sagte oder für richtig hielt, wurde von anderen wie selbstverständlich übernommen. Der gute Ruf der Reichen, wie es Thorstein Veblen ausdrückte, verschaffte ihnen automatisch Zugang zur kompensatorischen *und* zur konditionierten Macht.

Die gesellschaftspolitischen Vorstellungen von John D. Rokkefeller Sr. waren beispielsweise kaum intelligenter als die eines durchschnittlich begabten College-Studenten im dritten oder vierten Semester. Da er jedoch in dem Ruf stand, der reichste Mann Amerikas zu sein, fanden sie ungeheure Beachtung. Seine Ansichten über die Wohltätigkeit des Reichtums und über die Sparsamkeit wurden ebenso meinungsbildend wie seine sozialdarwinistischen Visionen von der Veredelung der menschlichen Rasse und der sozialen Euthanasie der Armen (und daher Schwachen). Ähnlich verhielt es sich mit J. P. Morgan Sr.. Seine vor einem Untersuchungsausschuß des Kongresses getroffene Feststellung, es komme beim Geldverleih mehr auf den Charakter als auf das Vermögen an, wurde häufig zitiert, blieb lange in Erinnerung, und man glaubte ihm wahrscheinlich auch. Gesetzgeber und andere stimmten den Absichten und Zielen eines Rockefeller oder eines Morgan häufig zu, ohne dabei unmittelbar an eine potentielle Vergütung zu denken. Was die Reichen wollten, war richtig, ihr Besitz bestätigte es.

Begüterte, die meinen, daß ihre Ansichten über Politik, Wirtschaft, persönliches Verhalten und Anstand allein deshalb ernstgenommen werden müssen, weil sie reich sind und eine dementsprechende Vorzugsbehandlung verdienen, gibt es bis heute, und sie sind zutiefst betroffen oder beleidigt, wenn man sie ignoriert oder zum Objekt anstößiger Kommentare macht. Dies gilt vor allem dann, wenn die Kommentare von Leuten stammen, die das Recht auf freie Meinungsäußerung in Anspruch nehmen, ohne das erforderliche Vermögen vorweisen zu können.

Insgesamt gesehen, verschafft Reichtum *per se* seinen Besitzern heutzutage jedoch nicht mehr automatisch Zugang zu konditionierter Macht. Der wohlhabende Zeitgenosse, der so gearteten Einfluß sucht, wendet sich entweder an eine Public-Relations-Firma, die in seinem Auftrag andere zu überzeugen hat,[4] oder er finanziert einen Politiker oder eine politische Lobby, die seine Meinungen zum Ausdruck bringt. Oder er geht selbst in die Politik und benutzt seinen Besitz nicht zum Stimmenkauf, sondern zur Überzeugung der Wähler. Auf diese Weise erkaufte soziale Konditionierung manifestiert derzeit am deutlichsten jene Macht, die sich vom Eigentum ableitet.

3

In der Vergangenheit war das anders. Das klassische Beispiel der amerikanischen *Company towns*[5] zeigt, daß zu Beginn der Industrialisierung die Unterwerfung unter die Ziele des Arbeitgebers dadurch gewonnen wurde, daß die Umstände gar keine oder allenfalls höchst unangenehme Alternativen boten. Die kompensatorische Macht war keineswegs die einzige Methode, um sich durchzusetzen. Im Zusammenspiel mit der Persönlichkeit des jeweiligen Besitzers, der meistens kein Pardon kannte, schuf Eigentum durch Behörden und Polizei Zugang zu repressiver, und durch die Lokalpresse, Kirchen und anderen Formen der öffentlichen Meinung auch zu konditionierter Macht.

Eine derartige Macht vermittelt Eigentum heutzutage nicht mehr. Dies ist zum Teil darauf zurückzuführen, daß die Verhaltensweisen allgemein zivilisierter geworden sind und den Zugang zu repressiver Macht wie auch ihre Anwendung erschwert haben. Auch der Aufstieg der Gewerkschaften trug zu dieser Entwicklung bei.[6] Und die direkte Bestechung von

Politikern geriet in Konflikt mit den steigenden moralischen Ansprüchen der Zeit: Der allzu offensichtlich gekaufte Kongreßabgeordnete oder Gouverneur geriet in Mißkredit.

Eine wesentlich größere Bedeutung kam dem wachsenden Wohlstand und der Entstehung des modernen Sozialstaats zu. Kompensatorische Macht war immer dann am durchschlagskräftigsten, wenn es keine oder aber nur wenig andere Einkommensquellen als die des Eigentümers gab. Der allgemeine Wohlstand brachte jedoch auch eine erheblich erweiterte Palette an alternativen Beschäftigungsmöglichkeiten mit sich. Darüber hinaus ist jedes Einkommen, das über das bloße Existenzminimum hinausgeht, eine befreiende Kraft: Der Zwang zur Arbeit wird nicht mehr oder jedenfalls nicht mehr in diesem Ausmaß von blanker Not diktiert. Außerdem lockern, wie bereits erwähnt, Arbeitslosenunterstützung, Sozialhilfe sowie Kranken- und Rentenversicherung in ähnlicher Weise die Fesseln der kompensatorischen Macht und verringern somit den Einfluß der Quelle, aus der sie herrührt, des Eigentums. Kurioserweise hört man in der gesellschafts- und sozialpolitischen Diskussion immer wieder das Argument, es seien gerade diese Sozialleistungen, die die Freiheit einschränkten – jene Freiheit wohlgemerkt, die angeblich ein integraler Bestandteil des Systems der freien Marktwirtschaft ist. Daß sie in Wirklichkeit einen Ausweg aus den Fängen der kompensatorischen Macht bieten, die früher mit dem Eigentum ein Gespann bildete, an dem kein Weg vorbeiführte, wird seltener erwähnt.

Wie schon im Falle der Macht, die sich aus der Persönlichkeit herleitet, ist auch bei der eigentumsbedingten Macht die Hauptursache für den Niedergang im Aufstieg der Organisationen zu suchen. Dies gilt zum Beispiel für den Staat: Dort haben die Macht der Persönlichkeit und die Macht des Reichtums weitgehend vor der Macht der Organisationen kapituliert.[7]

Dies wiederum hat Widerstand, Antipathie und Zorn provoziert, die zum ständigen Repertoire aller Gespräche und Kommentare über die Regierungsbürokratie gehören und durchaus mit der Dialektik der Macht in Einklang stehen. Inzwischen hat die Organisation – jener riesige Verwaltungsapparat – auch im modernen Großkonzern Eigentum und Persönlichkeit als vorrangige Machtfaktoren abgelöst.

Der Wandel läßt sich auch am Beispiel der Familie Rockefeller illustrieren: Von den vier Enkeln des Gründers der Dynastie, die Ende der siebziger Jahre noch lebten, waren zwei – John D. III. und Laurance – primär wegen ihres Reichtums und ihrer philanthropischen Aktivitäten bekannt. Die beiden anderen – Nelson und David – hatten enge Verbindungen zu staatlichen und privatwirtschaftlichen Großorganisationen: zum Staat New York, zur Regierung der Vereinigten Staaten und zur Chase Manhattan Bank. Die Brüder, die sich nur mit ihrem Eigentum beschäftigten, kannte, sieht man einmal ab von ihrem persönlichen Gefolge und den New Yorker Berufsphilanthropen, kaum jemand. Die beiden anderen dagegen, deren Hauptbetätigungsfeld die Organisationen waren, fanden weithin Gehör und waren fraglos einflußreich, das heißt *mächtig.* Vor seiner Ernennung zum Vizepräsidenten hatte sich Nelson Rockefeller einer Befragung durch den Kongreß zu unterziehen. Dabei kamen auch die Fälle diverser Politiker geringerer Prominenz zur Sprache, deren Loyalität – sprich: deren Unterordnung – Rockefeller sich durch den gezielten Einsatz seines Reichtums versichert hatte. Er mußte sein Vorgehen bei der Anhörung in einiger Ausführlichkeit verteidigen. Im neunzehnten Jahrhundert hätte man diese Art des Gefolgschaftserwerbs in den Vereinigten Staaten noch als Polit-Routine abgetan, doch zu der Zeit, da Rockefeller vor den Kongreßausschuß zitiert wurde, galt sie bereits als – wenn auch nicht sehr gravierender – Machtmißbrauch.

Bei allem darf man den Sinn für die Proportionen nicht verlieren. Zwar ist Eigentum gegenwärtig nicht die dominierende Quelle der Macht, doch soll das keineswegs heißen, es sei unwichtig. Durch kompensatorische Macht wird erreicht, daß sich tagtäglich Millionen von Arbeitskräften unterwerfen. Außerdem hilft Eigentum, die Leistungsbereitschaft und die Überzeugung derer zu gewinnen, die an der Spitze der großen Wirtschaftsunternehmen stehen. Die enge Verbindung zwischen Eigentum und dem Erwerb konditionierter Macht wurde bereits hervorgehoben. Sowohl durch die direkte Unterordnung, die es sich von Soldaten und Zivilisten erkauft, als auch durch die massive Unterstützung seitens der Waffenindustrie spielt Eigentum schließlich eine wichtige Rolle bei der furchterregendsten Manifestation der Macht in der heutigen Zeit, nämlich im militärischen Establishment. Man hüte sich vor dem Trugschluß, daß Eigentum, nachdem es seine Vorrangstellung unter den Quellen der Macht an die Organisationen verloren hat, nun einfach ignoriert werden dürfte.

VI

Die Quellen der Macht – Organisation I

1

Organisationen, die dritte Quelle der Macht, sind im Normalfall mit Eigentum und, je nachdem, auch mehr oder weniger eng mit einer oder mehreren Persönlichkeiten verbunden, übertreffen beide jedoch an Bedeutung und gewinnen zudem in unserer Zeit kontinuierlich neuen Einfluß hinzu: »Kein wie auch immer geartetes Kollektiv, weder eine Klasse noch eine Gruppe, kann völlig auf sich allein gestellt Macht besitzen oder Macht ausüben. Vielmehr bedarf es dazu eines weiteren Faktors – der Organisation.« [1] Einige Wissenschaftler – unter ihnen Charles E. Lindblom – meinen sogar, Organisationen, einschließlich jener, die sich in der Regierung manifestiert, seien die entscheidende Quelle *aller* Macht.[2] Dieses Argument hat einiges für sich, denn Eigentum und Persönlichkeit bleiben ohne Organisation wirkungslos. Aber so universal der Faktor Organisation auch sein mag, die Verbindungen, die sie mit den beiden anderen Faktoren eingehen kann, sind außerordentlich variabel. Welche Auswirkungen diese verschiedenen Kombinationen haben, begreift man allerdings erst, wenn man sich zuvor ihre Einzelbestandteile vor Augen hält.

2

Die Wörterbuchdefinition des Begriffs Organisation – »eine Anzahl von Personen oder Gruppen… , die sich zu einem bestimmten Zweck oder für ein gemeinsames Projekt zusammenschließen« – trifft den Kern der Sache. Die Beteiligten haben sich bis zu einem gewissen Grade den Zwecken der Organisation untergeordnet, um ein gemeinsames Ziel zu erreichen; ein Vorhaben, das dann normalerweise die Unterordnung von Gruppen oder Personen erfordert, die der Organisation nicht angehören. So, wie er im täglichen Sprachgebrauch benutzt wird, umfaßt der Begriff aber auch eine erstaunliche Vielfalt von Interrelationen und Abstufungen bei der jeweiligen internen oder externen Unterordnung. Eine Armee beispielsweise ist eine Organisation; ihre starke Binnenstruktur weist jedem einzelnen genau seinen Platz und die ihm zustehende Autorität zu. Und sie verlangt ein hohes Maß an Gehorsam und Unterordnung, sowohl von ihren Mitgliedern als auch von Außenstehenden, die von ihr beeindruckt, eingeschüchtert, erobert oder unterworfen werden.

Wie steht es mit den großen amerikanischen Parteien als Organisationen? Eine Binnenstruktur fehlt hier weitgehend, und von einer Unterordnung der Mitglieder unter die Ziele der Organisation kann kaum die Rede sein. Ein Mitglied, das seine Überzeugungen und öffentlichen Meinungsbekundungen dem anpaßt, was es für den Willen der Gesamtpartei hält, wird möglicherweise wegen seiner Loyalität gepriesen, doch kann es ihm ebensogut passieren, als ideenloser Parteifunktionär abqualifiziert zu werden. Die Unterordnung von Außenstehenden gelingt der Partei als Organisation nur hin und wieder – und selbst dann kaum in nennenswertem Umfang.

Ein Konzern ist ebenfalls eine Organisation. Er verlangt ein hohes Maß an interner Unterordnung, allerdings unter eine, verglichen mit den politischen Parteien, geringere Anzahl von Zielen, die meistens, wenn auch keineswegs ausschließlich, Aktivitäten im Zusammenhang mit Produktion und Verkauf von Gütern und Dienstleistungen betreffen. Extern geht es ihm um die Unterwerfung der Kunden, die diese Güter und Dienstleistungen erwerben sollen. Außerdem versucht er, den Staat seinen Zielen zu unterwerfen.

Schließlich bildet auch eine Regierung eine Organisation. Intern verlangt sie die Unterordnung ihrer Mitglieder auf höchst unterschiedliche Weise und für die unterschiedlichsten externen Ziele. Auf militärischem Gebiet ist die interne Unterordnung nahezu umfassend, Disziplinlosigkeit wird nicht geduldet. Wenn es zum Einsatz militärischer Gewalt kommt, ist die Bemühung um externe Unterordnung ebenso umfassend. In anderen Bereichen der Regierungstätigkeit stellt sich die interne Unterordnung unter die Ziele der Organisation weit weniger rigide dar, dort begnügt man sich mit einer gewissen Art freundlicher Unverbindlichkeit. Auch das Niveau der externen Unterordnung – die Einhaltung von Verkehrsvorschriften etwa oder die Beachtung von Gesetzen, die Ladendiebstahl und die Verunreinigung der Straßen untersagen – ist relativ gering.

So vielfältig sind die Beteiligten, die Ziele und die Grade der jeweiligen Unterwerfung, die der Begriff der *Organisation* umfaßt, daß man sich zunächst unwillkürlich fragt, wie man dieses Thema einigermaßen sinnvoll in den Griff bekommen kann. Dabei ist der Organisationsgedanke in Wirklichkeit überraschend einheitlichen und konsequenten Gesetzmäßigkeiten unterworfen. Organisation kann über den Zugang zu repressiver Macht verfügen, und in ihrer normalen Liaison mit Eigentum verfügt sie über kompensatorische Macht. Ganz entscheidend aber für die Organisation, besonders in ihrer modernen Erscheinungsform, ist die Tatsache, daß sie über den Zugang zur konditionierten Macht verfügt. Und diesem Umstand, das heißt der Absicht, mit ihrer Hilfe konditionierte Macht auszuüben, verdankt sie in den meisten Fällen auch ihre Entstehung.

Die Organisation als Quelle der Macht besitzt drei weitere typische Eigenschaften. Die erste ist ihre *bimodale Symmetrie*: Organisation erreicht externe Unterordnung unter ihre Ziele nur dann, wenn die interne Unterordnung funktioniert. Stärke und Zuverlässigkeit ihrer externen Macht hängen von Ausmaß und Verläßlichkeit der internen Unterwerfung ab.

Zum zweiten ist die Macht einer Organisation, was kaum überrascht, von ihrem Zusammenspiel mit den anderen Quellen der Macht abhängig – ich werde auf diesen Punkt später noch einmal zurückkommen –, und sie benötigt auch den Zugang zu den Instrumentarien der Machtdurchsetzung. Eine Organisation ist stark, wenn sie wirksamen Gebrauch von repressiver Bestrafung, Kompensation und Konditionierung machen kann, und sie ist schwach, wenn ihr diese Mittel nicht oder nur in beschränktem Umfang zu Gebote stehen.

Drittens besteht auch eine Verbindung zwischen der Macht einer Organisation und der Anzahl und Vielfalt der Ziele, die sie durchzusetzen beabsichtigt. Je vielfältiger die Ziele sind, desto niedriger wird der Grad der Unterordnung im Einzelfall sein. Die Organisation Staat sei hier jedoch ausdrücklich ausgenommen.

Auf diese drei Gliederungsprinzipien und ihre praktische Anwendung werde ich in den restlichen Abschnitten dieses Kapitels sowie im folgenden Kapitel eingehen.

3

Die bimodale Symmetrie ist die offenkundigste und wichtigste Eigenschaft der Organisation, seltsamerweise aber auch die am häufigsten übersehene und die verkannteste. Wie bereits geschildert, unterwirft sich der einzelne den allgemeinen Zielen der Organisation, und aus dieser internen Machtausübung erwächst die Fähigkeit der Organisation, ihren Willen auch extern durchzusetzen. Das eine hängt vom anderen ab. Ausnahmslos alle Formen organisierter Machtausübung haben dieses Merkmal gemeinsam.

Ein gutes Beispiel hierfür bietet eine Gewerkschaft: Was immer ihre Mitglieder privatim für Pläne und Präferenzen haben – in bezug auf Löhne, Arbeitsbedingungen und sonstige Vergünstigungen akzeptieren sie die Ziele der Organisation. Und ohne Rücksicht auf ihre eigenen Wünsche und Bedürfnisse verzichten sie im Streikfall auf Arbeit und Bezahlung. Auf dieser internen Unterwerfung beruht die externe Macht einer Gewerkschaft, ihre Fähigkeit, ihren Willen dem Arbeiter oder gelegentlich sogar der Regierung aufzuzwingen. Wenn die gewerkschaftliche Solidarität – ein Synonym für straffe innere Disziplin oder Unterwerfung – stark ist, so sind auch die Chancen zur Durchsetzung der gewerkschaftlichen Forderungen gut, und die Aussichten auf das Erreichen der Streikziele steigen, der Einsatz der Macht ist effektiv. Geringer sind die Chancen, wenn Streikbrecher, Duckmäuser, Spitzel der Arbeitgeberseite, Querulanten oder sonstige den Gewerkschaftszielen entgegenarbeitende Elemente im Fußvolk ihr Unwesen treiben. Die unschmeichelhaften Bezeichnungen, mit denen die Quertreiber belegt werden, verraten die große Bedeutung, die der inneren Disziplin beigemessen wird.

Was den Gewerkschaften recht ist, ist anderen Organisationen billig. Eine streng disziplinierte Armee mit einem hohen

Maß an interner Unterwerfung verfügt über externe Macht und kann wirkungsvoll gegen den Feind vorgehen. Ohne die besagte Disziplin wäre das eine wie das andere unmöglich. Im achtzehnten und neunzehnten Jahrhundert eilte die winzige britische Armee zusammen mit einem von Engländern geführten indischen Heer auf ihrem Vormarsch nördlich und westlich von Madras und Kalkutta von Sieg zu Sieg. Die militärischen Erfolge wurden ausnahmslos gegen Streitkräfte errungen, die dem britischen Expeditionskorps und seinen Alliierten hinsichtlich der Zahl der Infanteristen und mitunter auch an Feuerkraft weit überlegen waren. Und trotz diverser Rückschläge gab es nie eine entscheidende Niederlage. Die britischen Truppen waren intern straff organisiert, und daher rührte ihre externe Macht. Die Unterwerfung des einzelnen Soldaten unter die Ziele der Gesamtarmee ging so weit, daß dieser, falls erforderlich, frag- und klaglos sein Leben riskierte. Die Soldaten der indischen Maharadschas auf der Gegenseite fügten sich den Zielen ihrer Truppe längst nicht mit der gleichen Bedingungslosigkeit, sondern dachten über die Gefahren, denen sie persönlich ausgesetzt waren, erheblich intensiver nach. Da die interne Machtausübung weniger rigoros war, wies die externe Macht entsprechende Schwächen auf.

Eine Vielzahl anderer Beispiele läßt sich anführen. Die Effizienz eines modernen Konzerns in Produktion und Verkauf – seine Fähigkeit zur externen Unterwerfung – hängt von der Qualität seiner internen Organisation ab, also vom Grad der internen Unterwerfung seiner Angestellten. In den unteren Rängen der Hierarchie braucht sie nicht allzu umfassend zu sein, die erforderliche Unterwerfung erfolgt dort durch den routinemäßigen Einsatz kompensatorischer Macht. (Einiges Gewicht kann in diesem Zusammenhang auch der guten Arbeitsmoral der Beschäftigten – das heißt den Auswirkungen konditionierender Macht – beigemessen werden. In jüngster

Zeit wurde sie beispielsweise mehrfach zur Erklärung der Erfolge der japanischen Industrie herangezogen.) Die Situation ändert sich merklich, sobald man einen Blick in die Führungsetagen wirft. Dort ist absolute Unterwerfung unter die Firmenziele unerläßlich und ein Zuwiderhandeln in Wort oder Tat undenkbar. Kein leitender Angestellter einer Zigarettenfabrik käme je auf den Gedanken, darauf hinzuweisen, daß die in seiner Firma hergestellten Produkte Krebs erzeugen, von keinem Manager aus der Automobilindustrie wird man je ein Wort des Zweifels über die Verkehrssicherheit der Fahrzeuge hören, und nie wird ein Pharma-Boß eingestehen, daß dieses oder jenes Erzeugnis seines Hauses medizinisch nicht unbedenklich ist. Auch wird man aus den Chefetagen nie vernehmen, daß eine politische Initiative der Firma zur Verbesserung der Abschreibungsmöglichkeiten oder ein Vorstoß zur Reduzierung ausländischer Konkurrenzimporte dem öffentlichen Interesse zuwiderläuft. Auf solcher Art interner Disziplin beruht, nicht anders als bei der britischen Armee in Indien, die externe Macht der Konzerne. Zwar werden für diese Unterwerfung hohe Gehälter eingestrichen, doch wäre es falsch, darin den entscheidenden Faktor zu sehen. Mit hoher Wahrscheinlichkeit ist der feste Glaube an die Ziele des Konzerns – konditionierte Macht – viel wichtiger.

Und aus der Tatsache, daß es sich um konditionierte Macht handelt, folgt, daß sie dem einzelnen, der ihr unterworfen ist, nicht wehtut, ja, oftmals von ihm überhaupt nicht wahrgenommen wird. Nur wenige Menschen ordnen sich der Macht einer Organisation so willig und bedingungslos und dabei gleichzeitig so wenig bewußt unter wie die Führungskräfte der modernen Großkonzerne. Und gerade weil es unbewußt geschieht, wird es nicht als abträglich oder schmerzhaft empfunden, sondern kann sogar – wie im Falle der Unterwerfung von Tolstois Soldaten unter die Regimentsordnung – als willkommene Erlösung von der Qual, eigene Gedanken entwickeln und selbständige Entscheidungen treffen zu müssen, begrüßt werden. Das Firmencredo und die Firmenziele sind da, um akzeptiert zu werden.[3]

4

Die Relation zwischen internen und externen Machtbekundungen einer Organisation kann auch am Beispiel der staatlichen Bürokratie, der Berufs- und Sportverbände sowie an der Funktionsweise des organisierten Verbrechens studiert werden. Nichts schwächt die externe Macht einer Behörde – in den Vereinigten Staaten etwa des Pentagons oder des Außenministeriums – mehr als undiszipliniert in die Öffentlichkeit getragener Widerspruch aus den eigenen Reihen. Aus dieser Tatsache erklären sich auch die ständigen Bemühungen, alle derartigen Äußerungen zu unterbinden. Nichts untergräbt die Macht der Ärzte über ihre Patienten so sehr wie unbeherrscht geäußerte Zweifel eines Doktors an der Kompetenz eines anderen; der Ehrenkodex der Ärztezunft verbietet daher solche Kritik. Auch an diesem Beispiel sehen wir, wie interne Verhaltensregeln die externe Machtausübung absichern. Das Erfolgsgeheimnis im Sport heißt *Teamwork* – die vollkonditionierte Unterwerfung unter die Macht der Organisation.[4] Das gleiche gilt für das organisierte Verbrechen. Keine Gangsterbande kann zulassen, daß auch nur eines ihrer Mitglieder offen oder versteckt mit der Polizei kooperiert. Die Nichteinhaltung der inneren Disziplin, die Weigerung, die Ziele der Organisation zu übernehmen, provoziert eine harsche, für den Betroffenen meist tödliche repressive Reaktion. Die Prinzipien, von denen die organisierte Macht beherrscht wird, sind, hat man sie erst einmal erkannt, überall wahrzunehmen.

Auch die Ausübung politischer Macht wird von diesen Prinzipien geleitet. Die externe Macht einer politischen Partei, ihre Fähigkeit, über ihre eigene Mitgliederschaft hinaus Unterwerfung zu erlangen, ist in den Vereinigten Staaten verschwindend gering, da es intern weder Disziplin noch Unterordnung gibt. Das gleiche Prinzip gilt auch für die Regierungsmacht selbst. Preußen-Deutschlands externe Macht war im neunzehnten Jahrhundert und in der ersten Hälfte des zwanzigsten gewaltig. Der Grund dafür ist darin zu suchen, daß das Preußentum intern die nahezu vollkommene Unterordnung des einzelnen unter die Ziele des Staates einschließlich seiner militärischen Unternehmungen verlangte. Die externe Macht der Vereinigten Staaten im Zweiten Weltkrieg, ihre Fähigkeit, sowohl den Verbündeten als auch den Japanern und Deutschen ihre Ziele aufzuoktroyieren, war das Pendant zu strenger interner Unterordnung unter die gemeinsame nationale Sache. Erheblich geringer war diese Macht gegen den unvergleichlich viel schwächeren Feind Vietnam, da in diesem Konflikt die interne Unterwerfung – glücklicherweise, darf man sagen – längst nicht ein so starkes Ausmaß erreichte. Im Zusammenhang mit einem Unternehmen, das in weiten Teilen der Bevölkerung für eine ebenso unkluge wie überflüssige Demonstration externer Macht gehalten wurde, konnte sich die interne Macht nicht entwickeln – und umgekehrt.

5

So wie die kompensatorische Vergütung in einem natürlichen Verbund mit der Machtquelle Eigentum und Besitz steht, so ist die soziale Konditionierung zunächst einmal aufs engste mit einer Organisation verknüpft. Diese Beziehung wird als so selbstverständlich empfunden, daß sie nur selten Erwähnung findet und oft überhaupt nicht erkannt wird. Ein einzelner oder eine Gruppe wird beim Streben nach Macht zunächst organisieren und danach dann ganz automatisch zu den Mitteln der Überzeugung und der Überredung greifen. Ganz zu Beginn wird eine Sitzung einberufen, deren unausgesprochener Zweck es ist, den Glauben innerhalb der Organisation zu festigen, das heißt mit anderen Worten: ein Maximum an interner Macht zu erlangen. Sobald das gelungen ist, wird eine nach außen gerichtete Propagandakampagne oder ein Aufklärungsfeldzug in die Wege geleitet.

Die Symmetrie zwischen interner und externer Machtausübung einer Organisation erstreckt sich auch auf die Methoden der Durchsetzung. Verläßt sich die externe Macht vorwiegend auf Konditionierung, so gilt das auch für die interne Macht, und umgekehrt. Ebenso verhält es sich mit repressiven und kompensatorischen Machtmitteln: Kommen sie nach außen hin zum Einsatz, dann auch nach innen, und umgekehrt.

Arbeitet eine Organisation mit konditionierter Macht, so geht man davon aus, daß die Mitglieder der Gruppe von ihren politischen, religiösen oder sonstigen Zielen fest überzeugt sein und ihre Meinung einheitlich vertreten müssen, wenn sie ihr Ansinnen nach außen hin erfolgreich propagieren wollen. Hierin liegt der Grund dafür, daß die Geschichte hochorganisierter Machtträger – ich denke an die Kirche, die Kommunistische Partei, aber auch an die städtischen Verwaltungsapparate – weitgehend eine Chronik von Ketzerverfolgungen ist. Ein unbotmäßiger Außenseiter mag zwar verunglimpft werden, erweckt aber in den meisten Fällen weniger Antipathie und Zorn als ein gruppeninterner Dissident.

Die Konsequenz daraus ist, daß starke Organisationen ihre Mitglieder intern sorgfältig konditionieren müssen, wenn sie größtmögliche Außenwirkung erzielen wollen. In der Armee und im CIA werden Rekruten und neu angeworbene Agenten einem ausgefeilten Drill unterzogen, damit sie die Ziele der Organisation verinnerlichen. Man spricht hier von Indoktrination – ein Begriff, der offen bekundet, daß es darum geht, Gläubige zu gewinnen. Erst wenn der Glaube gewährleistet ist, hält man den Betroffenen für qualifiziert, die externen Ziele der Organisation zu vertreten. Einer der gängigsten Gemeinplätze besagt, ein *guter* oder *erfolgreicher* Beamter sei der, der an das, was er tut, auch glaubt – was nichts anderes heißt, als daß er an seine Organisation, seine Clique, glaubt. Die rüde Behandlung des Dissidenten, der sich über die konditionierte Meinung hinwegsetzt – es mag sich dabei um einen Mann aus dem Pentagon handeln, der Interna preisgibt, um einen Beamten des Außenministeriums, der sich einen eigenen Standpunkt erlaubt, oder um einen CIA-Agenten, dem plötzlich das Gewissen schlägt –, bestätigt diesen Sachverhalt.

In ihrer üblichen Verbindung mit dem Eigentum verfügt eine Organisation gemeinhin sowohl über kompensatorische als auch über repressive Macht. Ein Gutteil der externen Macht eines Wirtschaftsunternehmens wird durch kompensatorische Mittel erworben: Dem Publikum wird etwas geboten, das ihm das Geldausgeben schmackhaft macht. Dieses Geld wiederum erkauft nicht nur die Leistung der Angestellten, sondern verstärkt auch die kompensatorische Macht, die das Unternehmen über sie ausübt. Außerdem wird es zur Bewerbung und zum Vertrieb der von der Firma produzierten Waren herangezogen. Das Unternehmen setzt also zusätzlich auch konditionierte Macht ein, es pflegt und fördert den Glauben an den Wert seiner Produkte oder Dienstleistungen unabhängig von dem für sie zu entrichtenden Preis, unabhängig von dem kompensatorischen Vorteil, den ihr Erwerb mit sich bringt. Als wirklich optimal gilt dabei, wenn jene, die für die Werbung und den Verkauf des Produkts zuständig sind, auch tatsächlich an seinen Wert glauben. Wieder haben wir hier die beschriebene

Symmetrie, wenngleich auch nicht immer und nicht in jedem Fall: Wenn man von einem Werbefachmann sagt, »der glaubt ja selbst an seine Sprüche!«, schwingt immer eine gewisse Verblüffung mit.

Schließlich dehnt sich die Symmetrie auch auf die repressive Machtausübung aus. Eine Truppe zwingt dem Feind mit repressiven Mitteln – der Drohung oder tatsächlichen Ausführung notorisch blutrünstiger oder schmerzhafter Strafen – ihren Willen auf. Intern erzielt sie Unterwerfung durch Konditionierung, indem sie den Soldaten den festen Glauben an die Ziele der Armee und die Notwendigkeit absoluten Gehorsams eintrichtert. Flankiert wird diese Konditionierung durch den Sold – kompensatorische Macht.

Aber parallel zur externen Ausübung repressiver Macht gibt es auch eine ganze Reihe höchst wirksamer interner Repressalien, mit denen soldatische Fehlleistungen bestraft werden. Keine militärische Organisation kann auf sie verzichten. Kriegsgerichte und vergleichbare Einrichtungen können repressive Strafen verhängen, die samt und sonders wesentlich härter sind als die Urteile in normalen, nicht-militärischen Prozessen. Die Bereitschaft des Soldaten, das Risiko einer Schlacht auf sich zu nehmen und den Feind mit repressiven Mitteln zu bestrafen, wird somit verstärkt durch das Wissen, daß er im Falle der Zuwiderhandlung selbst mit mehr oder weniger drastischen Strafen zu rechnen hat.

Die Symmetrie von interner und externer Macht zeigt sich auch an anderen Beispielen. Die Gewerkschaft, die früher an der Streikfront zu Gewaltmaßnahmen gegen einen obstinaten Unternehmer aufrief, pflegte sich in ähnlicher Weise mit unsicheren Kantonisten oder Abtrünnigen in den eigenen Reihen auseinanderzusetzen, falls die Drohung allein nicht genügte. Die Mafia und andere Verbrecherorganisationen gewinnen ihre externe Macht durch die Drohung mit oder Anwendung von repressiver Gewalt, und sie verfahren intern genauso, um ihre eigenen Mitglieder bei der Stange zu halten.

Macht kennt nur wenige absolute Größen. Aber die Symmetrie von internen und externen Maßnahmen zur Durchsetzung von Macht ist so offensichtlich, daß man sie im Einzelfall nicht nur erwarten, sondern geradezu voraussetzen kann.

VII

Die Quellen der Macht – Organisation II

1

Die *bimodale Symmetrie* ihrer internen und externen Macht ist der erste von drei Faktoren, die die Durchschlagskraft einer Organisation determinieren. Ich möchte nun auf die beiden anderen eingehen. Hierbei handelt es sich, wie ich bereits angedeutet habe, zum einen darum, wie eng ihre Verbindung zu den zwei anderen Quellen der Macht ist und in welchem Ausmaß sie über die drei Instrumente der Machterzwingung verfügen kann, zum anderen um die Vielfalt oder die Konzentriertheit ihrer Ziele.

Eine Organisation, die über Besitz und eine Persönlichkeit mit Führungsqualitäten verfügt, stärkt dadurch offenkundig ihre Machtposition. Eine zusätzliche Stärkung erfährt sie, wenn sie darüber hinaus auch noch freien Zugang zu dem reichhaltigen Arsenal repressiver, kompensatorischer und konditionierender Machtmittel hat. Am eindeutigsten zeigt das Beispiel einer totalitären Regierung diese Kombination von Machtquellen und Machtmitteln. Hier wirken alle sechs zusammen und üben internen Druck auf die Regierung selbst und externen, symmetrischen Druck auf die Öffentlichkeit in ihrer Gesamtheit aus.

Im Regierungsapparat des deutschen Nationalsozialismus

wirkten intern die Persönlichkeit Hitlers, die finanziellen Ressourcen – Eigentum und Besitz – des Dritten Reiches sowie eine überaus effiziente Bürokratie, die ihre Wurzeln in der preußischen Staatstradition hatte. Aus diesen Machtquellen gingen die repressiven Sanktionen hervor, die gegen Dissidenten in den eigenen Reihen ergriffen wurden – beispielsweise gegen Ernst Röhm, der zu Beginn der Naziherrschaft Hitlers Vorrangstellung in der Partei bedrohte, aber auch gegen die Verschwörer des 20. Juli. Hinzu kamen die kompensatorische Macht, die Bürokratie, SS und Wehrmacht trug, die indirekte Konditionierung, die aus der Tradition eines disziplinierten Beamtentums erwuchs, sowie die direkte Konditionierung durch die Propaganda Hitlers, Goebbels und der Partei. In ihrer Gesamtheit bildeten diese Faktoren die interne Macht der nationalsozialistischen Regierung.

Nach außen kamen dieselben Machtinstrumente zum Tragen und unterwarfen die breite Masse. Die repressive Macht manifestierte sich in Konzentrationslagern, die kompensatorische in staatlichen Arbeitsbeschaffungsprogrammen wie dem Autobahnbau und später auch in gewaltigen Regierungsaufträgen für die Rüstungsindustrie. Indirekte Konditionierung, die aus der Gewohnheit resultierte, dem Staat unbedingten Gehorsam zu leisten, wurde noch verstärkt durch direkte Konditionierung via Propaganda; letztere ging einher mit der monopolisierten oder beinahe monopolisierten Kontrolle der öffentlichen Meinung, das heißt mit konditionierter Macht. Lange Zeit war man geneigt, Machtverhältnisse, wie sie sich in Nazi-Deutschland entfalteten, monokausal zu erklären, sie also auf eine einzige Quelle oder ein einziges Durchsetzungsmittel zurückzuführen – in diesem Fall auf die Persönlichkeit Hitlers, die Furcht vor der SS, die ganz spezifische Überzeugungskraft der Konzentrationslager oder auf die Goebbelssche Propaganda. Wichtig ist jedoch, daß man sich die gesamte Variationsbreite jener Struktur vor Augen führt, auf der eine solche Machtfülle beruht.

Man sollte in diesem Zusammenhang nicht vergessen, daß die Regierungen Englands und der Vereinigten Staaten bei ihrer Reaktion auf Hitler während des Zweiten Weltkriegs auf dieselben Machtquellen und Durchsetzungsmethoden zurückgriffen wie die Deutschen. Die Legende spricht von totaler Gegensätzlichkeit, in Wirklichkeit handelte es sich lediglich um unterschiedliche Mischungen in unterschiedlicher Dosierung. Bekannt ist die Bedeutung der Persönlichkeiten Roosevelts und Churchills. Eine entscheidende Machtquelle waren die ökonomischen Ressourcen – das Eigentum –, die diese beiden hochentwickelten Industrieländer, und zwar vor allem die Vereinigten Staaten, zu mobilisieren verstanden. Hinzu kam, daß in beiden Ländern der Organisationsgrad sehr hoch war. Aus denselben Machtquellen entwickelten sich dieselben Durchsetzungsmethoden. Die wenigen, die demonstrativ den Feind unterstützten, waren repressiven Strafen unterworfen. Der Krieg schuf Arbeitsplätze und andere Möglichkeiten der kompensatorischen Vergütung. Und die soziale Konditionierung – der Patriotismus – erreichte ein sehr hohes Niveau.

Der Unterschied zu Deutschland lag, um es noch einmal zu wiederholen, in der Mischung und der Dosierung, und zwar sowohl im Innern wie nach außen hin. Um den Willen des Staates durchzusetzen, bedurfte es weder in den USA noch in Großbritannien umfangreicher repressiver Sanktionen, und im großen und ganzen erübrigte sich auch eine direkte Konditionierung oder Propaganda, obgleich darauf nicht völlig verzichtet wurde. Wichtig war natürlich die kompensatorische Macht. Am meisten Bedeutung jedoch kam der indirekten Konditionierung zu, der freiwilligen und mehr oder minder automatischen Akzeptanz des nationalen Anliegens. Die damals häufig geäußerte und nicht ohne Eigenlob getroffene Feststellung, die

Kräfte der Freiheit seien stärker als die der Diktatur, enthält ein Körnchen Wahrheit. Sie besagte, daß indirekte Konditionierung infolge freiwilliger Identifikation mit den Interessen des Staates erfolgreicher war als die direkte Konditionierung durch Propaganda und Gewaltandrohung, derer sich die Nazis in weit größerem Umfang als die Alliierten bedienten.

Eine Regierung ist aufgrund der in ihr wirksam werdenden engen Verbindung von Eigentum und Persönlichkeit sowie dank der ihr zu Gebote stehenden Erzwingungsmaßnahmen eine besonders starke Organisation von außergewöhnlicher, ehrfurchtgebietender Machtvollkommenheit. Und häufig erzeugt eine solche Machtfülle nicht nur Ehrfurcht, sondern regelrechte Angst. In allen zivilisierten Ländern besteht daher Übereinstimmung, daß der Regierungsmacht Grenzen gesetzt werden müssen, insbesondere bei der Ausübung repressiver Gewalt. Auch der übertriebene Einsatz direkter Konditionierung in Form von Propaganda erregt nicht selten starkes Mißtrauen und wird dann offen kritisiert. Und schließlich kann sogar indirekte Konditionierung in ihrer Eigenschaft als Quelle staatlicher Macht auf Widerspruch stoßen: Der Politiker, der allzu lauthals an den Patriotismus und andere konditionierte Überzeugungen appelliert, wird – wie bereits erwähnt – als Demagoge abqualifiziert.

2

All das, was über die Regierung gesagt wurde, gilt auch für jede andere Organisation: Die Fähigkeit, sich Gefolgstreue zu erwerben, hängt ab von den anderen beiden Machtquellen – Persönlichkeit und Eigentum –, die mit einer Organisation assoziiert sind, sowie von den Instrumenten zur Machterzwingung – direkter und indirekter Konditionierung, kompensatorischer und repressiver Macht. Hier jedoch kommt nun der dritte und letzte der Faktoren, die über die Macht einer Organisation entscheiden, ins Spiel: die Anzahl und Vielfalt ihrer Ziele. Je zahlreicher und variabler die Ziele einer Organisation sind, desto reichhaltiger müssen die Machtquellen und desto stärker die Erzwingungsmethoden sein, wenn Aussicht auf Erfolg bestehen soll. Die politischen Parteien in den Vereinigten Staaten sind, wie erwähnt, Organisationen mit nur geringer Macht. Dies liegt nicht nur daran, daß die Machtquellen, von denen sie abhängen, und die ihnen zu Gebote stehenden Durchsetzungsmaßnahmen beschränkt sind, sondern auch an der ungeheuren Zahl der von ihnen angestrebten Ziele. Um nach außen hin mächtig zu sein, muß intern Übereinstimmung auf so unterschiedlichen Gebieten wie der Wirtschafts- und der Außenpolitik, der Militärpolitik und der Bürgerrechte, über Sozial- und Gesundheitspolitik, Ausbildung und Erziehung sowie eine ganze Heerschar anderer Themen bestehen. Da eine derartige Konsensbreite unerreichbar ist, ergibt sich auch keine oder allenfalls eine minimale Wirkung nach außen.

Ganz im Gegensatz zur Schwäche der politischen Parteien in unserer Zeit steht die Stärke der Interessengruppen, die jeweils nur ein ganz bestimmtes Ziel erreichen wollen. Hierzu gehören Verbände für oder gegen die Abtreibungsfreiheit, feministische Organisationen, Bürgerinitiativen zur Einschränkung des privaten Waffenbesitzes, Elternvereinigungen, die sich für oder gegen die Einrichtung gemischtrassiger Schulklassen aussprechen, und die Organisationen der Gegner wie der Befürworter des Religionsunterrichts an den Schulen. Derartige Verbände arbeiten deshalb erfolgreich, da sich ihre Mitglieder nur auf ein einziges Thema konzentrieren. Ginge es um mehr, ließe sich die Geschlossenheit nicht aufrechterhalten. Die interne Unterordnung steht in diesen Fällen voll und ganz im Dienst der externen Macht.[1]

Allmächtig ist allerdings auch die politische Strategie der thematisch fest fixierten Interessengruppen nicht, obgleich diese irrige Überzeugung heutzutage weitverbreitet ist. Themen wie Abtreibung, Schulgebet und Liberalisierung des Waffenerwerbs mögen zwar eine bestimmte Anhängerschaft in starkem Maße mobilisieren und einen können, so daß die entsprechende Außenwirkung nicht ausbleibt. Letzten Endes sind ihre Anliegen im Gesamtkatalog der öffentlichen Belange jedoch nur kleine Fische. Über einen gewissen Umfang hinaus läßt sich die Anhängerschaft daher nicht erweitern, weshalb auch der Wirkung nach außen Grenzen gesetzt sind. Die thematische Beschränkung ermöglicht darüber hinaus eine erfolgversprechende Gegenkonditionierung, auf die ich im nächsten Kapitel näher eingehen werde.

3

Bei jeder Diskussion über Organisationen in ihrer Eigenschaft als Quelle der Macht gilt es, einen Umstand besonders zu beachten: gemeint ist die Illusion der Macht – ein Faktor von nicht zu unterschätzender Bedeutung.

Wie wir gesehen haben, ist eine Organisation primär mit konditionierter Macht verbunden, einem Machtinstrument höchst subjektiver Natur. Der einzelne, der sich aufgrund konditionierten Glaubens unterwirft, ist sich seiner Unterwerfung ja gar nicht bewußt, sondern hält sie, eben weil sie aus dem Glauben hervorgeht, für richtig und normal. Ebenso gibt es für jenen, der konditionierte Macht ausübt, keinen objektiven Indikator für die Unterwerfung: Er kann nicht sagen, ob sich eine bestimmte Person, von der er annimmt, er habe sie überzeugt, nicht ohnehin unterworfen hätte. Und es kann passieren, daß er seine eigenen Überzeugungskünste bereits mit dem erhofften Ergebnis verwechselt. Daraus folgt, daß ein Mensch glauben kann, er übe konditionierte Macht aus, obgleich er es in Wirklichkeit gar nicht tut. Andere vermuten sie dort, wo sie gar nicht existiert – eine der am weitesten verbreiteten Illusionen unserer Zeit. Ein Autor, dem dieses oder jenes mißfällt, schreibt zur Unterstützung seiner Absichten ein Buch. Selbst wenn sich in Wirklichkeit kaum ein Leser von seinen Forderungen angesprochen fühlt, ist der Autor überzeugt, Macht ausgeübt zu haben. Ähnlich ergeht es dem Politiker, der eine Rede hält, und dem Journalisten, der einen Leitartikel, einen Kommentar oder eine wohldurchdachte Tatsachenverdrehung liefert. Irgendwo da draußen, so denkt er, wird es Leute geben, die mir Folge leisten. Die eigene Eitelkeit verstärkt diesen Eindruck oft noch ganz erheblich. Vieles, was gemeinhin als politische Macht figuriert, ist tatsächlich nur eine Illusion von Macht. Hierzu gehört, wie später noch darzustellen sein wird, auch die Macht der Presse.

Zwischen Persönlichkeit und illusorischer Macht besteht eine klar umrissene Beziehung. Der Mensch neigt dazu, die Fähigkeiten der eigenen Überzeugungskraft sehr hoch einzuschätzen, insbesondere wohl die bereits erwähnte synthetische Persönlichkeit. Wenn jedoch die Organisation die Hauptquelle der Macht ist, erweitert sich der Spielraum der Illusion beträchtlich. Wer unter diesen Bedingungen Macht ausüben will, hat die verschiedensten Möglichkeiten, sich vorzugaukeln, er täte es. Er kann eine Konferenz einberufen, einen Ausschuß einsetzen oder eine Organisation gründen, die entsprechenden Termine wahrnehmen und anschließend die daraus resultierenden Presseverlautbarungen und sonstige Erklärungen verlesen. In solchen Fällen befriedigt die Form und nicht das Ergebnis den Willen zur Macht, und die Organisation, die im Grunde doch Quelle der Macht ist, ersetzt die eigentliche Machtausübung.

Wer die konditionierte Macht und ihren Ursprung, die Organisationen, begreifen will, muß sich stets des Unterschieds zwischen der Realität und der Illusion der Macht bewußt sein. Auch wenn wir uns im späteren Verlauf dieses Buches am Beispiel so gegensätzlicher Gruppierungen wie des Militärs und der Friedensbewegung, der Konzerne und der Verbraucherverbände sowie anderer reformorientierter Bürgerorganisationen mit der Realität der Macht befassen, wird dieser Unterschied ein Kriterium allerhöchsten Ranges sein.

4

Macht ist, insbesondere wenn sie ihren Ursprung in einer Organisation hat, alles andere als eine einfache, klar durchschaubare Angelegenheit. Daß der weitverbreitete Begriff einer starken oder mächtigen Organisation vieles verhüllt, erkennen wir bereits. Auch die Grenzen organisierter Macht sind teilweise noch unklar, denn der Bemühung einzelner Individuen oder organisierter Gruppen, ihre Macht zu erweitern, steht das Bestreben anderer gegenüber, die nicht bereit sind, sich diesem individuellen oder kollektiven Machtanspruch zu unterwerfen, und sich ihm folglich widersetzen. Und so wie Persönlichkeit, Besitz, Organisationen und die dazugehörigen Erzwingungsmittel bei der Erweiterung einer Machtposition wirksam werden, so auch beim Widerstand gegen die Unterwerfung. Und es ist nicht etwa eine interne Selbstbeschränkung bei den Machtquellen oder den Instrumenten der Machterzwingung, die unbegrenzter Machtausübung einen Riegel vorschiebt, sondern in erster Linie dieser Widerstand.

VIII

Die Dialektik der Macht I

1

Bislang ging es uns darum zu erläutern, wie Macht ausgeübt und erweitert wird. Es kommt aber auch darauf an zu verstehen, wie man sich ihr widersetzt. Der Widerstand ist nämlich ein ebenso integraler Bestandteil des Phänomens Macht wie die Machtausübung an sich. Wäre es anders, so könnte die Macht *ad infinitum* ausgeweitet werden, und alles wäre dem Willen jener unterworfen, die sich ihrer am besten zu bedienen vermögen.

In der modernen Gesellschaft herrscht mehr oder weniger ein Gleichgewicht zwischen jenen, die Macht ausüben, und jenen, die sich gegen diese Machtausübung wehren. Im folgenden geht es nun um den Charakter dieses Gleichgewichts – also darum, auf welche Weise Macht sich selbst Widerstand schafft und ihre eigene Effektivität beschränkt.

2

Konfrontiert mit einem unwillkommenen Fall von Machtausübung, ist der Gedanke an direkten Widerstand keineswegs immer und unbedingt der erste, den man verfolgt. Eher schon macht man sich darüber Gedanken, wie man die Macht schwächen oder zersetzen kann, etwa indem man sagt, sie sei unangenehm, unrechtmäßig, verfassungswidrig, repressiv oder böse und müsse daher gezügelt oder ganz und gar abgeschafft werden. Lautet der Vorwurf, die Regierung sei zu mächtig, so schließt sich daran die Forderung an, sie müsse irgendwie zurechtgestutzt, weniger aufdringlich und weniger einflußreich gemacht werden – irgend etwas müsse unternommen werden, um ihre Macht zu reduzieren. Konzerne gelten als zu mächtig – also versucht man, sie mit Hilfe von Antitrustgesetzen in kleinere Einheiten aufzuspalten. Gewerkschaften haben zuviel Macht – also schaffen wir sie am besten ab oder unterwerfen sie zumindest sogenannten Recht-auf-Arbeit-Gesetzen, die es dem einzelnen Arbeiter überlassen, ob er Gewerkschaftsmitglied sein will oder nicht. Die Männer beherrschen die Frauen – also versuchen wir, sie zu überreden oder durch entsprechende Forderungen davon zu überzeugen, daß sie von ihrem hohen Roß steigen und die Frauen als gleichberechtigt behandeln müssen.

So, sollte man meinen, sehen logischerweise die ersten Reaktionen auf unwillkommene Macht aus: Man versucht sie einzudämmen oder ihre Ausübung ganz zu verhindern. In der Praxis ist diese Reaktion allerdings nicht sehr verbreitet, und sie entspricht auch nicht der Reaktion jener, die unmittelbar damit beschäftigt sind, sich der Unterwerfung unter einen fremden Willen zu widersetzen. Die übliche und auch wirksamste Reaktion besteht vielmehr darin, selbst eine Machtpolitik aufzubauen, die den eigenen Interessen mehr Nachdruck verleiht: Die Antwort auf eine willkürliche Ausnutzung der Steuerhoheit war eine Organisation, die dafür sorgte, daß der besteuerte Tee ins Wasser geworfen wurde. Die Einführung der allgemeinen Wehrpflicht führte dazu, daß sich die Wehrdienstverweigerer organisierten. Die Reaktion auf eine Beschneidung bürgerlicher Freiheiten brachte Organisationen hervor, die sich deren Bewahrung zum Ziel setzten, und Männerherrschaft oder männlicher Chauvinismus zogen die Gründung von Frauenrechtsorganisationen nach sich.

Die Reaktion ist überall die gleiche, ganz unabhängig von den Dimensionen. Die Antwort auf die Macht der Unternehmer ist die Gewerkschaft, und die Antwort auf die Gewerkschaft das Gewerkschaftsgesetz. Als Reaktion auf unliebsame kirchliche Machtausübung entsteht eine rivalisierende Kirche oder eine Gegendoktrin. Gegenüber einem Verkäufer, dessen Preise überhöht sind, schließen sich die Käufer zusammen, um ihn entweder zu boykottieren oder aber am Verhandlungstisch zu Zugeständnissen zu zwingen. Lehrer, die im Sexualkundeunterricht allzu liberale Thesen vertreten, provozieren die Gründung von Elterninitiativen, die ihren eigenen Vorstellungen von jugendlicher Unschuld und Keuschheit Ausdruck verleihen. Wie so oft bei der Ausübung von Macht kommt es in all diesen Fällen automatisch zur Bildung einer konkurrierenden Macht, eines Gegenkartells.[1]

Reziproke Macht äußert sich auf zweierlei Weise: direkt und indirekt. Auf direktem Wege bemüht sie sich um Persönlichkeit, Besitz und Organisation. Diese wiederum verschaffen ihr Zugang zu den repressiven, kompensatorischen und konditionierten Instrumentarien der Macht, welche ihrerseits dann gegen die ursprüngliche Macht zum Einsatz gebracht werden. Indirekt wird konkurrierende Macht ausgeübt, wenn sie sich zur Durchsetzung ihrer Ziele der Staatsmacht bedient. Wenn die Machtfülle eines Konzerns oder einer Gewerkschaft Unmut erregt, werden gesetzgeberische Maßnahmen zu ihrer Eindämmung gefordert, ebenso wie im umgekehrtem Fall die Konzerne alles daransetzen werden, Verordnungen und Gesetze, die ihren Freiraum einschränken, wieder zu entschärfen. Politisches Handeln besteht heutzutage zu einem ganz erheblichen

Teil aus der Bemühung, die Staatsmacht hinter sich zu bringen, um mit ihrer Hilfe eine bestehende Machtposition zu unterstützen oder zu bekämpfen.

3

Wir können als gegeben hinnehmen, daß nahezu jede Manifestation der Macht eine gegenläufige, wenngleich nicht unbedingt gleichstarke Macht hervorruft. Jeder Versuch, Menschen dazu zu zwingen, sich dem Willen anderer zu beugen, wird über kurz oder lang mit der einen oder anderen Form von Widerstand konfrontiert werden. Und Wirkungsgrad und Wirkungsbereich der ursprünglichen Macht stehen in unmittelbarer Abhängigkeit von der relativen Effizienz der Gegenkräfte.

Zwischen der Methodik der Machterweiterung und der des Widerstands gegen sie läßt sich im übrigen – wie bei anderen Aspekten dieses Themas – wieder eine weitreichende Symmetrie erkennen. Sie betrifft sowohl die Quellen der Macht als auch die Instrumente ihrer Durchsetzung. Macht, die auf Persönlichkeit beruht, trifft gemeinhin auf den Widerstand einer anderen starken Persönlichkeit. Entspringt die Macht einer Organisation, so tritt ihr die Opposition zumeist in Form einer anderen Organisation entgegen. Ähnlich verhält es sich mit den Instrumentarien. Repressive Bestrafung wird mit repressiver Bestrafung beantwortet, kompensatorische Belohnung mit kompensatorischer Belohnung. Handelt es sich bei dem eingesetzten Machtmittel um explizite oder implizite soziale Konditionierung, so wird sich der Widerstand dagegen vorwiegend der gleichen Strategie bedienen. Selbstverständlich gibt es auch Ausnahmen. Wie ich gleich noch zeigen werde, erwuchsen einige ganz besonders spektakuläre Manifestationen der Macht gerade daraus, daß sie aus dem Rahmen fielen und vom üblichen symmetrischen Schema abwichen. Im großen und ganzen ist die Symmetrie in der Dialektik der Macht jedoch die Regel, und auch in diesem Fall kann die klassische Auseinandersetzung zwischen Arbeitgeber und Arbeitnehmer, zwischen Kapital und Arbeit zur Veranschaulichung herangezogen werden.

Als die Arbeiter begannen, sich gegen ihre Unterwerfung unter die Arbeitgebermacht über Löhne und Arbeitsbedingungen aufzulehnen, waren zunächst Persönlichkeit und Gegenpersönlichkeit die zentralen Faktoren, auf der Seite der Macht ebenso wie auf der des Widerstands. Repressive Erzwingungsmaßnahmen, zu denen auch der erfolgreiche Ruf nach der Staatsmacht gehörte, standen im Einklang mit der Bedeutung der betreffenden Persönlichkeit. Mit ihrem großen Streik gegen die Carnegie Homestead Works im Westen Pennsylvanias im Jahre 1892 reagierten die Arbeiter unter der Führung von Hugh O'Donnell auf die machtvolle Persönlichkeit Henry Clay Fricks. Repressiven Aktionen der Streikenden wurde mit symmetrischen Maßnahmen begegnet – zunächst, indem eine Invasionsflotte von Streikbrechern der Pinkerton-Agentur vom Fluß her versuchte, auf dem Firmengelände zu landen, und danach mit Hilfe von siebentausend Soldaten, die der Gouverneur von Pennsylvania, Robert E. Pattison, in Marsch setzte, worauf der Streik endgültig niedergeschlagen wurde.[2]

Im Mittelpunkt der großen Arbeitskämpfe, die in den dreißiger Jahren die Vereinigten Staaten erschütterten, standen ebenfalls starke Persönlichkeiten. Zu ihnen zählten die unabhängigen Stahlbarone Ernest Weir und Tom Girdler – Männer von geradezu formidabler Persönlichkeit –, aber auch ihre nicht minder starken Gegenspieler aus dem Gewerkschaftslager, John L. Lewis und Philip Murray. In Detroit wurden Henry Ford und Harry Bennent, der Leiter des Ford Service, einem repressiven Erzwingungsinstrument, das sich aus einem nicht unerheblichen Teil der lokalen Ganovenszene, aus Gangstern, freiberuflichen Raufbolden und weniger begnadeten Talenten ähnlichen Kalibers zusammensetzte, von den Gebrüdern Reuther und anderen entschlossenen Pionieren der Automobilarbeitergewerkschaft bekämpft. Es kam, wie vorauszusehen war, geradezu zwangsläufig in Verbindung mit der Auseinandersetzung der Persönlichkeiten zu repressiven Aktionen und ebensolchen Reaktionen. Am 26. Mai 1935 fand schließlich die berühmte Schlacht an der Brücke statt. Das National Labor Relations Board beschrieb die Situation im Ford-Hauptwerk damals wie folgt: »River Rouge ... erweckt in mehrfacher Hinsicht den Eindruck einer Gemeinde, über die das Kriegsrecht verhängt wurde und in der der regulären zivilen Verwaltung eine gigantische Militärorganisation übergestülpt worden ist.«[3]

Die Führerpersönlichkeit als Quelle unternehmerischer Macht wurde indes mehr und mehr durch die Organisation – in Verbindung mit Eigentum – ersetzt. Gleichzeitig waren sowohl die Durchsetzungsmethoden als auch die konkurrierende Macht der Arbeiter einem Wandel unterworfen. In den dreißiger Jahren waren es starke Persönlichkeiten wie Ford, Weir und Girdler oder auch Sewell Avery von Montgomery Ward gewesen, die den offenen, gewaltsamen Kampf gegen die Arbeiter angeführt hatten. Die »Organisationsmänner« von General Motors und der United States Steel Corporation griffen dagegen nicht mehr auf repressive Gegenmaßnahmen der geschilderten Art zurück. Natürlich blieb Besitz auch weiterhin eine Quelle der Macht. Aber der Natur einer Organisation entspricht eher die Neigung zu Lösungen am Verhandlungstisch. Dazu kam, daß persönliche Eitelkeit, ebenso wie direkter persönlicher Besitz, keine so große Rolle mehr spielte. Auch nahm man größere Rücksicht auf die öffentliche Meinung. Mit der Zeit – und entsprechend der Symmetrie – erwarben sich die Gewerkschaften dieselben Machtquellen und -instrumente und reagierten entsprechend. Von einigen wenigen bedeutenden Ausnahmen abgesehen, war die persönliche Führungsqualität kein entscheidender Faktor mehr, gewaltsame Auseinandersetzungen wurden seltener oder verschwanden ganz. Eigentum – in Form der Streikkasse – war zunächst eine der wichtigsten Quellen gewerkschaftlicher Macht, da es den Arbeitern die Möglichkeit verschaffte, einen Streik auszuweiten und durchzustehen. Diese Entwicklung war es vor allem, die auch die Schaffung einer soliden Organisation unerläßlich machte, und letztere sorgte mit der Zeit dafür, daß das Verhandlungsgeschick und die Fähigkeit der Gewerkschaften zur öffentlichen Selbstdarstellung konkurrenzfähig wurden. Von nun an saßen sich in Verhandlungen ein namenloses, auf tarifrechtliche Fragen spezialisiertes Vorstandsmitglied und ein kaum weniger anonymer Gewerkschaftsfunktionär gegenüber. Der Streik – ein Vergleichskampf der jeweiligen Vermögensreserven – wurde zum Symbol des Scheiterns. Quelle der Macht auf beiden Seiten war nun in ganz entscheidendem Maße die Organisation. Und, wie kaum anders zu erwarten, waren Überredung und Überzeugung, und zwar der Gegenseite ebenso wie der Allgemeinheit, die Instrumente, die dieser organisierten Macht zum Erfolg verhalfen. Repressive und kompensatorische Macht wurden fast vollständig durch konditionierte Macht ersetzt.

4

Im Spannungsfeld zwischen Arbeitgeber- und Arbeitnehmerinteressen zeigt sich die Symmetrie zwischen Machtquellen und reziproker Gegenmacht mit geradezu klassischer Deutlichkeit. Sie ist allerdings auch auf vielen anderen Gebieten unverkennbar. Im Zweiten Weltkrieg kam es zu einer natürlichen, ja unvermeidlichen Persönlichkeitskonfrontation, als der perversen, bösartigen, aber fraglos mächtigen Persönlichkeit Adolf Hitlers Gegner wie Churchill, Roosevelt, Stalin und de Gaulle erwuchsen. Churchills Machtübernahme im Jahre 1940 war nicht zuletzt darauf zurückzuführen, daß Großbritannien zu diesem Zeitpunkt unbedingt eine Leitfigur benötigte, die es an Stärke mit dem »Führer« aufnehmen konnte. Neville Chamberlain, ein alternder *Organization man*, mußte auch aus diesem Grund einem Premierminister mit stärkerer und geradlinigerer Persönlichkeit weichen[4].

Indirekt steckt in unseren Tagen furchtbare repressive Macht in den Atomwaffen, und deren Entwicklung und Stationierung durch die eine Supermacht zieht eine entsprechende Reaktion der anderen nach sich – eine verhängnisvolle Symmetrie, über die später noch einiges zu sagen sein wird. Eine Firma versucht, ihren Einfluß auf die Konsumenten durch Werbung – konditionierte Macht – zu vergrößern. Jene, auf die die Werbung abzielt – und deren Unterwerfung somit angestrebt wird –, helfen sich mit Organisationen, die ausschließlich dazu da sind, die Wahrheit über die Produkte herauszufinden und der Forderung nach Aufrichtigkeit in der Werbung Nachdruck zu verleihen. Ein Konzern, der sich eine andere Firma einverleiben will, appelliert an die kompensatorischen Interessen der betroffenen Aktionäre, während die bedrohte Firma ins Feld führt, daß der *Status quo* lukrativer zu sein verspricht, oder aber dafür Sorge trägt, daß genehmere Aspiranten ein Konkurrenzangebot unterbreiten. Befürworter der Einführung eines Flaschenpfands, die auf diese Weise die Mehrfachverwendung von Flaschen durchsetzen wollen, organisieren sich und sammeln Spenden zur Unterstützung ihrer Ziele. Ihre Gegner reagieren dementsprechend: Sie organisieren sich ebenfalls und sammeln Geld, um die Öffentlichkeit davon überzeugen zu können, daß die Folgekosten eines solchen Vorhabens zu hoch wären. Die Organisation eines Politikers erzeugt eine Gegenorganisation, seine Spendenappelle hallen wider in den vergleichbaren Aufrufen seines Kontrahenten. Kommt er in der Öffentlichkeit gut an, so muß die Opposition eine nicht minder attraktive Gegenpersönlichkeit erdenken oder erfinden. Seinen Werbespots im Fernsehen folgen die seines Gegenübers. Die Symmetrie erstreckt sich sowohl auf die Quellen als auch auf die Instrumente der Macht.

5

Bei der Durchsetzung von Machtansprüchen und den durch sie hervorgerufenen Widerständen kann man zwar generell von Symmetrie ausgehen, doch ist sie keineswegs unvermeidlich. Die Geschichte kennt verblüffende Beispiele von konkurrierender oder ausgleichender Macht, deren Erfolg gerade auf ihrer Asymmetrie beruhte. Diese Asymmetrie wird besonders deutlich in der Auseinandersetzung zwischen religiöser und weltlicher Macht, auf die ich im zehnten Kapitel näher eingehen werde. In frühchristlicher Zeit beruhte die weltliche Macht weitgehend auf der Persönlichkeit und war jederzeit bereit, zur Durchsetzung ihrer Ansprüche auf repressive Erzwingungsmaßnahmen zurückzugreifen. Die religiöse Macht, mit der die weltliche häufig aneinandergeriet, speiste sich zwar zu einem nicht unwesentlichen Teil aus Persönlichkeit und Eigentum, ihre Hauptquelle war jedoch ihre Organisation. Die Organisation schuf und verbreitete den Glauben – die soziale Konditionierung –, der stets ein wirksames Instrument zur Durchsetzung religiöser Macht war.

In jüngerer Zeit stellten Mohandas K. (Mahatma) Gandhis Kampf gegen die britische Kolonialverwaltung in Indien und der Feldzug seines Schülers Martin Luther King Jr. gegen die

Rassendiskriminierung in den Vereinigten Staaten die bemerkenswertesten Beispiele für die Asymmetrie konkurrierender Macht dar. Großbritanniens Macht in Indien beruhte auf dem sorgfältig gepflegten persönlichen Image des Vizekönigs, des *King Emperor* oder der *Queen Empress*[5], auf dem ebenso sorgfältig gepflegten Einkommen – also dem Besitz – der britischen Herrschaft sowie auf der vorzüglichen Organisation der zivilen und militärischen Verwaltung vor Ort. Nicht unwichtig war auch die kompensatorische Belohnung der Machthaber selbst und jener, die sich widerspruchslos der sozialen Konditionierung fügten, indem sie die britische Herrschaft für gut und wohlmeinend hielten. In Wirklichkeit war jedoch das bei weitem bedeutendste Instrument, dessen sich die Briten bedienten, die Androhung oder direkte Anwendung repressiver Erzwingungsmaßnahmen seitens des Militärs oder der Polizei.

Gandhi setzte nun diesen Elementen der britischen Herrschaft seine starke Persönlichkeit und eine beachtliche Organisation entgegen, und aus beidem resultierte eine soziale Konditionierung, die den Indern ihr Recht auf eine eigene Regierung bewußt machte. Gandhi stellte allerdings nicht, wie man hätte erwarten können, eine eigene bewaffnete Truppe auf, um repressive Macht ebenso beantworten zu können, sondern er wählte eine Strategie der Gewaltlosigkeit – den passiven Widerstand[6] – gegen die britische Herrschaft. Zu den diversen Formen zivilen Ungehorsams, auf die er bisweilen zurückgriff, gehörten Steuerverweigerung sowie die Mißachtung von Gerichtsurteilen und polizeilichen Anordnungen. Da der Symmetriegedanke ungemein tief im Bewußtsein verwurzelt ist, war diese Abweichung vom üblichen Schema Anlaß zu grenzenloser Verblüffung. Immerhin zeigte es sich, daß die Briten, die mit jeder Armee, die Gandhi hätte aufstellen können, kurzen Prozeß gemacht hätten, mit diesem asymmetrischen

Widerstand große Schwierigkeiten bekamen und ihm schließlich unterlagen. Im großen und ganzen analog verlief die Entwicklung in den Südstaaten der USA unter dem Einfluß der Bemühungen Martin Luther Kings. Hätten sich die Teilnehmer an dem berühtem Protestmarsch von Selma auf eine gewaltsame Auseinandersetzung mit der Polizei eingelassen, so wäre ihr Widerstand mühelos gebrochen worden. In dem sie sich jedoch – asymmetrisch! – weigerten, Gewalt mit Gewalt zu beantworten, entschieden sie sich für eine auf den ersten Blick weitaus weniger einsichtige, in Wirklichkeit jedoch viel wirksamere Taktik. »Gewaltloser Widerstand lähmte und verwirrte die Machtstrukturen, gegen die er sich richtete.«[7]

Symmetrie in Machtquellen und Erzwingungsmitteln bleibt trotz der geschilderten Ausnahmen die Regel. Dutzende von Aphorismen belegen es: »Den Teufel mit Beelzebub austreiben.« – »Wer Gewalt sät, wird Gewalt ernten.« – »Wer durch das Schwert lebt, wird durch das Schwert umkommen.« Einen Teil ihres Ruhms verdanken Mahatma Gandhi und Martin Luther King Jr. ihrem Erfolg, einen weitaus größeren jedoch dem Umstand, daß sie mit der herkömmlichen Dialektik der Macht, an die sich alle gewöhnt hatten, brachen.

IX

Die Dialektik der Macht II – Die Kontrolle der Macht

1

Die fundamentale Dialektik der Macht, die Konkurrenz und generelle Symmetrie der Machtausübung, ist ein Vorgang, der aufs engste mit dem modernen Staat verknüpft ist. Gruppen und Einzelpersonen bemühen sich sowohl in ihrem Bestreben, andere zu unterwerfen, als auch beim Widerstand gegen die Machtgelüste dritter um Unterstützung seitens des Staates. Dabei bleibt es oft nicht bei einem einzelnen Versuch, sondern es kommt zu zwei oder drei Ansätzen: Versuchen, die darauf hinauslaufen, den Staat unmittelbar zur Unterdrückung unliebsamer Machtausübung oder eben zum Widerstand dagegen zu bewegen. Um auf das bereits im vorigen Kapitel zitierte Beispiel zurückzugreifen: Im neunzehnten Jahrhundert riefen die Unternehmer erfolgreich nach staatlicher Intervention zur Unterdrückung gewerkschaftlicher Organisationen – jener Organisationen also, die die Machtquelle der Arbeiter darstellten. Und im zwanzigsten Jahrhundert bemühten sich die Gewerkschaften erfolgreich darum, die als Reaktion auf die Organisierung der Arbeiter entstandenen Machtinstrumente der Unternehmer durch staatliche Maßnahmen zu entschärfen: Sie erreichten Schutz gegen wahllosen repressiven Polizeieinsatz, gegen kompensatorische Macht im Gewande bezahlter

Streikbrecher und gegen konditionierte Macht in Form verschiedener Beeinflussungsversuche unmittelbar am Arbeitsplatz. Die Unternehmer ihrerseits schlossen sich zusammen, um mit vereinten Kräften Recht-auf-Arbeit-Gesetze durch die Parlamente zu boxen – Gesetze, deren Zweck darin bestand, die Gewerkschaften daran zu hindern, von ihren Mitgliedern – oder von potentiellen, noch nicht organisierten Mitgliedern – ungebührlichen Gehorsam zu erzwingen.

Die Dialektik der Macht sowie der Prozeß, der sie reguliert und kontrolliert, sind alles andere als unkompliziert. Zunächst gilt es festzuhalten, daß die drei Instrumente der Macht in sehr unterschiedlicher Weise durch staatliche Intervention gefördert werden, während der staatliche Schutz für die Quellen der Macht zwar ähnlich, aber gewiß nicht identisch ist. In der Praxis sieht das folgendermaßen aus: Die regulierende Hand des modernen demokratischen Staates legt der repressiven Machtausübung strenge Zügel an. Erheblich geringer ist die Kontrolle über die Ausübung kompensatorischer Macht. Und allgemein gilt – wenngleich das ein sehr umstrittenes Thema ist –, daß die Ausübung konditionierter Macht weitgehend direkt vom Staat protegiert wird. Was die Quellen der Macht angeht, so duldet der Staat im allgemeinen die Persönlichkeit, schützt das Eigentum und verteidigt bis zu einem gewissen Grade die Organisation. Diese Tendenzen wiederum beeinflussen und kontrollieren die mit ihnen verbundene Dialektik der Macht und jene, die zur Machtausübung oder zu deren Verhinderung die Unterstützung des Staates suchen. Die Rolle, die der Staat dabei spielt, und die Frage, welche staatliche Reaktion angemessen und legitim ist, sie sind gleichsam das Brot und die Butter, die Essenz, um die sich heutzutage ein Großteil der politischen und gesellschaftlichen Diskussion dreht.

2

Alle zivilisierten Gesellschaften, ohne jede Ausnahme, haben die Ausübung repressiver Macht bestimmten Regeln unterworfen. In den westlichen Gesellschaften ist sie heutzutage kraft öffentlicher Meinung und öffentlichen Rechts den Regierungen vorbehalten, sieht man von gewissen Restbeständen im Umgang mit Ehefrauen und Kindern ab. Der Einsatz repressiver Macht seitens des Staates unterliegt wiederum strengen Regeln. Einige Formen – die amerikanische Verfassung spricht von »grausamen und ungewöhnlichen Strafen« – sind schlankweg verboten, während die Frage nach der Angemessenheit oder Nützlichkeit der Todesstrafe oder obligatorischer Haftstrafen gerade bei Verbrechen von besonders spektakulärer Scheußlichkeit immer wieder Anlaß zu hitzigen und durchaus beliebten Diskussionen gibt. Die Strafen werden pflichtgemäß in Gesetzen schriftlich festgehalten, um sie in eine einigermaßen vernünftige Relation zur erstrebten Unterwerfung des Betroffenen setzen zu können. Mord wird dementsprechend härter bestraft als Ladendiebstahl oder Verstöße gegen die Straßenverkehrsordnung. Schließlich gibt es dann noch einen riesigen Justizapparat, zu dem auch die Gerichte gehören, denen die Verantwortung obliegt, über Schuld und Unschuld sowie die im Einzelfall zu bestimmende Strafe zu entscheiden.[1]

Angesichts des generellen staatlichen Gewaltmonopols muß sich jeder, der sich zur Durchsetzung seiner Ziele repressiver Macht bedienen will, an den Staat selbst wenden, und ein großer Teil allen politischen Lebens und Strebens erschöpft sich in entsprechenden Appellen. Man ruft nach strengeren, manchmal auch weniger strengen repressiven Maßnahmen gegen Abtreibung, Sexualverbrechen, Drogenmißbrauch, Straßenraub und vieles andere mehr.

Das jeweilige Präzisions- und Effizienzniveau bei der Kontrolle des Einsatzes repressiver Macht ist möglicherweise der sicherste Indikator für den zivilisatorischen Entwicklungsgrad einer Gesellschaft und wird in der Praxis auch weitgehend so angesehen. Anarchie – wie etwa in Uganda oder zu Beginn der achtziger Jahre im Libanon – ist prinzipiell gekennzeichnet durch ungezügelte Ausübung repressiver Macht, und zwar sowohl innerhalb wie außerhalb der formalen Regierungsstruktur. Regime, die wir als besonders rücksichtslose Diktaturen bezeichnen – Trujillo, Somoza und Duvalier in Mittelamerika und der Karibik, Stalin in der Sowjetunion und Hitler in Deutschland, um nur einige Beispiele zu nennen –, verdanken ihren Nachruhm vor allem ihrer besonders auffälligen repressiven Machtausübung.

3

Auf ganz ähnliche Weise ist auch die kompensatorische Macht staatlicher Kontrolle unterworfen, wobei jedoch – im Gegensatz zur repressiven Macht – noch hinzukommt, daß ihr Einsatz weitgehend durch Gesetz und Tradition geschützt wird. Für das Funktionieren des Kapitalismus ist die durch Kompensation erreichte Unterwerfung unter einen fremden Willen natürlich von zentraler Bedeutung. Weniger spektakulär, aber kaum weniger wichtig, ist kompensatorische Belohnung als Arbeitsanreiz auch in sozialistischen Gesellschaften. Trotzdem genießen viele Formen der kompensatorischen Macht einen ausgesprochen schlechten Ruf oder werden durch das Gesetz sogar ausdrücklich verboten. Hierzu zählen vor allem der ostentative Kauf von Wählerstimmen, die Beamtenbestechung mit dem Ziel, die Gesetzgebung unmittelbar zu beeinflussen, Geldzuwendungen an Kunden und Auftraggeber – im

Volksmund »Schmiergelder« genannt – sowie eine ganze Reihe anderer Erscheinungsformen der kompensatorischen Macht.

Der genaue Verlauf der Trennungslinie zwischen erlaubter oder akzeptabler und unerlaubter oder inakzeptabler Machtausübung ist auch hier stark umstritten, und wiederum ist das, was der Staat genehmigt oder nicht genehmigt, eng verknüpft mit der Dialektik der Macht. So wurde beispielsweise vor einiger Zeit den amerikanischen Konzernen durch ein Gesetz generell verboten, ausländische Regierungsbeamte mit Bestechungsgeldern zum Kauf konzerneigener Produkte zu bewegen, was bedeuten würde, sie den kommerziellen Zielen des Konzerns zu unterwerfen. Diese Kontrolle der kompensatorischen Macht stieß auf starke Kritik, denn viele sahen darin ein Handicap im internationalen Konkurrenzkampf, in dem solche Methoden unerläßlich seien. Ein weiteres Beispiel ist die außerordentlich dünne Trennungslinie zwischen der direkten und der indirekten Bezahlung eines Abgeordneten: Im erstgenannten Fall erhält er sein Geld unverblümt dafür, daß er sich bei einer Abstimmung so verhält, wie der Geldgeber es will – eine Praxis, die sowohl die Rechtsprechung als auch die öffentliche Moral aufs schärfste mißbilligen, während die Legalität ähnlich gearteter Zahlungen in Form von Wahlkampfspenden oder überhöhten Vortragshonoraren, die ebenfalls die Unterwerfung des Betroffenen zum Ziel haben, nach wie vor umstritten und die Diskussion darüber, ob der Staat auch diese Manifestationen kompensatorischer Macht verbieten soll, noch längst nicht abgeschlossen ist.

4

Das Auffallende an der konditionierten Macht ist nicht, daß sie gesetzlicher Kontrolle unterworfen wird, sondern, daß sie in den freien Ländern der Welt *expressis verbis* gesetzlichen Schutz genießt. Während dem einfachen Bürger die Anwendung repressiver Macht untersagt ist, wird ihm die Rede- und Meinungsfreiheit – die Grundlage konditionierter Macht – ausdrücklich garantiert, wobei allerdings der gesetzliche Schutz dieser Freiheiten in keiner Weise vollständig und nach wie vor stark umstritten ist. Persönliche Verunglimpfung und Verleumdung sowie Aufrufe zu Gewalttaten ohne Rücksicht auf Leib und Leben der Betroffenen – gleichsam also die verbale Androhung repressiver Erzwingungsmaßnahmen – werden weder im Prinzip noch in der Praxis gutgeheißen und häufig sogar von vornherein verboten. Kommunistische oder sozialistische Propaganda oder das, was dafür gehalten wird, hat nach Ansicht vieler *eo ipso* das Recht auf gesetzlichen Schutz verwirkt, und es gab immer wieder Zeiten, wie die McCarthy-Ära, in denen eine starke politische Bewegung sämtliche Formen solcherart ausgeübter konditionierter Macht verbieten lassen wollte und sich mit entsprechenden Forderungen an die Regierung wandte. Die Frage, welche Formen von Konditionierung geschützt und welche als jenseits des Erlaubten angesehen und aus diesem Grunde kontrolliert oder unterdrückt werden sollen, ist noch nicht ausdiskutiert.

In den Vereinigten Staaten garantiert das *First Amendment,* der Erste Verfassungszusatz, die freie Ausübung konditionierter Macht, und im Prinzip genießt dieses Verfassungsgebot auch hohe Wertschätzung. In der Praxis hingegen wird es zutiefst verwünscht, sobald sich erweist, daß damit auch die unliebsame Unterwerfung unter gegnerische Ideen sanktioniert wird. Es entstehen dann sofort ausgeklügelte Konzepte zur Umgehung des First Amendment und zur Schaffung von Ausnahmeregeln. In der Tat ist das verfassungsmäßig garantierte Recht auf freie Rede großenteils dem Zufall des Zeitgeists zu verdanken: Als es in Kraft trat, war Machtausübung noch längst nicht in der Weise abhängig vom Einsatz konditionierter Macht, wie es in unseren Tagen der Fall ist. Letztere waren vielmehr das Privileg einer verschwindend kleinen Minderheit im Staat. Läge das First Amendment heute dem Parlament zur Abstimmung vor, so würden hitzige Debatten darüber geführt. Eine Fülle von Ausnahmeregelungen würde die Verabschiedung hinauszögern, und subversiver politischer Propaganda, Pornographie sowie der Befürwortung von Homosexualität und Abtreibung würde ein strenger Gesetzesriegel vorgeschoben. Zumindest gäbe es starke Bestrebungen in dieser Richtung.

5

Betrachten wir die Quellen der Macht unter diesem Aspekt, so läßt sich sagen, daß der Staat im allgemeinen nicht versucht, die Persönlichkeit einzuschränken oder bestimmten Regeln zu unterwerfen. In den sozialistischen und kommunistischen Ländern wurde der Persönlichkeitskult in der Vergangenheit immer wieder bereut und verdammt, die Reaktion auf Stalin und Mao Tse-tung mag hier als Beispiel dienen. In demokratischen Ländern wird Persönlichkeit als solche akzeptiert, selbst wenn man ihr als Machtquelle gelegentlich mißtraut. Nicht wenige hielten die Eigenschaften, welche die Persönlichkeit etwa eines Franklin D. Roosevelt, John L. Lewis, George Wallace, Martin Luther King Jr. oder der Kennedy-Brüder bestimmten, für gefährlich, und repressive Reaktionen in Form von Mordanschlägen waren nicht selten die traurige Konsequenz.

Staatliche Hilfe bei der Unterdrückung sich nicht konformverhaltender Persönlichkeiten gehört dagegen im Normalfall nicht zum politischen Tagesgeschäft.[2]

Beim Eigentum ist der Fall etwas komplizierter. Die traditionelle sozialistische Lehre sah hierin die primäre, ja die alles entscheidende Quelle der Macht. Demnach konnte Einzelpersonen Privatbesitz nur in homöopathischen Dosen zugestanden werden und war ansonsten sicherheitshalber der Öffentlichkeit vorbehalten, also mehr oder weniger exklusiv Staatseigentum. Im kommunistischen Teil der Welt gilt dieser Grundsatz noch heute. Im Gegensatz dazu hält die nichtsozialistische Lehre Eigentum als Machtquelle für so wichtig, daß sie vor einer Konzentration desselben in Regierungshänden warnt. Infolgedessen erfreut sich im nichtsozialistischen Teil der Welt Privateigentum generell staatlicher Protektion – in den Vereinigten Staaten etwa durch die Rechtsweggarantie.[3] Dennoch bleibt zu fragen, bis zu welchem Grad der Staat intervenieren soll, um eine möglichst weit gestreute Besitz- und, damit verbunden, Einkommensverteilung durchzusetzen, die mit einer entsprechenden Machtverteilung einhergehen würde. Hierum rankt sich eine der wichtigsten politischen Debatten innerhalb der nichtsozialistischen Welt: die Diskussion um die Verteilung des Wohlstands. Und eng mit dieser Problematik verknüpft sind auch die Fragen nach der Durchschlagskraft von Kartellgesetzen, der Höhe der Progressionsrate bei der Einkommensteuer sowie dem Umverteilungseffekt anderer steuerlicher Maßnahmen. Viele politische Auseinandersetzungen lassen sich auf die eine oder andere Weise auf den rücksichtsvollen – oder eben weniger rücksichtsvollen – Einsatz von Eigentum als Machtmittel zurückführen.[4]

Ebenso wie dem Eigentum, das als Quelle der Macht vom Staat geschützt und kontrolliert wird, ergeht es den Organisationen. Die Versammlungs- und die Vereinigungsfreiheit genießen in demokratischen Gesellschaften strengen Schutz, und auch in diesem Fall begegnet man der daraus resultierenden Macht oft mit großem Mißtrauen. Das Beispiel der Gewerkschaften habe ich bereits zitiert. In den Vereinigten Staaten wurde das Existenzrecht der Kommunistischen Partei und mit ihr verbundener Organisationen wiederholt in Frage gestellt,[5] nicht anders als das des Ku Klux Klan, und selbstverständlich wurden beider Rechte auch immer verteidigt. Der Konzern ist eine Schöpfung des Staates – in den USA jeweils der *Incorporation Rights* der Bundesstaaten – und erfreut sich als solche totaler Protektion. Und die Macht der Konzerne, einschließlich der internationalen oder multinationalen Unternehmen, gibt immer wieder Anlaß zu sorgenvollen Kommentaren.

Im nichtsozialistischen Staat ist die Dialektik der Macht aufs engste mit den Organisationen verknüpft.[6] Sie werden auf der einen Seite geschützt und sind auf der anderen einer Fülle von Reglementierungen und Beschränkungen unterworfen. Die Kraft der Dialektik spiegelt die Bedeutung der Organisation als Machtquelle wider. Ein Individuum mit subversiven Absichten ist höchst verdächtig und muß eben an die Kandare genommen werden, eine subversive Gruppe ist aber noch viel schlimmer. Von einer Regierung erwartet man ein entschiedenes Vorgehen gegen das Verbrechen, ganz besonders wichtig ist jedoch, daß sie gegen das organisierte Verbrechen einschreitet. Im großen und ganzen gesehen erfahren Organisationen in ihrer Eigenschaft als Machtquelle wesentlich mehr Schutz als Reglemtierung, woraus sich heute überall dort, wo Macht ausgeübt wird, eine Reihe folgenschwerer Implikationen ergibt. Diese betreffen sowohl die Machtkonzentration innerhalb einiger weniger Großorganisationen als auch die Machtaufteilung auf eine Anzahl kleinerer. Zunächst wollen wir uns jedoch mit der Entwicklung und der Dynamik der Macht in einem größeren Zusammenhang befassen.

X

Grundzüge der Dynamik der Macht – Die vorkapitalistische Welt

1

Die Geschichtsschreibung konzentriert sich im allgemeinen auf die Ausübung der Macht, und zwar durch Kaiser, Könige und die Kirche, durch Diktatoren und Demokratien, Generäle und Armeen, Kapitalisten und Konzerne. Eine Geschichtsschreibung, die sich vorrangig mit den Quellen und den Durchsetzungsmethoden der Macht befaßt, ist ebensogut vorstellbar. Historischer Wandel würde sich hier im Wandel der jeweiligen Rolle von Persönlichkeit, Eigentum und Organisation, von repressiver Bestrafung, kompensatorischer Belohnung sowie direkten und indirekten Formen konditionierter Macht manifestieren. Eine solche Geschichtsschreibung wäre gewiß nicht ohne Tücken, und doch lassen sich am Beispiel der Genesis der modernen Industriegesellschaft und ihrer Vorgänger die Konturen jener Elemente erkennen, die wir soeben angesprochen haben. Und genau darum geht es in diesem und in den folgenden vier Kapiteln: um die Konturen – nicht um die Geschichte selbst.

2

Die Macht war im Europa der vorkapitalistischen Epoche – aus praktischen Gründen empfiehlt sich bei einer Datierung der Beginn des sechzehnten Jahrhunderts,[1] die Zeit also unmittelbar nach der Entdeckung Amerikas und unmittelbar vor den ersten Predigten Martin Luthers – im wesentlichen zwischen Kirche und Feudalherren aufgeteilt, die Autorität des im Entstehen begriffenen Nationalstaats richtete sich nach dem Freiraum, den ihm die beiden anderen Gewalten jeweils zustanden. Die Machtquellen der Kirchen entsprangen einer hervorragenden Organisation, die sich ihrerseits auf umfangreiche, einträgliche Besitztümer sowie die mit großer Sorgfalt gepflegten und mit Ewigkeitsanspruch versehenen Darstellungen der Persönlichkeiten Jesu Christi und des Allerhöchsten stützten. Im wesentlichen handelte es sich um konditionierte Machtausübung: Die Menschen unterwarfen ihren Willen dem der Kirche, weil sie glaubten. Der so gewonnene Gehorsam erstreckte sich sowohl auf religiöse Bräuche und Vorschriften als auch auf das menschliche Tun und Lassen im säkularen Bereich. Die Konditionierung funktionierte sowohl direkt wie indirekt. Der Kirche hatte man zu gehorchen und ihre Lehren waren zu befolgen. Diese Überzeugung war zutiefst im Bewußtsein der Menschen verwurzelt, ein fester Bestandteil des Zeitgeistes. Kinder übernahmen sie von ihren Eltern als allgemein anerkannte, natürliche und verbindliche Verhaltensweise. Darüber hinaus vernachlässigte die Kirche auch direktere Formen der Konditionierung nicht, schließlich war das der Hauptzweck ihrer großen und bemerkenswert durchkonstruierten Organisation. Die Zelebrierung der Messe und die Verkündigung des Evangeliums dienten der Behauptung und Festigung konditionierter Macht, das heißt jenes Instruments, von dem die Macht der Kirche mehr als von allem anderen abhing.

3

Die einzige Methode, mit der religiöse Autorität durchgesetzt wurde, war die soziale Konditionierung allerdings nicht. Eine sehr wichtige Rolle spielten die Einkünfte, die die Kirche aus ihren Besitztümern bezog oder von ihren Schäflein erhielt oder auch verlangte. Mit ihrer Hilfe wurden Priester, Kirchen und Klöster unterhalten.[2] Die kompensatorische Macht erwies sich als leistungsfähige, ja unentbehrliche Stütze eben der Organisation, die sich um die direkte Konditionierung kümmerte.

Auch nach außen hin stärkte der Reichtum der Kirche ihren Einfluß, wenn auch nur indirekt. Kirchen und Kathedralen waren greifbare Manifestationen ihrer Präsenz und ihrer Autorität. Damals wie heute spürte man in einer Kathedrale die Gegenwart einer respektheischenden Macht, mit der sich anzulegen nicht ratsam erscheint.

Kompensatorische Macht ist, wie bereits ausführlich dargelegt, generell mit Besitz und Eigentum verbunden. Im Falle der Kirche, ebenso wie in anderen Fällen, gilt das jedoch nicht exklusiv. Die vielleicht größte und wirkungsträchtigste Machtquelle der Kirche war vermutlich ihre konditionierte Zusage, daß jeden, der ihr gehorche, im Jenseits kompensatorische Belohnung erwarte. Dieses Versprechen wurde bemerkenswerterweise bis in die Einzelheiten hinein ausgeschmückt: Es fehlten weder Angaben über Quantität und Qualität der Unterbringung, noch mangelte es an Hinweisen auf die allgemeine Lebensqualität im Himmel, auf den unter seinen Bewohnern herrschenden Frieden und die großzügig bemessene Freizeit.

Hand in Hand mit der sozialen Konditionierung, dem daraus resultierenden Glauben und der damit verbundenen kompensatorischen Macht ging die Anwendung und Androhung von repressiven Erzwingungsmaßnahmen. Das eine wie das andere war von bestechender Überzeugungskraft, gehörten hierzu doch unter anderem überaus schmerzhafte Strafen mit nicht selten tödlichem Ausgang sowie die Inaussichtstellung noch weit schlimmerer Heimsuchungen im Jenseits. Physische Züchtigung und, wenn es denn sein mußte, die summarische Ausrottung von Ketzern waren bewährte Abschreckungsmaßnahmen, die gelegentlich, wie das Beispiel der Inquisition zeigt, einen hohen Rang prozeduraler Würde erreichten, häufiger jedoch, wie etwa im Falle der mittelalterlichen Judenpogrome im Rheinland, nichts anderes waren als Ausdruck des glühenden Glaubenseifers einer gründlich konditionierten Volksmasse. Im noch weiter zurückliegenden Fall der Katharer, die im zwölften und dreizehnten Jahrhundert große Teile Südfrankreichs mit ihrer albigensischen Ketzerei bedrohten, zitierte Papst Innozenz III. die säkularen Truppen des glaubenstreuen Adels zur Unterstützung der kirchlichen Strafexpedition herbei. Dem Ruf wurde prompt Folge geleistet, und der Erfolg blieb nicht aus. Als im Jahre 1244 Montségur, die letzte Festung der Ketzer, fiel, wurden über zweihundert Häretiker auf dem Scheiterhaufen verbrannt. Später, im Jahre 1252, wurden Androhung und Durchführung repressiver Körperstrafen zur offiziellen Politik gegenüber all jenen, die sich noch immer dem Willen der Kirche widersetzten. Die päpstliche Bulle, in der diese Politik niedergelegt wurde, trägt bezeichnenderweise den Titel *Ad extirpanda.*[3]

Die Verbrennung von Dissidenten und ähnliche Manifestationen repressiver Macht gegen die Sterblichen wurden als Mittel zur Durchsetzung kirchlicher Autorität in der Religionsgeschichte nachgerade verherrlicht. Daß sie schwerlich mit dem hohen Stellenwert zu vereinbaren sind, den die religiöse Konditionierung der Barmherzigkeit zumißt, steht auf einem anderen Blatt. Fraglos waren derartige Erzwingungsmethoden nicht nur unangenehm für die Betroffenen, sie dienten auch als nachhaltige Warnung für alle potentiell Unbotmäßigen. Dennoch kam ihnen niemals auch nur annähernd die Bedeutung zu, welche die weitaus raffiniertere Verheißung repressiver Bestrafung oder kompensatorischer Belohnung im Jenseits besaß. Und war die repressive Bestrafung der Lebenden und die damit verbundene Grausamkeit stets mit einem gewissen moralischen Stigma befleckt, so haftete den noch weitaus drastischeren und länger andauernden Sanktionen gegen die Toten kein vergleichbarer Makel an. In einer Zeit, da die Lebenserwartung der Menschen im allgemeinen recht niedrig und das Leben selbst oft nicht gerade erfreulich war, besaß die Aussicht auf ein freudvolleres und dauerhafteres Danach gewaltige Überzeugungskraft – ebenso wie natürlich auch die Angst davor, es könne alles noch viel schlimmer werden. Folglich waren die generelle Verheißung ewiger Verdammnis oder Seligkeit sowie irdische Handlungen wie Exkommunikation oder die Erteilung der Sakramente starke repressive oder kompensatorische Maßnahmen zur Wahrung konditionierten Gehorsams. Mag in unserer Zeit der Einsatz derartiger Sanktionen zur Stärkung religiöser Macht auch beträchtlich zurückgegangen sein, so sollte sich dadurch niemand dazu verleiten lassen, ihre Effektivität in früheren, frommeren – und das heißt gründlicher konditionierten – Gesellschaftsformen in Zweifel zu ziehen.

Die Macht der Kirche nach außen, also über den Kreis ihrer unmittelbaren Anhängerschaft hinaus, war, wie üblich, ein Pendant zu interner Disziplin und Machtausübung. Folglich gab es für sie nichts Wichtigeres als eine disziplinierte und gehorsame Priesterschaft. Die großen Machtkrisen der Kirchengeschichte – das Gegenpapsttum in Avignon, das Große Schisma und die Reformation – waren das Ergebnis interner Uneinigkeit und Disziplinlosigkeit: Der Zusammenbruch der inneren Machtstrukturen zog symmetrische Erscheinungen in den Außenbeziehungen nach sich.

4

Die Basis der weltlichen Macht in vorkapitalistischer Zeit ist nicht so einfach zu beschreiben wie die weitaus differenziertere Macht der Kirche, mit der sie im übrigen häufig konkurrierte oder stritt.[4] Aufgeteilt war die weltliche Macht zwischen dem Landadel und den im Entstehen begriffenen Nationalstaaten, die ebenfalls zu Konkurrenten im Kampf um die Macht heranwuchsen. Die herkömmliche Geschichtsschreibung rühmt von den drei Machtquellen Organisation, Besitz und Persönlichkeit vor allem die letztgenannte in Gestalt der kühnen, blutrünstigen oder auf andere Weise unwiderstehlichen Führernatur. Ihre geschichtliche Bedeutung soll hier nicht angezweifelt werden, nur hatte sie einen gravierenden Nachteil: Persönlichkeiten dieser Art traten plötzlich irgendwo auf, machten ihren Einfluß geltend – und dann starben sie, nicht selten durch Mörderhand. Weltliche Macht, die sich ausschließlich auf Persönlichkeit stützte, erstand und fiel mit ihren Protagonisten. Sie war nur ein schwaches Gegengewicht gegen die Kontinuität verheißende, unsterbliche Persönlichkeit, von der sich die kirchliche Macht ableitete.

Eine dauerhafte Quelle weltlicher Macht war in der Feudalzeit indessen das Eigentum. Das, was ein Fürst besaß, versetzte ihn in die Lage, einer bestimmten Zahl von Anrainern oder Gefolgsleuten den Lebensunterhalt – oder genauer gesagt: das Recht auf einen Lebensunterhalt – zu gewähren. Je größer und ertragreicher der Besitz war, desto größer war auch die Zahl der Getreuen. Der auf diese Art und Weise erworbene Lebensunterhalt war ein frühes Äquivalent zur kompensatorischen Belohnung neuerer Prägung, und es ist durchaus anzunehmen, daß auf allen Feudalgütern das Gefühl vorherrschte, jeder Versuch, sich dem Willen des Lehnsherrn zu entziehen oder gegen ihn aufzubegehren, könne neben den üblichen repressiven Gegenmaßnahmen auch sehr unangenehme wirtschaftliche Folgen haben.

Was bleibt, ist die Organisation. Von ihr kann mit einiger Sicherheit angenommen werden, daß sie nur eine relativ kleine Quelle der feudalen Macht war. Bei militärischen Unternehmungen schuf man sie sich *ad hoc*, davon abgesehen gab es wenig oder nichts, das man als kontinuierliche Administration bezeichnen könnte. In Indien, wo sich das Feudalsystem bis in die heutige Zeit erhalten hat, wurde das bißchen Organisation der Verantwortung eines *Dewan* übertragen, einem Amt, das nicht selten sogar vererbt wurde. Die unausrottbaren Schwächen, Inkompetenzen und Ungerechtigkeiten dieses Systems führten letztlich dazu, daß die britische Herrschaft in vielen, wenn nicht sogar in den meisten Fällen zu einer durchaus verlockenden Alternative wurde.

Neben der bereits erwähnten kompensatorischen Macht zählte zu den im Feudalismus üblichen Durchsetzungsmethoden ohne Zweifel auch ein gerüttelt Maß an expliziter und impliziter Konditionierung. Das Wort des Feudalherrn galt, und man ging davon aus, daß jedermann sich daran hielt. So war es immer gewesen, und es verging kein Tag, an dem diese Verpflichtung nicht ostentativ bestätigt wurde. Darüber hinaus nahm man Anleihen bei der konditionierten Macht der Kirche, daher das Gottesgnadentum der Könige, das sich auch auf deren Untertanen sowie jene erstreckte, die mit ihnen um die Macht rivalisierten. Bei allem wird man allerdings davon ausgehen müssen, daß repressive Macht das bei weitem wichtigste Erzwingungsmittel in der Feudalgesellschaft war. Art und Zahl der Strafen, die den Bewohnern der feudalen Güter beständig drohten, waren mannigfach. Den Gesetzen der Symmetrie folgend, war die repressive Macht dementsprechend auch nach außen hin das wichtigste Instrument zur Durchsetzung der eigenen Ziele. Der Feudalherr versucht nicht etwa durch Überzeugung, durch käuflichen Erwerb oder politische Heiraten seine Machtvollkommenheit über eigenes Territoriums hinaus zu erweitern, sondern durch repressive Militäraktionen.

5

Die externe Macht des Adels hing weitgehend von der Zahl der internen Gefolgsleute des Feudalherrn ab, und deren Zahl wiederum entsprach proportional der Größe und dem Wert seines Landbesitzes. Aus diesem Grunde ging es praktisch bei jeder Auseinandersetzung in der Feudalzeit um Grundbesitz, es sei denn, der Konflikt entstand auf Geheiß der Kirche.[5] Landerwerb und Besitzerweiterung waren der direkte, unverkennbare Weg zu mehr Lehensmännern und damit zu zusätzlichen Soldaten, daraus wiederum resultierte die Stärkung der internen wie der externen Machtposition. Aus dieser Konstellation entwickelte sich in Europa eine nahezu endlose Folge von Territorialkonflikten. Die, die sich in den territorialen Auseinandersetzungen langsam durchsetzten, schufen mit der Zeit jene Oberlehensherrlichkeit, aus der dann der Nationalstaat entstand. Aus dem Territorialstreit innerhalb des Adels wurden zwischenstaatliche Auseinandersetzungen, aus internem Streit um Land und Ländereien internationale Konflikte.

Die Verbindung zwischen Landbesitz, Menschen und Macht übte einen starken Einfluß auf das politische Denken aus, der sich bis zum heutigen Tag erhalten hat, obgleich die Verbindung selbst schon lange nicht mehr besteht. Als Einnahmequelle, aus deren Mitteln sich die Festigung interner Macht bestreiten läßt, ist der agrarische Besitz längst durch den industriellen Besitz ersetzt worden, und auch die Bedeutung der reinen Truppenstärke als Instrument der externen Macht ist stark zurückgegangen. Land kann besetzt werden, ohne daß das

Wirtschaftsleben zum Erliegen kommt, eine moderne Industriewirtschaft läßt sich dagegen nicht ohne eine tiefgehende Störung ihrer Funktionsfähigkeit erobern. Trotzdem hat die Vorstellung, die Macht eines Staates könne durch territorialen Zugewinn erweitert werden, in der militärischen und strategischen Diskussion noch immer einen sehr hohen Stellenwert. Beim Blick auf die Landkarte gehen die Strategen unserer Tage davon aus, daß jedes beliebige Gebiet auf der Welt von irgendeinem machtgierigen Nachbarn bedroht ist. Das Gebiet, wo immer es sei, bedarf also militärischer Verteidigung. In mittlerweile weit zurückliegender Vergangenheit war die Macht eng verflochten mit der jeweils verfügbaren Fläche nutzbaren Landes sowie den Menschen, die es bewohnten und bearbeiteten. Aus diesem Grund stellte ein solches Land stets für jeden, der nach Macht strebte, eine Verlockung dar. Und daran hat sich bis heute gerade bei Leuten, die dafür bekannt sind, daß sie alles sehr direkt und einfach sehen, nichts geändert.

Die feudalen Quellen und Instrumentarien der Macht, hauptsächlich also Persönlichkeit, Grundbesitz und repressive Erzwingungsmaßnahmen, gehören keineswegs ausschließlich in eine vergangene Welt. Vielmehr existieren diese Erscheinungsformen bis heute – wie wir gesehen haben, in Indien, aber auch in Japan, China und im zaristischen Rußland. Restbestände davon finden sich noch in Mittel- und Südamerika, und die repressiven Methoden, derer sich ihre Verteidiger wie auch ihre Gegner bedienen, sind die Ursache vieler politischer Unruhen in jenem Teil der Welt.

In der modernen Industriegesellschaft verloren die feudalistischen Machtquellen und -methoden schon recht früh ihre Vorrangstellung und machten einer neuen Kombination Platz, die in einer engen Verbindung mit dem Handels- und Industriekapitalismus stand. Nicht alles, was vorher war, verschwand, doch kam jetzt viel Neues hinzu.

XI

Die Entstehung des Kapitalismus

1

In den zweihundertfünfzig Jahren zwischen dem Beginn des sechzehnten Jahrhunderts und den Anfängen der industriellen Revolution in der zweiten Hälfte des achtzehnten Jahrhunderts erlebte Westeuropa – vor allem in England und Frankreich – eine kontinuierliche Stärkung des Nationalstaats, die ihre unmittelbaren Ursprünge in der traditionellen feudalistischen Form der Machtausübung hatte: Die Quellen der Macht waren Grundbesitz und Persönlichkeit, und man verließ sich auf repressive Erzwingungsmaßnahmen und aus dem Besitz erwachsende kompensatorische Mittel sowie auf die konditionierte Haltung der Untertanen gegenüber dem Souverän, der seine Stellung nicht selten im Gottesgnadentum begründete. In der gleichen Epoche entwickelte sich aber auch aus den noch weiter zurückliegenden Ursprüngen des Handelskapitalismus eine nicht unbedeutende Schicht von Kaufleuten und Händlern, deren Einfluß allerdings von Ort zu Ort schwankte.[1]

Auch diese Entwicklung kann nun als eine Art Gewichtsverschiebung zwischen den vorhandenen Machtquellen und Durchsetzungsmethoden gesehen werden, und zwar durchaus mit Gewinn. Die wichtigste Machtquelle des Handelskapitalismus war Eigentum – freilich nicht mehr in erster Linie Grundbesitz, sondern Kapital, vor allem in Form von Waren, die verkauft werden konnten, und in der Gestalt von Gold und Silber, das die Beschaffung der Waren ermöglichte. Während der Faktor Persönlichkeit an Einfluß verlor, stieg die Bedeutung der Organisationen. Kompensatorische Macht verzeichnete enormen Zuwachs. Repressive Erzwingungsmaßnahmen, obgleich nach wie vor existent und verfügbar, kamen nicht mehr so häufig zur Anwendung. Konditionierte Macht wurde nur in beschränktem Maße ausgeübt; dort, wo das der Fall war, zeigte sie sich aber in einer recht interessanten Erscheinungsform, in der man einen ominösen Vorboten zukünftiger Entwicklungen sehen kann. Mit Recht nimmt der Kapitalismus für sich in Anspruch, daß er repressive Strafen durch zivilisiertere kompensatorische Belohnungen ersetzt hat. Für den Handelskapitalismus gilt das in besonderem Maße, vor allem, wenn man einen direkten Vergleich mit der feudalen Spielart der Machtausübung zieht.

2

Die Namen der Feudalherren, der Fürsten und Könige wurden zu ihrer Zeit verherrlicht, und manche werden es immer noch. Die französische und die englische Geschichte liest sich wie eine Aufzählung ihrer persönlichen Eigenschaften und Eigenheiten, ihrer Exzesse und Exzentrizitäten sowie der militärischen Unternehmungen, mit denen sie ihren Grundbesitz, die eigentliche Quelle ihrer Macht, verteidigten oder erweiterten. Die Kaufleute dagegen blieben weitgehend anonym, sie wirkten nicht als Individuen, sondern als Klasse. Brachte es doch hin und wieder einer von ihnen zu allgemeinem Ansehen, so nannte man ihn bezeichnenderweise einen Handelsfürsten.[2] Es war ihm gelungen, sich ein gewisses Maß jener Bedeutung zu erwerben, die der Feudalismus der Persönlichkeit zumaß. Es gab ein paar persönliche Eigenschaften – wie etwa die Fähigkeit, mit Geld umzugehen, kommerziellen Scharfsinn, Bereitschaft zum Risiko und eine realistische Einschätzung desselben, einen Blick für sich bietende Gelegenheiten sowie geographische und nautische Kenntnisse –, auf die es ankam, wollte man reüssieren. Aber sie waren weder zufallsbedingt noch einzigartig; man konnte sie sich erwerben, und genau das geschah. Eine besondere Fähigkeit zur Menschenführung gehörte nicht zu diesen Voraussetzungen. Die Hauptquelle der Handelsmacht, jene Form des Besitzes, die nun vorrangige Bedeutung erlangte, war arbeitendes Kapital – Waren, die von einem Ort zum anderen transportiert oder zum Verkauf gestellt werden konnten, sowie Schiffe, mit denen die Güter zu den Umschlagplätzen und Verkaufsstätten gebracht wurden.[3]

Zum Kapital der Kaufleute gehörten darüber hinaus vor allem Bargeld und, in späteren Zeiten, Bankguthaben. Damit beanspruchten sie Handelsgüter. Die Gesamtheit des in den Händen der Kaufmannschaft befindlichen Eigentums war gleichzeitig die Quelle ihrer kompensatorischen Macht. Mit ihrer Hilfe erreichte man die Unterwerfung der Zulieferer und Sklaven sowie gelegentlich auch der Feudalherren, von denen viele notorisch knapp bei Kasse waren.[4] Eigentum verschaffte den Kaufleuten zudem gesellschaftliches Prestige, womit wiederum jene konditionierte Unterwerfung erzielt wurde, die den Reichtum begleitet.

Der Handelskapitalist übte Macht in erster Linie über Arbeiter, Handwerker und Künstler aus, die die Waren produzierten, aber auch über die Qualität und den Preis der Güter, die er verkaufte – die wichtigsten waren Textilien[5] –, und somit letztlich über die Endverbraucher, die die Waren benötigten und kauften. Auf den ersten Blick erscheint diese Form der Machtausübung relativ milde und harmlos, denn die Zulieferer und Kunden hatten schließlich eine Alternative, sie konnten die Produktion einstellen oder auf den Kauf der Waren verzichten, und es blieb ihnen überlassen, sich andere Käufer oder Händler zu suchen. Die Notwendigkeit, einen Absatzmarkt zu finden, kann nun allerdings ebenso wie das Bedürfnis nach dem Lebensnotwendigen oder einem bestimmten Produkt außerordentlich dringlich sein. Zu den Hauptmerkmalen des Handelskapitalismus zählte daher eine Reihe sorgfältig ausgeklügelter Sicherheitsvorkehrungen gegen allzu üppig ins Kraut schießende Konkurrenz. Die Macht eines Kaufmanns konnte in höchst bedauerlicher Weise beeinträchtigt werden, wenn plötzlich ein Konkurrent auftauchte, der für eine Ware von bestimmter Qualität einen höheren Erzeugerpreis zahlte oder sie dem Endverbraucher billiger anbot. Der Erfolg der Kaufleute wurde durch Konkurrenz ernsthaft gefährdet. Als man Gegenmaßnahmen zu ergreifen begann, wurde die Organisation zu einer signifikanten Machtquelle.

Die großen Kaufmannsfamilien in den Städten lebten in relativ enger Nachbarschaft. Der Schritt, ihre kompensatorische Macht durch strikte Qualitäts- und Preiskontrollen beim An- und Verkauf zu erweitern, war für sie ohne große Schwierigkeiten zu bewerkstelligen und lag überdies sehr nahe. In früheren Zeiten waren es Händlerzünfte gewesen, die diese Aufgabe übernommen hatten, doch hatten jene in Westeuropa inzwischen an Einfluß verloren. Handwerkerzünfte, die die Preise und die Qualität der Waren durch und für die Anbieter kontrollierten, hatten ihre Macht eingeengt und in Frage gestellt. Auch hier kam es also zu einer symmetrischen Reaktion. In ihrer Bemühung, das Aufkommen von Konkurrenz zu verhindern, stand den Kaufleuten jetzt jedoch ein anderer wichtiger Faktor zur Seite, nämlich der zunehmend stärker werdende Staat. Er bewahrte sie vor allem vor ausländischer Konkurrenz und kümmerte sich um allgemeine Richtlinien für den Handel. Die Organisation – und zwar die staatliche Organisation – wurde auf diese Weise zu einer zusätzlichen Machtquelle neben dem Besitz, und die Dienste, die sie dem Handelskapitalismus erwies, galten als Manifestationen staatlicher Tugend. Die entsprechende soziale Konditionierung war die Leistung der merkantilistischen Philosophen, auf die ich im folgenden noch etwas näher eingehen werde. Der uneingeschränkte Wettbewerb erlangte erst später seine Reputation als hochrangiges gesellschaftliches Gut. Da hatte sich die Lage der Fabrikanten infolge der industriellen Revolution so sehr geändert, daß die Freiheit von zunft- und regierungsbedingten Restriktionen mit einem Mal attraktiv wurde. Die Ideen – die soziale Konditionierung – wurden daraufhin, wie stets, den Bedürfnissen angepaßt.

3

In den großen Handelsmetropolen wie Venedig, Brügge, Amsterdam – dort mit gewissen Einschränkungen – und anderen Städten deckten sich die Interessen der Kaufleute mit denen des örtlichen Magistrats. Da Kaufmannschaft und Staat im wesentlichen identisch waren, konnte es zwischen ihnen überhaupt nicht zu ernsthaften Reibereien kommen. Andernorts bestand eine oft nicht gerade sehr harmonische Verbindung zwischen Kaufleuten und Feudalherren, das heißt, die Machtquelle Handelskapital konkurrierte mit der Machtquelle Landbesitz, und die kompensatorische Macht der Kaufleute rivalisierte permanent mit der konditionierten Macht, die dazu geführt hatte, daß Regierungsgewalt wie selbstverständlich mit feudalherrschaftlichem Grundbesitz assoziiert wurde. Diese Form der konditionierten Macht erwies sich als außerordentlich langlebig. Die Zeiten, da man zum Beispiel in England den begüterten Landadel ganz automatisch als die herrschende Klasse bezeichnete, sind noch gar nicht so lange vorbei, während Kaufleute sich mit der abschätzigen und mitunter spöttisch gemeinten Bemerkung zufrieden geben mußten, sie seien »im Handel« tätig. Auch zwischen Kaufmannschaft und Kirche kam es gelegentlich zu Verbindungen, die freilich auch nicht ohne Spannungen blieben. Der von der Kirche betriebenen sozialen Konditionierung standen die Kaufleute selbst in katholischen Städten oft ziemlich indifferent gegenüber. Auf einigen anderen Gebieten, wie etwa bei der Frage, ob Zinsnahme berechtigt war, vertraten sie sogar völlig gegensätzliche Standpunkte. Unter anderem aufgrund der dort herrschenden lockeren Einstellung gegenüber der religiösen Konditionierung waren Handelsstädte und Städte mit großen Handelsenklaven wie London und Amsterdam auch bedeutende Zufluchtsorte für Juden, Hugenotten und religiöse Dissidenten anderer Couleur.[6]

Trotz aller Widerstände erlebte die Kaufmannschaft im ausgehenden sechzehnten, im siebzehnten und im frühen achtzehnten Jahrhundert, verglichen mit ihren Mitbewerbern, einen kontinuierlichen Machtzuwachs. Kapital als eine Form von Eigentum war eine weniger ins Auge fallende, dabei aber beweglichere und flexiblere Machtquelle als Grund und Boden. Aus der Machtquelle Kapital und der mit ihr verbundenen Organisation entstand eine neue, durchschlagskräftigere Form konditionierter Macht.

Hierin liegt nun der Beitrag der bereits erwähnten merkantilistischen Philosophen. Thomas Mun aus London, selbst Kaufmann von Beruf, setzte in seinem posthum erschienenen Werk *Discourse on England's Treasure by Forreign Trade* (1664) das Interesse der Kaufleute an einer Erhöhung ihrer privaten Edelmetallbestände mit den ureigenen Interessen des Staates gleich. Dieselbe Einstellung spricht aus den Werken Sir James

Stewarts, des letzten großen britischen Merkantilisten, und Jean Baptiste Colberts auf mehr praktischer Ebene in Frankreich sowie einer Reihe anderer Autoren. Was den Interessen der Kaufleute diente, das diente auch dem Wohl und der Macht des Staates. Dies zu begreifen war das Wichtigste. Und aus dieser Überzeugung wiederum resultierte eine Politik, die aktiv den Warenexport förderte und Importe, und mit ihnen die ausländische Konkurrenz.[7] – durch Zölle, Steuern, Kontingentierungen und andere Maßnahmen – möglichst unattraktiv zu machen suchte. Für sämtliche Aspekte des Handels wurden – vor allem von Colbert – detaillierte Vorschriften ausgearbeitet. So spiegelten sich durch soziale Konditionierung in der anerkannten Politik des Staates die Bedürfnisse der Kaufleute wider. Dabei darf man nicht davon ausgehen, daß damals viele Menschen die merkantilistische Lehre kannten oder die entsprechenden Texte lasen. Und verglichen mit der sozialen Konditionierung, die in späteren Jahren den Industriekapitalismus flankierte, war ohnehin alles noch ziemlich harmlos. Doch diejenigen, auf die es ankam und die mit ihrem politischen Handeln – sei es durch die Einführung von Außenhandels- und insbesondere Importkontrollen, durch die Erteilung von regionalen Handelsmonopolen oder durch die Einrichtung von Häfen und Zollstationen – der Macht und den Interessen der Kaufleute dienten, wurden ziemlich stark beeinflußt.

4

Für die Abwicklung von Geschäften innerhalb einer Stadt oder eines sonstwie begrenzten Einzugsgebiets reichte ein normales, mehr oder weniger gut durchorganisiertes Handelsunternehmen aus. Für Übersee-Operationen, die Beschaffung und Vertreibung von Waren in weit entfernten, primitiven oder kulturell ganz anders strukturierten Ländern, bedurfte es durchschlagskräftigerer Organisationen. So entstanden Anfang des siebzehnten Jahrhunderts die *Chartered companies*, Chartergesellschaften, die größte organisatorische Leistung des Handelskapitalismus. Stellten diese Gesellschaften ursprünglich zeitlich befristete Zusammenschlüsse einzelner Kaufleute für jeweils eine bestimmte Reise oder Expedition dar, entwikkelten sie bald eine solide, sorgsam gegliederte Struktur. Ganz in Übereinstimmung mit der merkantilistischen Lehre gewährte man ihnen in den Gebieten, die von ihnen aufgesucht wurden, das Handelsmonopol. Außerdem verlieh man ihnen in gewisser Hinsicht Unsterblichkeit. Die Ostindiengesellschaft – »der Gouverneur und die Kaufleute Londons, die mit Ostindien Handel treiben« [8] – erhielt am letzten Tag des Jahres 1600 aus den Händen von Königin Elisabeth I. ihre Lizenz und existierte nicht weniger als zweihundertvierundsiebzig Jahre. Die Hudson's Bay Company, welche die phantasievollere Bezeichnung trug »der Gouverneur und die Abenteurer Englands, die mit der Hudson Bay Handel treiben«, bekam ihre Lizenz durch König Charles II. im Jahre 1670 und existiert bekanntlich heute noch.

Zu den Schwächen der Machtquelle Persönlichkeit zählt der Umstand, daß sie der zeitlichen Begrenztheit des menschlichen Lebens unterworfen ist. Die Kirche hatte diesen nicht geringen Nachteil durch ihre Organisation überwunden, und genau dies gelang nun auch den Chartergesellschaften und später den Konzernen. Obgleich es in der Geschichte der Chartergesellschaften einige Persönlichkeiten gibt, deren Namen einen hervorragenden Rang einnehmen – etwa John Smith von der London Company und der Kolonie Virginia oder auch Robert Clive und Warren Hastings von der Ostindiengesellschaft –, begann hier eine Entwicklung, die sich später im Kapitalismus fortsetzen sollte: der zunehmende Bedeutungsverlust der Persönlichkeit als Machtquelle. Die letzte Manifestation dieser Entwicklung ist der moderne Konzern – der direkte Nachfahre der Chartergesellschaft.

Chartergesellschaften entstanden, weil die Kontinuität der Macht eine ergiebige Quelle erforderte, eine stärkere Organisation. Überdies brauchten die Kaufleute Verfügungsgewalt über repressive Strafmaßnahmen zum Schutz ihrer Flotten, zur Befriedung oder Besetzung der von ihnen erschlossenen Handelsgebiete – und natürlich auch zum Widerstand gegen die Expansion konkurrierender Handelsgesellschaften. Versehen mit dem direkten Zugriff auf repressive Macht einschließlich des Rechts Soldaten anzuwerben, Truppen aufzustellen und einzusetzen, geboten die Chartergesellschaften über die wichtigsten Attribute von Nationalstaaten, in welche sie sich in Indien, Niederländisch-Indien und weiten Gebieten des nördlichen Nordamerika schließlich auch verwandelten.

In fast allen Gegenden, in welche die Chartergesellschaften vordrangen, kam ihnen ein einzigartiger Vorteil zugute, den man ziemlich präzise mit dem Begriff Machtvakuum beschreiben kann. Obwohl dieser Begriff im modernen Gebrauch nur selten, falls überhaupt je, definiert worden ist, eignet er sich gut zur Beschreibung einer Gemeinschaft oder eines Territoriums, in dem sämtliche Quellen der Macht, also Persönlichkeit, Eigentum und/oder eine Organisation, nur schwach entwickelt sind oder ganz fehlen – und infolgedessen auch alle Erzwingungsinstrumente. Diese Definition trifft exakt auf Ostindien und die subarktischen Regionen Nordamerikas zum Zeitpunkt der Invasion durch die Handelskompanien zu. Im Norden Nordamerikas gab es in dieser Beziehung so gut wie gar nichts, in Ostindien lediglich hie und da die eine oder andere Persönlichkeit, ein bißchen Eigentum und einige kleine Organisationen. Vor allem letztere waren jedoch, verglichen mit dem Organisationsniveau der Europäer, äußerst schwach, und entsprechend verhielt es sich mit den aus ihnen erwachsenden Durchsetzungsmethoden.

Mit der Zeit, und besonders im Verlauf des letzten Jahrhunderts, verlagerten sich die bislang von den Handelsgesellschaften betriebenen überseeischen Aktivitäten auf Organisationen, die als direkte Außenstellen der Ursprungsländer anzusehen waren. Was zuvor Stützpunkte der *Companies* waren, wurde zu Kolonien; die Macht leitete sich nun von der Kolonialregierung und ihren Einnahmequellen ab, gelegentlich auch von einer besonders ausdrucksstarken Persönlichkeit – als relativ spätes Beispiel sei hier Cecil Rhodes in Afrika erwähnt. In anderen Fällen, wie vor allem in China, herrschte bei nomineller Unabhängigkeit die Macht, die sich aus dem Eigentum und der Organisation der Kaufleute ableitete, welche – wie in den Opiumkriegen – über die repressive Macht ihrer Heimatländer verfügen konnten. Auch durch derartige Veränderungen verlor die Macht des Handels Schritt für Schritt ihre Konturen. Imperiale Macht wurde zum Teil um ihrer selbst willen erstrebt. Da gab es eben, vor allem in Nord- und Südamerika, Land zu erobern, und wer das Land besaß, zog daraus die entsprechenden Einkünfte und somit kompensatorische Macht. Und es gab dort Seelen zu retten und die neugewonnenen Schafe jenen anderen hinzuzugesellen, die bereits im Pferch der, wie man es richtigerweise nennt, organisierten Religion versammelt waren. In vielen Kolonien, und ganz besonders in Lateinamerika, übertraf die Macht, die aus dem Grundbesitz hervorging – und hier wird auch die katholische Kirche, die Großgrundbesitzerin war, nicht ausgeschlossen –, bei weitem die Macht der Kaufleute. Als in Mexiko die Revolution ausbrach, richtete diese sich daher auch nicht gegen die Händler, sondern gegen die Großgrundbesitzer, einschließlich der Kirche.

5

In Europa erlebte der Handelskapitalismus seine beste Zeit während des achtzehnten Jahrhunderts. Sein Prestige und der Eindruck der Macht, den er vermittelte, waren um die Wende zum neunzehnten Jahrhundert so groß, daß Napoleons Dekrete von Berlin und Mailand sowie die *Orders in Council*, mit denen England auf die Verhängung der Kontinentalsperre reagierte, im Gesamtzusammenhang der napoleonischen Kriege als strategische Schachzüge von ganz besonderer Wichtigkeit angesehen wurden und sich seither einer Reputation erfreuen, die sie überhaupt nicht verdienen.[9] Zu jener Zeit war allerdings bereits eine andere Entwicklung in Gang gekommen, die eine ganz erhebliche Beeinträchtigung der Handelsmacht mit sich brachte: die industrielle Revolution und die Entstehung des Industriekapitalismus.

Es gibt kaum ein Thema, mit dem sich die Historiker so intensiv auseinandergesetzt haben wie mit den Ursachen der industriellen Revolution. Wurde sie Mitte des achtzehnten Jahrhunderts mehr oder weniger zufällig durch das Auftreten einer besonders phantasievollen und erfindungsreichen Unternehmerschicht ausgelöst – durch Männer wie die beiden Abraham Darbys, John Kay, James Hargreaves, Richard Arkwright und James Watt? Oder war sie das Produkt eines sich weitgehend selbständig entwickelnden technologischen Fortschritts, der unter anderem die Einführung der Kohle bei der Roheisenverhüttung und zur Erzeugung von Dampfkraft, vor allem aber auch die Mechanisierung der Spinnereien und Webereien mit sich brachte? Wären ohne Arkwright, Hargreaves und die übrigen Pioniere nicht einfach andere Leute zum Zug gekommen? War es nicht ein, historisch gesehen, fälliger Schritt im Rahmen der allgemeinen Entwicklung der Technologie – und des Kapitalismus?

Unzweifelhaft ist, daß es mit der industriellen Revolution zu einer gewaltigen, ja spektakulären Gewichtsverlagerung bei den Machtquellen und – wenngleich in geringerem Maße – auch bei den Durchsetzungsmethoden kam. Das Eigentum behielt seine zentrale Rolle als Machtquelle, erlebte jedoch einen weiteren dramatischen Wandel seines Charakters. Es war nun nicht mehr in Lagerhaltung angelegtes oder anderes arbeitendes Kapital des Kaufmanns, sondern das feste Anlagevermögen des Industriekapitalisten, wie Hüttenwerke, Fabriken und Maschinen. Zusammen mit diesem Wandel des Eigentums vollzog sich auch ein Wandel in der Natur der Organisationen. Hatte der Kaufmann seine Waren noch von unabhängigen oder selbständigen Handwerkern, Künstlern und anderen Werktätigen bezogen, mit denen relativ lockere kompensatorische Vereinbarungen bestanden, so wurden die Arbeiter nun direkt in die Städte und Fabriken gebracht, woraus sich ergab, daß sich viel strenger kompensatorische Macht über die Warenproduzenten ausüben ließ als zuvor.

In der herkömmlichen Geschichtsschreibung wird im übrigen auch die Rolle der Persönlichkeit sehr deutlich herausgestrichen. Der Unternehmer – unabhängig, auf Neuerungen bedacht, phantasievoll und energisch, manchmal rücksichtslos, stets intelligent – wurde auf der volkswirtschaftlichen Bühne zu einer Schlüsselfigur. Vielleicht war dem tatsächlich so. Aber – wie immer – ist auch hier ein Wort der Vorsicht angebracht: Persönlichkeit als Quelle der Macht ist für in dieser Hinsicht empfängliche Historiker und in neuerer Zeit auch für leicht zu beeindruckende Journalisten außerordentlich verführerisch. In Wirklichkeit verdankte der Industriekapitalismus seine Stärke dem Umstand, daß er zu allen drei Machtquellen Zugang hatte: zu Eigentum in Form von Fabriken, Maschinen und Arbeitskapital, zu einer inzwischen hochentwickelten Form der Organisation, welche die Arbeiter an den Industriebetrieb band, und natürlich zur Unternehmerpersönlichkeit.

Bei den Durchsetzungs- und Erzwingungsmitteln setzte sich der Niedergang der repressiven Macht fort. Nach wie vor blieb sie – als Geschenk des Staates oder diesem abgekauft – verfügbar und wurde als notwendige Waffe gegen Unruhestifter angesehen und eingesetzt, gegen jene also, die Arbeitervereine oder Gewerkschaften zu organisieren versuchten oder anderweitig geneigt waren, ihrer Unzufriedenheit auf ungebührliche Weise Ausdruck zu verleihen. Meistens gewann man die Unterordnung anderer jedoch auf kompensatorischem Weg. Einem langlebigen Mythos zufolge waren die Arbeiter, die nun aus den Dörfern in die Städte und Fabriken zogen und die Heimindustrien, die sie und ihre Eltern ernährt hatten, hinter sich zurückließen, einer ganz besonders harten Form der Machtausübung durch die neuen Industriekapitalisten unterworfen. Die Härte dieser Macht, das heißt der Grad der verlangten Unterordnung, kann nicht bezweifelt werden. Erinnern wir uns, daß der Unterschied zur repressiven Macht in den untersten Bereichen der kompensatorischen Macht, also dort, wo die Alternative Hunger heißt, nicht sehr groß ist. Aber die für die Kaufleute produzierenden Heimindustrien – Spinnen und Weben vom Morgengrauen bis in die Nacht hinein, und das unter dem beständigen Druck drohender Verelendung – disziplinierten die Betroffenen kaum weniger rigoros. Unternehmer können Arbeiter ausbeuten, aber unter dem Druck nackter, peinigender Not kann es auch zur Selbstausbeutung der Arbeiter kommen.[10] In die Fabriken waren auch Männer und Frauen gezogen, die zuvor auf Gütern von Feudalherren gearbeitet hatten. Und auch das Leben der Landarbeiter war recht kümmerlich – war Unterwerfung aufgrund geringfügiger kompensatorischer Belohnung, der traditionellen, konditionierten Macht des Gutsbesitzers sowie dessen Fähigkeit, repressive

Strafen zu verhängen, die jedermann zumindest gut erinnerlich blieben. Angenehm war die überwiegend kompensatorische Macht des frühen Industriekapitalismus für die Betroffenen gewiß nicht, aber es steht keineswegs fest, daß sie strenger war und den Menschen mehr abverlangte als die Verhältnisse, die dieser Phase vorangingen.

XII

Die Macht des Hochkapitalismus

1

Die industrielle Revolution brachte neben der umfangreichen Gewichtsverlagerung vom Arbeitskapital der Kaufleute zum harten Industriekapital der Industriellen auch in bezug auf die Organisationen einen beachtlichen Schritt nach vorn. An die Stelle weitverstreuter Lieferanten, die lediglich durch den unmittelbaren Kontakt zusammengehaltene wurden, rückte nun eine durch Löhne zusammengehaltene, straff organisierte Arbeiterschaft. Es gab eine Verlagerung von der – möglicherweise – eher anonymen Händler- zur klarer umrissenen Unternehmerpersönlichkeit. Das Hauptinstrument der Unterwerfung anderer blieb, wie bei den Kaufleuten, die kompensatorische Macht. Dazu aber kam eine wichtige neue Form konditionierter Macht, die zu einer radikalen Änderung der die wirtschaftspolitischen Aktivitäten des Staates beherrschenden Überzeugungen führte. Der Staat, in dem sich diese Überzeugungen widerspiegelten, entwickelte große Sympathie für die Bedürfnisse und Wünsche der Industriellen, ja, er wurde in nicht geringem Maß zum verlängerten Arm der Industrie. Mit der Zeit änderte diese Konditionierung auch den Lebensstil der Menschen, ihre Glücksvorstellungen und die Art, wie man versuchte, dieselben in die Tat umzusetzen. Die Lebensweise, die allgemein anerkannt und für gut befunden wurde, richtete sich nach den Zielen der Industrie, sie diente der industriellen Macht. Auf Generationen hinaus sollte die konditionierte Macht des Industriekapitalismus, die im neunzehnten Jahrhundert heranreifte und zunehmend an Durchschlagskraft gewann, ein einflußreiches Instrument der Macht bleiben – nicht anders als die massive Reaktion, die von ihr hervorgerufen wurde.

Der führende Autor der neuen sozialen Konditionierung war Adam Smith. Nur selten in der Geschichte hat es eine derartig unumstrittene Übereinstimmung im Urteil über den intellektuellen Einfluß eines einzelnen Menschen gegeben. Andere lieferten bedeutende Beiträge; der Name Adam Smith behielt jedoch stets den Vorrang. Ein dreiviertel Jahrhundert später war es eine nicht minder dominierende Figur, die als Architekt der gegenteiligen Überzeugung die Opposition führte: Karl Marx.

2

Der Beitrag von Adam Smith zur sozialen Konditionierung des Industriekapitalismus lag in seinem Werk *The Wealth of Nations*[1], das 1776, im Jahr der amerikanischen Unabhängigkeitserklärung, veröffentlicht wurde. Daß diese beiden Ereignisse nahezu gleichzeitig stattfanden, war kein reiner Zufall. Beide, das Buch und die Revolution, waren einander ähnelnde Reaktionen auf die Beschränkungen des Handelskapitalismus.[2]

Smith' Beitrag war sowohl negativ als auch zustimmend, einerseits eine Attacke auf die ideologischen Quellen der Handelsmacht, andererseits ein Postulat all dessen, was den emporstrebenden Industriellen diente. Obgleich sie sich zur

Zeit, da Adam Smith sein Buch schrieb, noch in einem sehr frühen Stadium ihrer Entwicklung befanden, erfreuten sich die Industriellen im Vergleich zur Heimindustrie bereits gewaltiger Kostenvorteile. Smith erkannte dies, obwohl er es weniger auf die neuen Maschinen als vielmehr auf die Aufgabenteilung in den Fabriken und den Einsatz von speziell für die einzelnen Bereiche ausgebildeten Fachkräften zurückführte. Die Vorteile dieser Arbeitsteilung führten zu regionaler und nationaler Spezialisierung bei der Warenproduktion und wurden zum Argument für einen freien Binnen- und Außenhandel. Der schützende, kontrollierende Apparat des Handelskapitalismus stand einer solchen Entwicklung im Weg und mußte daher demontiert werden. Die Abschaffung von Handelskontrollen und Handelsbeschränkungen entsprach den Interessen der Industriellen. Mit ihren niedrigen Gestehungskosten konnten sie von der Freiheit, lokale Händler zu unterbieten, nur gewinnen. War der Industrielle Fabrikant in England oder Schottland, so stand er ohnehin mit an der Spitze der industriellen Entwicklung. Von Warenproduzenten aus anderen Ländern hatte er kaum etwas zu fürchten, und er konnte von einem Prinzip, das seinen Zugang zu diesen Märkten verteidigte, nur profitieren.[3]

Im weiteren Sinne setzte Smith die Verfolgung aller ökonomischer Eigeninteressen gleich mit dem öffentlichen Wohl. Ein auf diese Weise motivierter Geschäftsmann »hat nichts anderes im Sinn als seinen eigenen Gewinn, und er wird dabei, ebenso wie in vielen anderen Fällen, von einer unsichtbaren Hand dazu bewegt, ein Ziel zu fördern, das zu fördern er überhaupt nicht beabsichtigt hatte«.[4] Es ist schwer, sich eine Idee vorzustellen, die der industriellen Macht dienlicher gewesen wäre als diese, und es gibt in der Tat keine, die ihm so lange gedient hat. Der Industrielle brauchte sich gar nicht erst als öffentlicher Wohltäter zu gerieren – was ohnehin ein ziemlich trauriges und nicht überzeugendes Unterfangen gewesen wäre.[5] Nein, es war vielmehr ein alles andere dominierendes Gesetz, das jede seiner Handlungen moralisch sanktionierte und dem er unterworfen war, wie eigennützig und verwerflich seine Ziele und Motive auch sein mochten.

Smith stand allerdings nicht in jeder Beziehung völlig im Dienst des Industriekapitalismus – und gewiß nicht für alle Zeiten. In Übereinstimmung mit seiner antimerkantilistischen Einstellung hatte er erhebliche Vorbehalte gegenüber den großen Chartergesellschaften und, wie man daraus wohl schließen kann, auch gegenüber deren Nachfolgern, den Konzernen. Moderne Konzernmanager huldigen Adam Smith in einer Weise, die bei ihm sicher nicht auf die entsprechende Gegenliebe stoßen würde. Irritierend war auch sein Widerstand gegen Monopole, gleichgültig, ob sie bei einer Einzelfirma lagen oder auf geheime Absprachen mehrerer Firmen zurückgingen. Konkurrenz war eine unerläßliche Bremse der ungezügelten industriellen Machtentfaltung, doch existierte sie nach Smith in einem instabilen Gleichgewicht. Niemand akzeptierte sie, wenn die Möglichkeit bestand, ihren Spielraum einzuengen oder sie gar vollständig zu vermeiden.[6] Sobald es keine Konkurrenz mehr gab, wurde auch die unsichtbare Hand zurückgezogen. Diese Einschränkung sollte im Verlauf der nächsten zweihundert Jahre vor allem in den Vereinigten Staaten allerhand Unannehmlichkeiten bereiten: Großkonzerne, die sich hinter der unsichtbaren Hand versteckten, mußten trotz erdrückender Gegenbeweise immer wieder behaupten, die geforderte Konkurrenz existiere tatsächlich.

Ein großer Teil der Kraft der Smithschen sozialen Konditionierung muß seiner hartnäckigen Weigerung zugeschrieben werden, jenen, deren Macht er erhielt und vergrößerte, irgendwelche Zugeständnisse zu machen. Er war ganz offensichtlich ein unabhängiger Mann, von dem niemand annehmen konnte, er sei lediglich das Geschöpf derjenigen, deren Interessen er diente und denen er entsprechende Konditionierung verschaffte.[7] Die Konditionierung, die der industriellen Macht diente, war keineswegs immer Ergebnis eines sorgfältig ausgeheckten Plans oder unverhüllte Speichelleckerei. Gleichwohl wurde der Dienst, den sie den Wirtschaftsinteressen leistete, zum Test ihrer Akzeptierbarkeit.

3

Hundert Jahre und mehr nach der Publikation von *The Wealth of Nations* erfuhren die Quellen und die Instrumentarien der kapitalistischen Macht eine enorme Stärkung. In den Vereinigten Staaten betrat eine Reihe schillernder und hoch motivierter Persönlichkeiten wie Vanderbilt, Gould, Rockefeller, Harriman, Carnegie, Frick und Morgan die Szenerie, und in Großbritannien, Frankreich und Deutschland rückten kaum weniger spektakuläre Figuren ähnlicher Couleur ins Rampenlicht. Zwischen denen, die die großen Industriebetriebe, zu denen nun auch die Eisenbahnen gehörten, gründeten und leiteten, und anderen, die – wie Morgan – das notwendige Kapital für die Schaffung neuer Betriebe oder, häufiger, den Erwerb und den Zusammenschluß solcher Unternehmen zur Verfügung stellten, entwickelte sich eine immer engere Kooperation.

Die Persönlichkeit der großen Unternehmer wurde durch die massive Ansammlung von Eigentum in ihren Händen unterstützt. Auch das war eine höchst bedeutsame und sichtbare Machtquelle. Und als sich das neunzehnte Jahrhundert seinem Ende zuneigte, gewannen auch die industriellen Organisationen zunehmend an Bedeutung. Bereits in der zweiten Hälfte dieses Jahrhunderts hatte, wie Alfred D. Chandler Jr. ausführt,[8] eine Entwicklung eingesetzt, derzufolge die Konzerne mehr und mehr aufhörten, lediglich der verlängerte Arm des obersten Firmenchefs zu sein. Sie gerieten vielmehr nach und nach unter die Kontrolle einer administrativen Führungsstruktur, die sich aus Technikern und Spezialisten verschiedener Fachrichtungen zusammensetzte und später als das Management bekannt wurde. Die Organisation als Quelle der Macht begann nun auch im Industriekapitalismus ihren Einfluß spürbar zu machen. Schließlich sollte sie der bis dahin dominierenden Machtquelle Eigentum den Rang ablaufen.

Mit den Veränderungen bei den Quellen der Macht ergaben sich auch Änderungen bei den Durchsetzungsmethoden. Repressive Macht verschwand keineswegs vollständig, sondern blieb sowohl auf staatlicher Seite als auch in Form von Werkschutzeinheiten verfügbar. Verglichen mit dem massiven Einsatz der kompensatorischen Macht war ihre Bedeutung allerdings nur mehr gering. Das war vor allem in den Industrienationen deutlich erkennbar, wo Millionen von Arbeitern im Dienste des industriellen Systems mobilisiert wurden, und trat ebenso in der nunmehr abgeschwächten Macht der Produzenten gegenüber den Verbrauchern in Erscheinung. Die Unterwerfung letzterer war, wie etwa die Position Rockefellers gegenüber den Ölverbrauchern oder die Stellung Vanderbilts und der Eisenbahngesellschaften gegenüber den Transportunternehmen gezeigt hatte, sehr rigoros gewesen. Kompensatorische Macht umfaßte schließlich auch den Kauf von Abgeordneten und anderen Staatsdienern, durch die man sich die Unterstützung der staatlichen Machtinstrumente erwarb. Gegen Ende des vorigen Jahrhunderts wurde der Senat der Vereinigten Staaten gemeinhin als »Club der Reichen« bezeichnet. Auch so läßt sich ausdrücken, daß er das gutbezahlte Instrument des kapitalistischen Zeitalters war.

Die bei weitem interessanteste und möglicherweise auch

wichtigste Errungenschaft des Hochkapitalismus war jedoch die Tatsache, daß er sich mehr und mehr auf die konditionierte Macht verließ und die Wirtschaftstheorie beständig den unmittelbar akuten Bedürfnissen und der Realität anpaßte. Ein Großteil dieser Konditionierung war nach wie vor britischen Ursprungs, bis in die Moderne hinein waren die Briten auf dem Gebiet dieser Art Dienstleistung führend. Die Konditionierung übte auf eine recht stattliche Zahl von Wissenschaftlern eine bemerkenswerte Anziehungskraft aus. Sie verfeinerten und erweiterten die alten Smithschen Lehren. Allen gemeinsam war, daß ihre Ideen jene Unterwerfung, die der Macht der Industriellen diente, auf die eine oder andere Weise unterstützten.

So waren beispielsweise die Arbeiterlöhne in der Anfangszeit der industriellen Epoche verglichen mit dem Gewinn der Unternehmer geradezu verschwindend gering. Niemand konnte auch nur den geringsten Zweifel daran haben, daß das System die Menschen, die an ihm partizipierten, nach völlig unterschiedlichen Kriterien behandelte. Und dadurch, daß der Industriekapitalist anders als sein Vorgänger aus der Kaufmannschaft mehr oder weniger Tür an Tür mit seinen Arbeitern lebte, trat der Kontrast noch schärfer hervor. Die Ungleichheit – der unterschiedliche Lebensstandard, wie man fortan sagen sollte – hatte dramatische Züge angenommen und ließ sich nicht mehr übersehen. Die erforderliche soziale Konditionierung, die solche Diskrepanzen akzeptierbar machte, erfolgte bezeichnenderweise durch die Schriften zweier Autoren, die beide einen starken Einfluß ausübten: David Ricardo (1772–1823) und Thomas Robert Malthus (1766–1834). Zeitgenossen und Freunde, die sie waren, führten sie die niedrigen Löhne und die daraus resultierende Ungleichheit übereinstimmend auf die ebenso bewundernswerte wie fatale Fruchtbarkeit der arbeitenden Klassen zurück. Die Ursache der Armut war also die hemmungslose Vermehrung derer, die von ihr betroffen waren. Sie hielt die Löhne auf einem Niveau, das gerade dem Existenzminimum entsprach, jenem Gleichgewichtszustand, auf dem sie sich infolge der Macht der Zahlen einpendelten. Ricardo nannte es »das eherne Lohngesetz«. Nicht der böse Industriekapitalist, auch nicht das System, sondern der Arbeiter selbst war der Schöpfer seines eigenen Elends.[9]

Zur Konditionierung durch Ricardo und Malthus kamen die Ansichten der Utilitaristen, deren beredteste Stimme Jeremy Bentham (1748–1832) war. Bentham und seine Anhänger verlangten, jedwede staatliche Tätigkeit nach dem Grundsatz »das größtmögliche Wohl für die größtmögliche Zahl« zu überprüfen. Die Politik, die diesem Prinzip am besten zu dienen vermochte, war eine *Laissez-faire*-Politik. Die Freiheit des Industriellen, seinen eigenen Interessen nachzugehen, wurde auf diese Weise eine Angelegenheit von hohem sozialem Anspruch. Das Ergebnis mochte nicht optimal sein, aber es war unter den gegebenen Umständen das bestmögliche. Implizit und bis zu einem gewissen Grade auch explizit war die These, daß es nicht allen gutgehen könne. Um zu gewährleisten, daß eine möglichst große Zahl von Menschen im Wohlstand leben konnte, mußte man eben in Kauf nehmen, daß einige wenige dabei auf der Strecke blieben. Leiden und Entbehrungen waren selbst in dieser besten aller denkbaren Welten unvermeidlich.

Aber das war noch längst nicht alles. Es kam noch dicker, und zwar in der zweiten Hälfte des letzten Jahrhunderts, in England durch Herbert Spencer (1820–1903), dessen Worte auch jenseits des Atlantiks einen starken Widerhall fanden. In Werken, die von beeindruckender Bildung zeugten, erteilte er dem industriellen Kapitalismus die höchsten Weihen, indem er in ihm die gesellschaftliche Manifestation der Darwinschen Lehren sah. Das alles beherrschende Prinzip war der Grundsatz vom Überleben des Tüchtigsten. Die großen Industriekapitalisten waren groß geworden, weil sie biologisch überlegen waren, während die Armut der Armen auf entsprechende biologische Unterlegenheit zurückzuführen war. Wohlstand und Reichtum waren die Belohnung für jene, die aus sich heraus besser waren, und die Leistung, die darin lag reich zu werden, war gleichermaßen Indikator wie Stimulanz der Überlegenheit. Die Armut der Armen galt fortan als sozial positiv, trug sie doch mit bei zur Euthanasie der schwächsten Elemente der Gesellschaft. William Graham Sumner (1840–1910) von der Yale University, damals wohl der einflußreichste amerikanische Wirtschaftstheoretiker, verbreitete Spencers Ideen und seinen Einfluß in den Vereinigten Staaten – ebenso wie im übrigen auch Henry Ward Beecher (1813–1887), dieser allerdings weniger formell: »Es lag in Gottes Absicht, die Großen groß und die Kleinen klein sein zu lassen.«

Von großem Nutzen war auch die Leistung der ökonomischen Hedonisten und der mit ihnen verbundenen Marginalisten. Die Hedonisten, die in den Schriften von William Stanley Jevons (1835–1882) am besten repräsentiert wurden, vertraten die Meinung, ewiges und allumfassendes Ziel des Menschen sei stets die Maximierung der Freude und die Minimierung des Leids gewesen. Bei der Verfolgung dieses Ziels spielten Waren und ihre Nützlichkeit eine entscheidende Rolle – und somit natürlich auch der Industrielle, der dafür sorgte, daß es Waren gab. Jevons schuf auch die logische Grundlage für die wichtigste Kalkulation in bezug auf die menschliche Wohlfahrt. Nach seiner Theorie richtete sich der Kauf von Gütern danach, inwieweit jedes einzelne von ihnen den Punkt erreichte, wo das Vergnügen oder die Befriedigung auch der letzten zum Kauf eingesetzten Geldeinheit entsprachen. Die Genauigkeit dieser Abstimmung, und nicht etwa die Preise oder die individuellen Leistungen der Industriellen, war demnach für das Wohlergehen der Menschen von Bedeutung.

Für weitere – und dauerhafte – Konditionierung sorgte schließlich der große italienische Soziologe und Nationalökonom Vilfredo Pareto (1848–1923), der sich ausführlich mit der ungleichen Einkommensverteilung im Hochkapitalismus beschäftigte. Er fand heraus, daß diese Ungleichheit zu jeweils verschiedenen Zeitpunkten in den unterschiedlichen Industrieländern eine Konstante darstellte, und kam zu dem Schluß, daß diese »Konstanz der Ungleichheit in der Einkommensverteilung die Ungleichheit der menschlichen Fähigkeiten widerspiegelt, welche eine natürliche und universale Kategorie ist«.[10]

Angesichts der höchst auffälligen Ungleichheit im Hochkapitalismus wird klar, wie dienlich diese Schlußfolgerung war. Spurenelemente von Paretos »Gesetz« spukten noch jahrzehntelang in der nationalökonomischen Lehre herum.[11]

4

Parallel zu dem im vorangehenden Geschilderten wurde nach wie vor auch dem Markt gehuldigt. Sein unbehindertes Walten sorgte nicht nur dafür, daß die größtmögliche Zahl das größtmögliche Gut erhielt, sondern es war auch ein wirksames Mittel zur Auflösung – und zur Verschleierung – der Macht des industriellen Kapitalismus. Preise wurden vom Markt bestimmt. Löhne wurden vom Markt bestimmt. Dasselbe galt für die Preise sämtlicher anderer Erfordernisse der Produktion. Produktionsentscheidungen fielen in Reaktion auf den Markt. Über keinen der genannten Bereiche hatte der Industrielle Macht, daher entbehrte auch die Sorge über die Machtausübung jeder Berechtigung. Nur diejenigen, die unzureichend über die Natur des Marktes informiert waren, konnten überhaupt auf die Idee kommen, daß es eine solche Macht gab. Und genau hierin liegt nun die höchste Konditionierungsleistung dessen, was man inzwischen längst als die klassische Nationalökonomie bezeichnet: Sie lenkte die Macht des Industriellen gegen dessen eigene Intention zu Zielen, die der Gesellschaft in ihrer Gesamtheit zugute kamen, und sie verneinte gleichzeitig die Existenz einer solchen Macht. Diese Lehre wurde all jenen nahegebracht, die sich darum bemühten, die Funktionsweise des Systems zu verstehen,[12] und es erübrigt sich zu sagen, daß sie nach wie vor gepredigt wird. Nichts wirkt bei der Verteidigung des modernen Großkonzerns so sehr wie das Argument, er sei schlicht und einfach machtlos, alle Macht werde dem unpersönlichen freien Spiel der Kräfte des Marktes überlassen und sämtliche Entscheidungen seien nichts weiter als Reaktionen auf die Vorgaben des Marktes. Und nichts ist hilfreicher als die daraus resultierende Konditionierung der Jugend in diesem Glauben.

XIII

Die Antwort

1

Wir haben gesehen, daß jede Form der Machtausübung eine im allgemeinen ähnlich strukturierte gegenläufige Reaktion hervorruft. Dies gilt auch für den Hochkapitalismus. Die Reaktion, die er hervorrief, begann – läßt man vereinzelte frühere Manifestationen unberücksichtigt – gegen Mitte des vergangenen Jahrhunderts, und sie konzentrierte sich nicht auf die vergleichsweise milde Unterwerfung der Verbraucher, welche die Produkte des Industriekapitalismus kauften (obgleich auch sie, die Eisenbahnbenutzer, Ölkäufer und andere, ihre Stimmen erhoben), sondern in ihrem Mittelpunkt stand die um ein Vielfaches härtere Unterwerfung, die das System seinen Arbeitern abforderte. Die Quellen der Gegenmacht lagen in der Persönlichkeit und der Organisation. Die Persönlichkeit war die des Karl Marx, unterstützt, ermutigt und finanziert von dem mit ihm Zeit seines Lebens befreundeten Friedrich Engels. Die Organisation war die Workingmen's Association von 1864, die gemeinhin die Erste Internationale genannt wird. Sie war die Mutterorganisation für eine ganze Heerschar von kleineren Gruppierungen späterer Tage.

Was die Durchsetzungsinstrumente der marxistischen Revolte betraf, so beharrte man nicht ausdrücklich auf repressiver Macht, ging aber davon aus, daß man sie natürlich brauchen würde, um dem in den letzten Zügen liegenden Kapitalismus in der entscheidenden Krise vor dem Umsturz den Rest zu geben. Auch kompensatorische Macht war zunächst nicht mit im Spiel, sie sollte später, in den besseren Tagen nach der Revolution, die Belohnung sein. Das marxistische Durchsetzungsinstrument, das die beiden anderen Erzwingungsmethoden fast bis zur Bedeutungslosigkeit in den Schatten stellte, war die konditionierte Macht. Ihr widmete sich Marx zeitlebens mit großer Hingabe, und seine Nachfolger und Anhänger taten es ihm gleich. Seine Schriften – *Das Kapital* und *Das kommunistische Manifest* sowie zahlreiche Traktate geringerer Bedeutung – waren das Wort und spielten dieselbe Rolle wie die Bibel und der Koran für religiös gebundene Menschen. In Tausenden von Reden und Veranstaltungen, in Studiengruppen und Gewerkschaftshäusern sorgten Helfer anhand dieser Texte für die entsprechende Unterweisung, welche es, als reine Machtausübung gesehen, durchaus mit der der Kirche aufnehmen konnte und in vielerlei Hinsicht auch mit dieser rivalisierte. Wie keine andere weltliche Persönlichkeit vor ihm, zeigte Marx, der Eigentum als Quelle der Macht bekämpfte, wie sehr sich soziale Konditionierung zur Durchsetzung von Machtansprüchen eignete.[1]

2

Der Marxsche Gebrauch der konditionierten Macht wirkte zum einen symmetrisch auf die klassischen Nationalökonomen ein, die die Quelle der konditionierten Macht des Industriekapitalismus verkörperten, sie betraf aber auch – und hierauf legten die Marxisten ganz besonderen Wert – jene finanzpolitische Hülle, die die kapitalistischen Zielvorstellungen zusammenhielt. Marx akzeptierte einen Grundsatz, den Smith und Ricardo schon vor ihm aufgestellt hatten: Der Wert einer Ware ist proportional der in ihr enthaltenen Arbeit (Arbeitswerttheorie). Nach seiner Überzeugung wurde jedoch nur ein Bruchteil dieses Wertes dem Arbeiter in Form von Lohngeldern zurückerstattet; den Mehrwert in Form von Zinsen, Profiten und Monopolrenten eignete sich der Kapitalist an. Die Löhne wurden durch den Druck der allgegenwärtigen industriellen Reservearmee, also durch Arbeitslose, die dringend Arbeit brauchten, niedrig gehalten. Würden die Löhne aufgrund einer unnatürlichen Arbeitskräfteverknappung ansteigen, so würde das nach Marx eine Krise hervorrufen – im modernen Sprachgebrauch eine wirtschaftliche Depression. Eine Folge derartiger Krisen in zunehmend sich verschärfender Form würde schließlich der kapitalistischen Macht ein Ende setzen. Einen weiteren Grund für ihren Niedergang sah Marx in dem großen Prozeß der Kapitalkonzentration: Die kleinen Geschäftsleute würden von den Großkapitalisten geschluckt oder aber zum Abstieg ins Proletariat gezwungen werden. Nicht Konkurrenz im Sinne der Nationalökonomie klassischer Prägung, sondern die von ihnen beklagte Monopolisierung stand bevor. Die Krisen sowie die durch Konzentration hervorgerufenen Schwächen und Abnutzungserscheinungen würden gemeinsam zum endgültigen Zusammenbruch des Systems beitragen. Und obgleich es primär unter der Last seiner eigenen Unfähigkeit kollabieren würde, schloß Marx für den Tag der Entscheidung ein gewisses Maß an repressiv ausgeübter Macht – revolutionärer Aktion – nicht aus.

Karl Marx, der den Staat, so wie er sich ihm damals darstellte, als Instrument der Kapitalistenmacht ansah – als »Ausschuß , der die gemeinschaftlichen Geschäfte der ganzen Bourgeoisieklasse verwaltet«[2] – erblickte in einer postrevolutionären Regierung natürlich das Instrument der nun triumphierenden Arbeiterklasse, des Arbeiterstaates. Es erübrigt sich zu sagen, daß die Arbeiter in jenem Staat die Früchte ihrer Arbeit in vollem Umfang würden genießen können. Die Organisation, die dieses ermöglichen sollte, blieb im dunkeln – vielleicht, weil es so am einfachsten war. Hätte man nämlich die dazu erforderliche bürokratische Struktur in all ihren Einzelheiten voraussehen können, wäre die Zustimmung längst nicht so groß gewesen.[3]

3

Alles, was wir hier erwähnt haben, und natürlich noch viel mehr, floß gleichsam aus der Feder von Karl Marx in den konditionierten Glauben, der die Macht der Marxisten erhielt. Es war und bleibt eine außerordentliche Leistung. Noch über ein Jahrhundert nach ihrer Entstehung vermögen es die Marxschen Ideen, Millionen in ihrem intellektuellen Bann zu halten und auf diese Weise ihre Unterwerfung zu erlangen. Wie wirksam sie waren, mag man auch aus der Reaktion der Widersacher sowie derer ersehen, die sich vor dem Marxismus fürchteten. Marxistische Propaganda – also die soziale Konditionierung durch Marx und seine Anhänger – wurde zum Synonym für das Übel schlechthin. Marxistische Lehrmeinungen in Schulen und Universitäten sowie marxistische Bücher in Leihbibliotheken waren Instrumente der Macht und gaben daher Anlaß zu höchster Beunruhigung. Wer immer sich zum Marxismus bekannte und daraus keinen Hehl machte, wurde zum gesellschaftlichen Außenseiter, dem weder im privaten noch im öffentlichen Bereich verantwortungsvolle Positionen anvertraut werden durften. Nicht anders als Marx, der die Stärke der konditionierten Macht, die er herausforderte, richtig einschätzte, spürten auch die, die sich ihm widersetzten, seine Macht.

4

So groß die marxistische Macht und die Angst vor ihr auch waren, so vermochte sie sich gegenüber den normalen Manifestationen der industriekapitalistischen Macht nirgendwo in den industrialisierten Ländern durchzusetzen. Letztere war einfach zu stark, verband sie doch Eigentum und Organisationen als Machtquellen mit dem verstärkten Einsatz kompensatorischer und eigener konditionierter Macht. Erfolg hatte der Marxismus dagegen in Gesellschaften, die ganz oder zum größten Teil noch in einem präindustriellen Zustand verharrten, nämlich in Rußland und in China, ebenso in Kuba und in sehr geringem Maße auch in Afrika. In Rußland und China kam ihm darüber hinaus zugute, daß die bestehende präindustrielle Ordnung infolge von Kriegen und innerer Zerrissenheit zusammengebrochen war. Die marxistische Organisation und soziale Konditionierung konnten somit in ein Machtvakuum vordringen – die ehemaligen Machtquellen Persönlichkeit, Eigentum und Organisation hatten sich aufgelöst, und repressive, kompensatorische und konditionierende Erzwingungsmethoden hatten weitgehend ihre Bedeutung verloren.

Obgleich Marx in Westeuropa und in Japan keinerlei praktische Erfolge beschieden waren, hinterließ seine soziale Konditionierung auch in diesen Ländern tiefe Spuren. Nicht ganz so einflußreich war er in Großbritannien, wo die antikapitalistische Reaktion durch einen weniger rigiden parlamentarischen Sozialismus aufgefangen wurde. Noch geringer war seine Wirkung in Amerika. Warum das so war, wird auch deutlich, sobald man den Corpus der Macht seziert. Als Persönlichkeit war Marx zu weit entfernt von den Vereinigten Staaten – viel zu weit, um die amerikanischen Arbeiter auf den Plan rufen zu können. Die marxistische Organisation konnte sich jenseits des Atlantiks nicht so entfalten wie in Europa. Vor allem aber entsprach die soziale Konditionierung, die in Europa hervorragend funktionierte, nicht den Verhältnissen in den USA, wo eine sehr viel breitere Eigentumsverteilung herrschte und die Löhne erheblich höher waren. Der amerikanische Arbeiter hatte auch nicht den Eindruck, seine Unterwerfung unter den Willen seines Arbeitgebers sei unvermeidlich, schließlich konnte er ihm entkommen, indem er sich einfach einen anderen Job suchte – oder aber sein Glück an der *Frontier* im Westen. Und obgleich seine Regierung den Bedürfnissen des Industriekapitalismus unterworfen war, gelang es ihr doch weitaus besser als den Regierungen in Europa, den Eindruck zu vermitteln, auch für den einzelnen Bürger zugänglich zu sein. Schließlich ist es auch möglich, daß die amerikanischen Arbeiter gegenüber der sozialen Konditionierung des ökonomischen und politischen Denkens intellektuell immuner waren als die europäischen. Die Themen der Konditionierung waren bei ihnen nicht Bestandteile der täglichen Diskussion, und sie spielten weder in ihrer Lektüre noch in Erziehung und Ausbildung eine besondere Rolle.

Das alles soll nun keineswegs heißen, daß die Macht des Industriekapitalismus in den Vereinigten Staaten ohne Gegenreaktion blieb. Je weiter das neunzehnte Jahrhundert voranschritt, desto häufiger sahen sich die Besitzer kleinerer Immobilien – darunter vor allem die Farmer – dazu veranlaßt, gegen die Industriellen und insbesondere auch gegen deren Verbündete aus der Finanzwelt aufzubegehren. Von den letzteren glaubte man nämlich, sie würden ihre Macht bewußt dazu ausnutzen, die Erzeugerpreise niedrig und die Kosten, einschließlich der Geldbeschaffungskosten, hoch zu halten. Hieraus entstand die soziale Konditionierung – die Gegenagitation, die sich vor allem gegen die Kapitalinteressen richtete – von Andrew Jackson bis William Jennings Bryan. Der Widerspruch der Arbeiter artikulierte sich kurz aber heftig in Organisationen wie den Knights of Labor und den Industrial Workers of the World. Insgesamt gesehen blieb jedoch sowohl der agrarischen wie der proletarischen Reaktion ein Erfolg über die verschiedenen gegen sie gerichteten und ihnen weit überlegenen Elemente der industriellen und finanziellen Macht versagt.

Ende des neunzehnten Jahrhunderts machte sich Thorstein Veblen mit großer intellektueller Brillanz über die gesellschaftlichen Gepflogenheiten und Rituale des industriellen Geldadels lustig. In den folgenden Jahren waren es die Sensationshaie, die *Muckrakers*[4], die den Geiz, die Gier und selbstverständlich auch den Machtmißbrauch der Kapitalisten an den Pranger stellten. Auch diese Aktionen vermochten ein gewisses Maß an konditionierten Überzeugungen zu schaffen, stellten jedoch nie eine ernsthafte Bedrohung dar.

Beredter und dauerhafter war dagegen in den Vereinigten Staaten eine nicht von Marx, sondern direkt im inneren Kreis der klassischen Nationalökonomie entstehende Reaktion gegen die industrielle Macht. Nach dieser Lehre mußte der Kapitalistenmacht durch Konkurrenz und einen funktionierenden freien Markt begegnet werden, streng im Dienste der Öffentlichkeit, unabhängig davon, wie die ursprüngliche Absicht des Besitzenden auch ausgesehen haben mochte. Die Gegenreaktion auf die industrielle Macht in den USA ging davon aus, daß sich im Grunde bereits alles in dieser Weise verhielt. Nur gab es da eben Monopole, sie waren in der Stahl-, der Öl- und der Tabakindustrie sowie bei den Eisenbahnen für jedermann erkennbar, die ganz offensichtlich dem Ideal der freien Konkurrenz zuwiderliefen. Die Antwort auf die sich hier präsentierende Macht bestand darin, die freie Konkurrenz in den betreffenden Industriezweigen wiederherzustellen oder aber, in Fällen, wo das nicht möglich war, geeignete Kontrollen einzuführen. Die Reaktion auf die Macht des Industriekapitalismus manifestierte sich daher in Vorschlägen und Anträgen, deren Ziel die Zerschlagung der großen Trusts, die Verabschiedung entsprechender Gesetze und die Kontrolle der Eisenbahnen war, und sie blieb nicht ohne Wirkung. 1887 führte sie zur Verabschiedung des Interstate Commerce Act, dem drei Jahre später der Sherman Antitrust Act und unter Woodrow Wilson der Clayton Antitrust Act und der Federal Trade Commission Act folgten. In all diesen Maßnahmen akzeptierten diejenigen, die auf die industrielle Macht reagierten, die Grundprämissen der industriekapitalistischen Konditionierung: Die Wohltätigkeit des Marktes wurde nicht in Frage gestellt, Aufgabe der Politik war es lediglich zu erkennen, wann die Prämissen nicht mehr stimmten, und dann einzugreifen.

Angesichts der Macht des Industriekapitalismus war diese Reaktion ziemlich harmlos. Die Durchsetzung der Antitrustgesetze brachte zwar hochwillkommene Arbeitsplätze und Honorare für Rechtsanwälte und verursachte den betroffenen Inhabern der Macht diverse Unannehmlichkeiten und Kosten, doch blieb ihr Einfluß auf die industrielle Entwicklung einschließlich des Wettbewerbs – und somit auch auf die Quelle der industriellen Macht, auf die es ankam – minimal. (Es gab keinen wahrnehmbaren Unterschied zwischen der industriellen Entwicklung und der daraus resultierenden Konzentration in den USA auf der einen und in Europa auf der anderen Seite, obwohl in den USA im Gegensatz zu Europa eine Politik betrieben wurde, die den Wettbewerb ausdrücklich unterstützte.) Gleichzeitig wurden die Emotionen und die Energie jener, die gegen die industrielle Macht aufbegehrten, auf gefahrlose Weise in Wünsche und Hoffnungen auf eine konsequente Durchsetzung der Antitrustgesetze überführt – Hoffnungen, die aller Erfahrung zum Trotz bis heute noch nicht ganz erloschen sind. Zudem ließ diese Situation selbst die eingefleischtesten Gegner der industriellen Macht nach wie vor der jüngeren Generation vermitteln, daß ein freier Konkurrenzmarkt höchst erstrebenswert und seine Realisierung eines Tages durchaus vorstellbar sei. Der industrielle Kapitalismus hätte, falls es ihm gegeben gewesen wäre, die konditionierte Reaktion auf seine Macht selbst zu gestalten, kaum etwas Besseres erfinden können.

5

Ein letztes Wort zur Rolle des Staates und seiner Macht im Zeitalter des Hochkapitalismus. Der unsterbliche Gedanke von Marx, der Staat sei das ausführende Organ der herrschenden Klasse, verdankt dem in ihm enthaltenen und brillant formulierten Wahrheitskern mehr als seiner präzisen Beschreibung der Realität. Die Macht des Staates – seine Gesetze und seine repressiven Erzwingungsmethoden, seine kompensatorische Macht, die Landzuteilungen an die amerikanischen und kanadischen Eisenbahnen, um ein Beispiel zu nennen, und seine allgemeine soziale Konditionierung durch Erziehung und Ausbildung sowie die beständige Wiederholung konventioneller Weisheiten über den Wert von Arbeit, Gehorsam, Selbsthilfe, schicklicher Genügsamkeit und vieles andere – wurde ausgeübt zugunsten des Industriekapitalismus und sehr oft sogar auf dessen unmittelbares Geheiß. Der Staat war eine Ergänzung der dem Industriekapitalismus zu Gebote stehenden Erzwingungsinstrumentarien, er erledigte für ihn Dinge, die dieser für sich selbst nicht tun konnte. Gegen Mitte des letzten Jahrhunderts wäre es niemandem in den Sinn gekommen, die Regierung der Vereinigten Staaten oder die britische Regierung als Feinde der Wirtschaft anzusehen. Heute dagegen ist dies eine weitverbreitete Auffassung.

Falsch wäre es indessen auch, den Staat des neunzehnten

Jahrhunderts als ausschließlich dem Industriekapitalismus hörig zu bezeichnen. Individuelle Bürger, die über das Privileg des Wahlrechts verfügten, beanspruchten in ihrem Interesse in ähnlicher Weise die Machtmittel der Regierung. Der Staat schützte Personen wie das Eigentum, und so konnte man ihn zum Schutz vor den Besitzhabenden angehen. Ferner verfügten auch andere Interessengruppen – wie etwa die Bauern, kleine Gewerbetreibende, Religionsgemeinschaften und in einigen Industrieländern auch noch die alten landbesitzenden Klassen – über einen Zugang zur Regierungsmacht.

Schließlich wurde auch nicht sämtliche Staatsmacht im Sinne oder auf Geheiß anderer ausgeübt. Unter Rückbesinnung auf die eigenen Machtquellen – fesselnde Persönlichkeiten (Präsidenten, Premierminister oder andere Politiker), ihr Eigentum und ihre in der Entstehung begriffene Organisation – setzten Regierungen repressive, kompensatorische und konditionierte Macht auch für die eigenen Ziele ein. Gerade auf der Ebene ihrer Organisation gab es damals Tendenzen, deren Fortentwicklung im zwanzigsten Jahrhundert Regierungen zu unabhängigen Machtfaktoren werden ließ. Zum Synonym solcherart unabhängiger Machtausübung und ihrem angenommenen Mißbrauch sollte in der Folgezeit das Wort *Bürokratie* werden. Wir werden darauf noch zu sprechen kommen.

6

Niemand, der sich mit der Rolle von Theorien und Ideen bei der Rechtfertigung oder Ablehnung des Kapitalismus im letzten und im beginnenden zwanzigsten Jahrhundert näher beschäftigt, wird in Frage stellen können, daß sie sowohl der Macht des Kapitalismus als auch der seiner Gegner in hohem Maße nützten. Es waren Theorien, die den Industriekapitalisten als machtloses und gutartiges Werkzeug in den Händen des Marktes erscheinen ließen, während die entsprechenden Gegenideologien ihn zur treibenden Kraft hinter der Unterdrückung und Ausbeutung der Arbeiter machten. So entstand eine überaus starke soziale Konditionierung, und zwar sowohl zugunsten der Macht des Hochkapitalismus als auch in symmetrischer Weise auf seiten der Gegenbewegung. Eine Frage, die im voraufgegangenen Kapitel bereits berührt worden ist, bleibt indessen noch unbeantwortet: Bis zu welchem Maße geschah diese soziale Konditionierung bewußt, inwieweit entsprang sie einem sorgsam ausgetüftelten Plan und bis zu welchem Grade war sie das Werk von individuellen Personen wie Smith, Ricardo, Malthus, Bentham, Spencer, Marx und Engels, die allesamt fest davon überzeugt waren, daß sie sich unmittelbar mit der Realität beschäftigten?

Es waren überwiegend die letztgenannten, die Individuen. Niemand sollte sich allerdings zu der Annahme versteigen, effektive soziale Konditionierung sei stets auf jene beschränkt, die an das, was sie sagen, auch glauben. Die riesige und enorm aufwendige Public-Relations- und Werbeindustrie unserer Tage betreibt die Darstellung persönlicher, geschäftlicher und politischer Qualitäten, aber auch die Verfolgung legislativer Ziele und den Kampf um Marktanteile unverhohlen nach rein strategischen Gesichtspunkten. Nicht einmal im Traum würden die in dieser lukrativen Branche Beschäftigten selbst an das glauben, was sie aushecken oder öffentlich bekennen. Strategie ist ein Geschäft, auf das die Wahrheit keinen Einfluß hat. Bei Wissenschaftlern und Publizisten, die sich mit der Interpretation und Beschreibung gesellschaftlicher Phänomene befassen, läuft die Sache etwas subtiler ab. Sie achten darauf, mit welcher Art Publikum sie es zu tun haben, und bewerten die Qualität ihrer eigenen Ideen nach Dauer und Stärke des Applauses von ernstzunehmender Seite.

Bei den großen Exponenten der kapitalistischen Konditionierung war es anders, und ebenso bei Marx. Und doch ist es unvorstellbar, daß die klassischen Verteidiger des Hochkapitalismus den Beifall, der ihnen gezollt wurde, gänzlich ignorierten. Marx, ein Mann von bemerkenswerter Unabhängigkeit in Instinkt, Auftreten und Denken, war gewiß nicht vollkommen indifferent gegenüber der Reaktion der Arbeiter und bestimmt auch nicht über die Versuchung erhaben, in Wort und Schrift dieser Reaktion etwas nachzuhelfen. Die stärkste Verteidigung des Kapitalismus – das heißt die machtvollste soziale Konditionierung – bewirkten aber dennoch jene, die von den von ihnen selbst angebotenen Analysen, Beschreibungen und Lösungsvorschlägen persönlich zutiefst überzeugt waren. Das gleiche gilt für diejenigen, die den Angriff führten. Nicht die geschickten Strategen sind die Väter der sozialen Konditionierung, am Anfang standen vielmehr jene, die sich selbst in vollendeter Harmonie mit der Wahrheit wähnten.

XIV

Das Zeitalter der Organisation

1

Die soziale Konditionierung durch den Hochkapitalismus war andauernd und tiefgehend, ebenso die von ihr hervorgerufene Gegenreaktion. Und beide Strömungen haben bis auf den heutigen Tag großen Einfluß. Für viele Leute ist der Markt bis heute die beste Methode zur Lösung des Problems industrieller Macht, und noch immer ist die Überzeugung, der moderne Konzern werde gleichsam von einer unsichtbaren Hand angeleitet, das zu tun, was der Gesellschaft insgesamt am meisten nützt, weit verbreitet. Die Ideen des Marxismus sind nach wie vor ein Schreckgespenst – oder eine Hoffnung. Und hierin liegt eines der Probleme der sozialen Konditionierung in ihrer Eigenschaft als Instrument der Macht: Alle, die sich ihrer bedienen, gehen davon aus, daß sie die Wirklichkeit darstellt, so wie sie tatsächlich ist. Doch während sich die Rahmenbedingungen mit der Zeit ändern, bleibt die Konditionierung dieselbe, und da sie eben für *die* Realität schlechthin steht, verschleiert sie jetzt die neue Wirklichkeit. Genau das nun geschah mit der jüngsten großen Bewegung in der Dynamik der Macht – dem Aufstieg der Organisationen als Machtquelle und dem damit einhergehenden relativen Bedeutungsverlust der Persönlichkeit und des Eigentums. Während man sich noch immer zur alten Vision der wirtschaftlichen Ordnung bekennt, ist längst eine andere, zeitgemäße Ordnung auf den Plan getreten, die von der alten sozialen Konditionierung verhüllt wird.

Der Aufstieg der Organisationen in unserer Zeit ist für jeden aufmerksamen Beobachter klar erkennbar. Ihr Einfluß ist überall spürbar: in Wirtschaft und Politik ebenso wie im speziellen und recht düsteren Bereich militärischer Macht. Er manifestiert sich in hunderterlei Bemühungen von Bürgern und sogenannten Interessengruppen, die Unterwerfung anderer zu erlangen, sei es direkt oder auf dem Umweg über den Staat. Der vom Management kontrollierte Konzern, die Gewerkschaft, der moderne bürokratische Staat, Interessenverbände von Farmern und Ölproduzenten, die eng mit der Regierung zusammenarbeiten, sowie Berufsgenossenschaften und Lobbys – sie alle sind Manifestationen des Zeitalters der Organisationen, und alle legen sie Zeugnis ab vom relativen Bedeutungsverlust sowohl der Persönlichkeit als auch – wenngleich in geringerem Maße – des Eigentums als Quellen der Macht. Und samt und sonders bedeuten sie ein gewaltig gestiegenes Vertrauen in die soziale Konditionierung als Instrument zur Machterzwingung. Wie bereits an früherer Stelle bemerkt, besteht ein großer Teil der Bedeutung, über welche die Machtquelle Eigentum bis heute verfügt, nicht so sehr in direkt erkaufter Unterwerfung, sondern darin, daß sie sich eine besondere Konditionierung durch die Medien – Werbespots in Funk und Fernsehen, Zeitungsanzeigen, die Kunstfertigkeit von Werbeagenturen und PR-Firmen – leisten kann.

2

Besonders auffallend ist der Bedeutungswandel bei den Quellen der Macht im modernen Geschäftsleben. Die dominierenden Persönlichkeiten des Hochkapitalismus sind verschwunden. Während des letzten und zu Beginn dieses Jahrhunderts standen die Namen der großen Unternehmer als Synonyme für das industrielle Geschehen in Amerika. Ähnlich, wenn auch vielleicht nicht ganz so drastisch, war die Situation in den anderen Industrieländern. Heutzutage kennt außerhalb der betreffenden Branche, und manchmal selbst branchenintern, kaum noch jemand die Namen der Vorstandsvorsitzenden von General Motors, Ford, Exxon, Du Pont und anderer Großkonzerne. Die mächtige Persönlichkeit ist durch ein Team, das Management, ersetzt worden. Der Unternehmer hat seinen Platz dem gesichtslosen Organisationsmann überlassen. So vollzog sich der Niedergang der Persönlichkeit als Quelle der Macht.

Einen ähnlichen Niedergang erfuhr die Bedeutung des Eigentums. Im Zeitalter des Hochkapitalismus stand die Macht, die ihren Ursprung im Kapitalbesitz hatte, außer Zweifel. Dieser Besitz war es, der einem das Recht gab, ein Geschäft zu führen. Er schaffte Einflußmöglichkeiten auf die Gesetzgebung, auf Präsidenten und Premierminister sowie die Öffentlichkeit insgesamt. Auch heute darf Eigentum und Besitz als Quelle industrieller Macht nicht unterschätzt werden. Aber obwohl es, wie immer in solchen Angelegenheiten, stets Ausnahmen von der Regel gibt, läßt sich konstatieren, daß diese Machtquelle eine ganz erhebliche relative Bedeutungseinbuße erlitten hat. Die eintausend größten Industriebetriebe der Vereinigten Staaten – jeder für sich eine gewaltige Organisation – sind gegenwärtig für zwei Drittel der privatwirtschaftlich erzeugten Gesamtproduktion an Waren und Dienstleistungen verantwortlich. In den anderen Industriestaaten hat die Wirtschaftskonzentration einen ähnlichen Verlauf genommen. Nur in einer sehr geringen Zahl dieser Konzerne, und in keinem einzigen der ganz großen, bedeutet der individuelle Aktienbesitz Mitspracherecht im Betrieb. Das ist keineswegs eine völlig neue Entwicklung. Schon vor über fünfzig Jahren kamen Adolf A. Berle Jr. und Gardiner C. Means, zwei auf ihrem Gebiet bahnbrechende Wirtschaftswissenschaftler, zu dem Schluß, daß bei der Mehrheit der zweihundert größten US-amerikanischen Konzerne die Kontrolle bereits auf das Management übergegangen sei, das heißt, die Manager wählten dort den Aufsichtsrat, der dann, in höchst inzestuöser Manier, das Management auswählte, welches ihn ausgewählt hatte.[1]

Der kontinuierliche Machttransfer von den Eignern zu den Managern – vom Eigentum zur Organisation – ist seitdem ein durchgängiges Merkmal der industriellen Gesamtentwicklung geblieben.

Zwei Faktoren trugen zum Niedergang des Eigentums und zum entsprechenden Aufstieg des Managements bei. Zum einen wurde Firmeneigentum durch Erbteilung aufgespalten, wobei unvermeidlich auch Erben zum Zuge kamen, die aus Gründen der Veranlagung und Intelligenz zur Ausübung der Macht, die das Eigentum überträgt, denkbar ungeeignet waren. Und zum anderen wurden die Anforderungen in der Industrie immer vielschichtiger. Die wachsenden Dimensionen der Konzerne, eine zunehmend komplizierter werdende Technologie und der ständig wachsende Bedarf an spezialisierten Führungskräften und Marketingexperten führten dazu, daß Personen, deren Hauptqualifikation in ihrem Eigentum bestand, mehr und mehr von den Entscheidungsprozessen ausgeschlossen wurden. Die Macht überschritt den intellektuellen Horizont derer, die ihrer nicht teilhaftig waren, und somit auch deren Fähigkeit, wirksam zu intervenieren. Parallel dazu fielen immer weniger Entscheidungen in den Kompetenzbereich von Einzelpersonen, sondern ergaben sich aus den individuellen Beiträgen von Spezialisten im Rahmen von Ausschußsitzungen oder ihrer täglichen engen Zusammenarbeit.[2]

Der Niedergang der Machtquelle Eigentum zugunsten der Machtquelle Organisation ist noch längst nicht überall akzeptiert worden. Noch geht man zumindest zum Teil davon aus, daß ein gewisser Rechtsanspruch beim Eigentum liegt, und dessen Bedeutung wird mit quasi-religiösen Glaubenssätzen gehuldigt. Dem Nachwuchs wird nach wie vor weisgemacht, daß die Macht in einem Unternehmen *in letzter Instanz* doch noch in den Händen des Aktionärs liegt: »Als John letztes Jahr neu angebotene Aktien der Keim Corporation kaufte, erwarb er damit ein Mitspracherecht bei den Entscheidungen des Managements ›seiner‹ Firma, welches er auf den jährlichen Aktionärsversammlungen ausüben kann.«[3] Universitäten und Studenten lehren und forschen im Glauben, daß Aktionäre durch die Wahrnehmung ihres Stimmrechts auf den Aktionärsversammlungen den Entscheidungsprozeß ihres Unternehmens substantiell beeinflussen können. Dem Eigentum wird auf diesen alljährlichen Veranstaltungen wieder und wieder in devoter Weise Reverenz erwiesen. Obligatorisch ist dabei, wie bereits aus der gerade zitierten Broschüre des Handelsministeriums hervorgeht, der Hinweis auf »ihre Firma«. Wirklich wichtige Entscheidungen des Managements werden von derartigen Ritualen niemals umgestoßen.[4]

3

Gleichzeitig mit dem Transfer der Macht von Persönlichkeit und Eigentum auf die Organisation kam es zu einer deutlichen Verringerung der relativen Effizienz der kompensatorischen

Macht und – wohl erwartungsgemäß – zu einer gewaltigen Zunahme konditionierter Machtausübung. Besonders augenfällig war diese Entwicklung im Verhältnis zwischen Betrieben und Gewerkschaften. Die Gewerkschaft als Gegenmacht im Handel mit der menschlichen Arbeitskraft entstand vor dem Zeitalter der Organisation, und sie wurde, wie wir gesehen haben, von den Unternehmern der ersten Stunde, in den Vereinigten Staaten also von Leuten wie Henry Clay Frick, Henry Ford und Sewell Avery,[5] mit weitaus härteren Bandagen bekämpft als von den Organisationsmännern. Der Industrielle, der sein eigenes Unternehmen führte, war häufig an der Macht um ihrer selbst willen interessiert. Die Unterwerfung der Arbeiter war in solchen Fällen Ergebnis einer persönlichen, willensbestimmten Absicht. Ein stellvertretender Aufsichtsratsvorsitzender, zu dessen Aufgabenbereich die Arbeitsverhältnisse gehören, wird dagegen unter anderem daran gemessen, inwieweit er sich darauf versteht, den Arbeitsfrieden zu wahren. Außerdem, und das sollte man nicht unterschätzen, verteidigt er nicht sein Privateigentum gegen Übergriffe seitens der Arbeiter. Das Zeitalter der Organisation führte somit zu einer erheblichen Milderung der kompensatorischen Macht, der die Arbeiterschaft bis dahin unterworfen war.[6]

Bei der kompensatorischen Machtausübung über Kunden und Verbraucher war der durch den Aufstieg der Organisationen bedingte Wandel subtiler und, was seine praktischen Auswirkungen anbetraf, in mancher Beziehung geradezu gegensätzlich. Genau wie bei der Einstellung von Arbeitern manifestiert sich die stärkste Macht darin, daß man ein Höchstmaß an Unterwerfung für die geringstmöglichen Kosten erzielt. Je stärker der Käufer auf die Ware angewiesen ist und je weniger Alternativen er hat, desto mehr läßt sich herausschlagen. Der Verbraucher wird ebenso ausgebeutet wie der Arbeiter im parallelen Fall. Das klassische Beispiel für eine derartige Machtausübung ist das Monopol über ein lebenswichtiges oder doch begehrtes Produkt, für das es keinen eindeutigen Ersatz gibt. Wenn kein alternativer Anbieter vorhanden ist, sind Bedarf und Macht entsprechend groß. Hier tritt der Wettbewerb auf den Plan, und hierher rührt auch sein Ruf als elementares Lösungsinstrument des Problems der Machtverteilung.

Die Organisationen und die mit ihr verbundenen industriellen Entwicklungen hatten weitreichende Auswirkungen sowohl auf den Wettbewerb als auch auf die Monopole. Zu den Hauptzielen der großen Industriebetriebe, der Gewerkschaften, der Bauernverbände, der Organisation erdölexportierender Staaten, der Berufsgenossenschaften und Handwerkskammern zählt die Einschränkung oder gar die vollständige Eliminierung des Preiswettbewerbs, damit Billigpreisalternativen soweit als irgend möglich ausgeschaltet bleiben. Bei den Großkonzernen bedarf es dazu heutzutage keiner formalen Absprache mehr. Die gemeinsame Einschätzung, daß ein außer Kontrolle geratener Preiswettbewerb die Macht eines jeden Beteiligten erschüttern wird, reicht vollkommen aus. Selbst die klassische Nationalökonomie hat sich mittlerweile im großen und ganzen zu dem Eingeständnis durchgerungen, daß derartige Vorgaben zur indirekten Einschränkung des Marktes bestehen. Man spricht von oligopolistischer Preispolitik. Eines der wichtigsten Ziele der Organisationen bestand damit darin, die machteinschränkenden Tendenzen des Marktes, die auch gern als Marktdisziplin bezeichnet werden, zu umgehen, und das ist ihnen auch weitgehend gelungen.

Aber es gab auch gegenläufige Strömungen. Der mit der Entwicklung der modernen Industriegesellschaft verbundene Überfluß hat die meisten Verbraucher und ihre Bedürfnisse vom Druck der elementaren Notwendigkeit befreit, während die quantitative und qualitative Diversifikation des Waren-

und Dienstleistungsangebots die Palette der zur Verfügung stehenden Alternativen erheblich erweiterte. Das Angebot an Verbrauchsgütern – und mit ihm der Fundus für Vergnügungen und Protzerei – ist unendlich viel größer als im vergangenen Jahrhundert. Und das Monopol ist folglich nicht mehr wie in den frühen Tagen kompensatorischer Macht ein menschenfressender Moloch. Wer immer heutzutage seine Kraft zu spüren bekommt, hat die Möglichkeit, etwas anderes zu kaufen oder eben gar nichts. Ein wenig beachtetes, aber sehr bezeichnendes Ergebnis dieser Entwicklung ist, daß in den Industriestaaten die Agitation gegen die Monopole als gesellschaftliches Übel nachgelassen hat.

Die Konsequenz war eine bedeutsame Gewichtsverlagerung von der kompensatorischen zur konditionierten Macht. Eine Antwort auf den Überfluß an Alternativen besteht darin, den Leuten weiszumachen, daß es *wirkliche* Alternativen eigentlich gar nicht gibt. Man hegt und pflegt also den Glauben daran, daß bestimmte Eigenschaften der jeweils zur Debatte stehenden Ware oder Dienstleistung einzigartig sind. In diesem Bestreben hat auch die heutige massive Fixierung auf Werbemaßnahmen ihren Ursprung. Werbung ist nämlich nicht etwa, wie manche meinen, eine neue, vitale Form des Wettbewerbs auf dem freien Markt, sondern sie versucht lediglich, durch konditionierte Macht dem Kunden gegenüber eine gewisse Autorität zu bewahren, die früher an kompensatorische Macht gebunden war.

Der Wandel, der hier stattgefunden hat, kommt auch in der symmetrischen Reaktion der Verbraucher auf die Macht der Waren- und Dienstleistungsverkäufer zum Ausdruck. Als die Verbraucher noch der kompensatorischen Macht unterworfen waren – jener Macht also, die viel von ihnen verlangte und wenig dafür bot –, gründeten sie Kooperativen oder Einkaufsgenossenschaften, um ihrerseits kompensatorische Macht ausüben zu können. Diese Vereinigungen bemühten sich darum, für weniger Einsatz mehr Ware zu bekommen, sie entwickelten alternative Bezugsquellen und appellierten an die Regierung, die Preise zu kontrollieren oder auf andere Weise die Marktmacht des Anbieters zu reduzieren. Ihr Hauptaugenmerk galt dem Preis der Ware, dem Indikator für die relative kompensatorische Macht. Heute ist das anders. In unseren Tagen ist der Verbraucher nahezu ausschließlich auf die Werbung fixiert – und auf Mittel und Wege, der auf ihn einwirkenden konditionierten Macht zum Trotz herauszufinden, was nun wahr ist oder für die Wahrheit gehalten wird. Für die Tätigkeit der Regierungsbehörden, die für den Verbraucherschutz zuständig sind, gilt das gleiche. An die Preise denkt man höchstens in zweiter Linie. Im Mittelpunkt aller Bemühungen steht die Frage, inwieweit das, was in den Anzeigen behauptet wird, auch wirklich den Tatsachen entspricht. Das sind die Ziele der Verbraucherverbände von heute. Zu verstehen ist das alles als die vorhersehbare Folge des Übergangs von der Ausübung kompensatorischer zur Ausübung konditionierter Macht.

4

Wenn sich ein moderner Industriebetrieb bei der Verfolgung seiner Ziele um staatliche Unterstützung bemüht, so ist die konditionierte Macht auch hier das Erzwingungsmittel, das die Entscheidung heraufbeschwört, zumindest aber an ihr beteiligt ist. Natürlich kommt es vor, daß Abgeordnete und Staatsdiener direkt gekauft werden – allerdings gilt diese Praxis heute bei zarter Besaiteten als anstößig und ist durch gesetzliche Regelungen erheblich erschwert worden. So übt der Konzern über Abgeordnete und Beamte vor allem dadurch Macht aus, daß er den Betroffenen entweder direkt von der Richtigkeit seiner

Ziele und Ansprüche zu überzeugen versucht oder eben die Leute, die ihn wählen und beobachten. Unter einem mächtigen Lobbyisten versteht man jemanden, der die direkte Konditionierung beherrscht oder aber in der Lage ist, Gruppen und Verbände von entsprechender Größe – und durch sie auch ihre politischen Repräsentanten – in seinem Sinne zu beeinflussen.[7] Pekuniäre Reserven – Eigentum – sind in diesem Zusammenhang selbstverständlich nicht unwichtig, doch liegt ihre Bedeutung nicht mehr in direkten kompensatorischen Aktivitäten, sondern, wie bereits erwähnt, in der umfassenderen sozialen Konditionierung, die sich mit ihrer Hilfe kaufen läßt und die ebenso zugunsten eines schwankenden oder wohlgesonnenen Abgeordneten zum Einsatz gebracht werden kann wie zum Nachteil eines Opponenten.

Die Ausübung konditionierter Macht im modernen Staatswesen, das heißt also, die Überredung und Überzeugung von Abgeordneten, von Beamten oder ihrer jeweiligen Wählerschaft, ist alles andere als ein einfaches Unterfangen. Es fällt ins Auge und gibt immer wieder Anlaß zu kontroversen politischen Diskussionen. Außerdem ist es wahrscheinlich nicht so effizient wie das direkte Kaufen von Abgeordneten, also die unmittelbare Anwendung kompensatorischer Macht, wie sie in der Epoche des Hochkapitalismus gang und gäbe war. Hinzu kommt, daß die kompensatorische Macht, wie wir gesehen haben, untrennbar mit dem Eigentum verbunden war, und die größte Anhäufung von Eigentum befand sich in den Händen der Industriekapitalisten. Auch die konditionierte Macht erfordert Geldmittel, da für die verschiedenen Formen der Überredung und Überzeugung bezahlt werden muß – Fernsehen, Hörfunk, Zeitungsanzeigen, Reden, persönliche Schmeicheleien. Doch selbst unter diesen Bedingungen ist konditionierte Macht allgemein leichter verfügbar als die von ihr verdrängte kompensatorische. Mittel und Wege lassen sich finden, ebenso wie Geldquellen. Ein gewisses, wenngleich meist nicht sehr großes Maß an konditionierter Macht steht jedem offen, der in der Lage ist, eine Organisation aufzubauen.

5

Die größere Verfügbarkeit konditionierter Macht im Zeitalter der Organisationen ist nicht der einzige Aspekt. Ein anderer besteht darin, daß die konditionierte Macht des modernen Großkonzerns zumindest in einigen Punkten schwächer ist als jene, die während der Blütezeit von Kapital und Eigentum im letzten Jahrhundert dominierte.

Während der hohe Organisationsgrad der Großunternehmen längst zur Grundlage der modernen Industriegesellschaft geworden ist, konnte die soziale Konditionierung, von der ihre Macht weitgehend abhängig ist, mit dieser Entwicklung nicht Schritt halten, sondern sie blieb seit der Zeit des klassischen Kapitalismus im wesentlichen unverändert. Noch immer heißt es, Markt und Wettbewerb regulierten die Macht. Und nach wie vor wird behauptet, daß die Macht, völlig unabhängig von den Absichten ihrer Besitzer, durch das Wunder des Marktes und den dort ausgetragenen Wettbewerb zu Zielen geleitet wird, die der Gesellschaft in ihrer Gesamtheit nutzen. Die soziale Konditionierung des vergangenen Jahrhunderts wird also in der Welt der Großorganisation weiterhin propagiert, obgleich ihre Argumentation zunehmend an Plausibilität verliert.

Einen lebendigen Beweis für die Weiterführung veralteter Konditionierungsmethoden bietet die moderne Volkswirtschaftslehre. Die moderne Welt besteht aus einer Vielzahl interagierender Großorganisationen – aus Konzernen, Gewerkschaften und dem Staat. In der Interaktion zwischen gewerkschaftlichen Lohnforderungen und von den Konzernen bestimmten Preisen liegt heutzutage einer der Hauptgründe für die Inflation. Ein Lehrbuch jedoch, das von der Realität einer solchen Interaktion ausgeht, würde an Schulen und Hochschulen für Unterrichtszwecke nicht akzeptabel sein, und es wäre bezeichnenderweise auch nicht für jene geometrischen und anderweitigen mathematischen Finessen geeignet, welche mit der Hypothese von der Existenz eines freien Marktes und eines freien Wettbewerbs vereinbar sind und ohne welche die Volkswirtschaftslehre Gefahr läuft, nicht ernstgenommen zu werden.

Die soziale Konditionierung, die sich nach wie vor aus solchen Lehrinhalten ergibt, bleibt natürlich nicht ohne Folgen. Hunderttausende von ansonsten intelligenten jungen Leuten werden auf diese Weise in aller Unschuld davon abgehalten, sich über die industrielle Macht und die Art und Weise, wie sie ausgeübt wird, Gedanken zu machen. Wir haben bereits gesehen, daß dieser Macht in verschiedenster Form zugearbeitet wird und daß ihr nichts mehr nützt als die sorgfältig gehegte Vorstellung, sie existiere überhaupt nicht. »Die Erkenntnis, daß die Mikroökonomie sich nun mit einer durch und durch oligopolisierten Welt befassen muß ... , würde eine ganze Reihe ideologischer Verteidigungspositionen des *Laissez-faire*-Systems bedrohen.«[8]

Allerdings, egal wie tief und gründlich soziale Konditionierung im einzelnen auch durchgeführt werden mag, allzu deutlich von der Realität abweichen darf sie nicht. Die Präsenz und Macht der modernen Großkonzerne – Exxon, General Motors, Shell, Philips – lassen sich nur mehr mit Mühe hinter der Fassade des Marktes verbergen, und die Schwierigkeiten bei dieser Maskerade nehmen ständig zu. Die Berufung auf die neoklassische Lehre – das konditionierte Unterrichtsmedium – hat daher inzwischen schon einen gewissen pejorativen Klang.

Es wird impliziert, daß das alles wohl nicht mehr ganz der Realität entspricht. Und daß der Konditionierungswert einer Wirtschaftslehre, die nicht mehr der Realität entspricht, sondern von ihr ablenkt, ständig sinkt, kann niemanden überraschen.

Noch größer wird der Konflikt mit der Realität, wenn man den Bereich des Erziehungs- und Unterrichtswesens verläßt und die klassische soziale Konditionierung in der Alltagssprache der Manager und der Public-Relations-Abteilungen der Konzerne sowie in der Werbung verfolgt. Hier wird auf jegliche Differenzierung verzichtet. Das Postulat der machtregulativen Rolle des Marktes hat hier einen Absolutheitsanspruch. In der Art der Machtausübung besteht keinerlei Unterschied mehr zwischen Exxon und dem Tante-Emma-Laden an der Ecke oder irgendeiner Dorfapotheke. Überzeugen lassen sich folglich nur mehr sehr leicht zu beeinflussende Naturen, denen es keine Probleme bereitet, heute dieses und morgen jenes zu glauben. Für andere besteht ein wichtiger Effekt der sozialen Konditionierung durch die Propaganda der Konzerne darin, daß durch sie in erheblichem Maße der Unglauben gefördert wird – man argwöhnt sofort Machtmißbrauch, wenn diejenigen, die offensichtlich viel Macht besitzen, ganz versessen darauf sind, diese Tatsache zu leugnen. In den Industrieländern gehört es sich für den halbwegs kritischen Geist inzwischen schon fast, den verbalen und schriftlichen Verlautbarungen, mit denen die Konzerne ihre Gemeinnützigkeit anpreisen, keinen Glauben zu schenken. Die konditionierte und kompensatorische Macht des modernen Unternehmens bleibt nach wie vor sehr beachtlich, doch wäre es falsch zu glauben, sie könne es mit der ungebremsten kompensatorischen Macht der großen kapitalistischen Firma im Zeitalter des Hochkapitalismus aufnehmen.

Im Verhältnis des modernen Konzerns zum Staat findet sich ein weiterer Hinweis auf diesen Machtverfall. Im letzten Jahrhundert, als Staat und Industrie Verbündete waren, wäre ein schlechtes Verhältnis zueinander undenkbar gewesen. Heutzutage gilt die Regierung weitgehend als Feind der Geschäftswelt und umgekehrt. Die soziale Konditionierung seitens der Konzerne beschäftigt sich ausführlich mit dem Staat, dem unterstellt wird, er wolle sich überall einmischen, behindere und beschränke die Industrie allenthalben und führe auch sonst nur Übles im Schilde. (Lediglich auf dem Gebiet der militärischen Macht besteht zwischen der Regierung und den von ihren Aufträgen abhängigen Konzernen volle Übereinstimmung.) Die Gründe dafür sind größtenteils in der Gewichts- und Bedeutungsverlagerung von der kompensatorischen zur konditionierten Macht zu suchen. Kompensatorische Macht war eindeutig das Monopol der Unternehmen, und von den gekauften Abgeordneten und Beamten war nicht zu erwarten, daß sie ihren Zahlmeistern in Feindschaft gegenübertraten. Konditionierte Macht gestattet einer viel größeren Zahl von Interessengruppen den Zugang zum Staat, und darunter auch einigen, welche die Macht der Industrie und der Geschäftswelt bekämpfen. Sie tragen mit zu dem – scheinbaren oder realen – Antagonismus bei, der in unserer Zeit das Verhältnis zwischen Konzernen und Regierungen charakterisiert.

Aber auch der Staat hat sich verändert. Er ist heute weit weniger Instrument der nach Macht Strebenden, wie noch im vorigen Jahrhundert, als vielmehr eine eigenständige Macht. Die operativen Kräfte sind auch hier Organisationen und konditionierte Macht. Der moderne Staat verfügt über eine gewaltige Organisation – die Bürokratie –, welche ihrerseits den Staat in umfassender Weise in den Dienst der eigenen Sache gestellt hat.

XV

Organisation und Staat

1

Im neunzehnten Jahrhundert und in den ersten Jahrzehnten des zwanzigsten Jahrhunderts wurde der Staat weithin als Instrument der industriekapitalistischen Macht angesehen. In diesem Punkt waren sich Marx, der in der europäisch-revolutionären Tradition stand, und Lincoln Steffens als Vertreter der kritischen amerikanischen Tradition, völlig einig. Dabei handelte es sich allerdings, wie wir bereits bemerkt haben, um eine Übertreibung. Der Staat reflektierte durchaus unterschiedliche Bürgerinteressen und diente ihnen, so wie er auch denen half, die sein Gerüst bildeten. Das Hauptgewicht lag jedoch auf Leistungen, die er für die Industrie und die Finanzwelt erbrachte.[1] Bis weit in unser Jahrhundert hinein wäre schon der Gedanke an einen möglichen Konflikt zwischen Regierung und Industrie abwegig gewesen, heute ist das absolut nichts Besonderes mehr. Im letzten Jahrhundert genoß die Ausübung industrieller Macht darüber hinaus eine gewisse Exklusivität. Ob direkt oder über den Staat, sie blieb stets *die* Macht schlechthin. Bei der Bemühung, andere zu unterwerfen, gab es nichts, das mit Persönlichkeit, Eigentum oder der Organisation der Industrie hätte mithalten können. Auch das trifft heute nicht mehr zu. Eines der auffallendsten Merkmale des Zeitalters der Organisationen ist die riesige Zahl organisierter Gruppen wie Gewerkschaften, Berufsgenossenschaften, politischer Initiativen und Landwirtschaftsverbände, die zur Durchsetzung ihrer eigenen Ziele die Machtinstrumente des Staates in ihre Gewalt zu bringen trachten. Hinzu kommt, was ebenfalls sehr charakteristisch ist, die große Zahl von Organisationen innerhalb des staatlichen Rahmens – Ministerien, Behörden aller Art, Staatsbetriebe, die Streitkräfte –, die ihrerseits inzwischen zu eigenständigen Machtquellen geworden sind. Diese beiden Entwicklungen verdienen nun unsere Aufmerksamkeit.

2

Der moderne Staat vereinigt die drei Quellen der Macht in sich – die politische Persönlichkeit, Eigentum in Form der ihm zur Verfügung stehenden Ressourcen und die Organisation. Außerdem hat er, wie für jedermann klar erkenntlich ist, zu allen drei Durchsetzungsinstrumentarien Zugang. Wie eingangs bereits erwähnt, nimmt er, was die repressive Macht betrifft, nahezu eine Monopolstellung ein, er bedient sich ausgiebigst der kompensatorischen Macht, und er macht in zunehmendem Maße massiv Gebrauch von der konditionierten Macht. All diese Machtquellen und -instrumentarien standen ihm in begrenztem Umfange bereits im vorigen Jahrhundert und früher zur Verfügung. Was sich inzwischen geändert hat, ist ihre absolute und ihre relative Bedeutung innerhalb der formalen Struktur der Regierung sowie Ausmaß und Variabilität ihrer Anwendung durch Organisationen außerhalb eben dieser Struktur – durch Organisationen, die sich bemühen, die Machtinstrumente des Staates in den Dienst ihrer eigenen Sache zu stellen.

Wenn man einen Einblick in die Funktionsweise der vom

Staat direkt oder durch seine Vermittlung ausgeübten Macht gewinnen will, ist es sehr hilfreich, ja notwendig, zunächst einmal eine Unterscheidung zu treffen zwischen der Außen- und der Innenorientierung der Regierung sowie den zwischen diesen beiden Orientierungen vermittelnden Kräften. Unter der Außenorientierung versteht man die Legislative, die Wähler und die große Zahl von Organisationen, die entweder über die Wähler oder aber direkt auf die Legislative einwirken. Ich fasse all diese Vorgänge unter dem Begriff externer Prozesse zusammen. Ihnen gegenüber steht die Innenorientierung, das heißt die fortbestehende Struktur der Regierung, ein in unserer Zeit außerordentlich umfangreicher Komplex verschiedenster Organisationen. Diese Seite werde ich im folgenden als autonome Regierungs- oder Verwaltungsprozesse bezeichnen.[2] Im weitesten Sinne – wenn auch keineswegs völlig – sind sie identisch mit dem, was sonst gerne Bürokratie genannt wird.[3] Der pejorative Beigeschmack, der diesem Wort anhaftet, ist Ausdruck der Gefühle vieler Menschen – unter ihnen auch gewisse US-Präsidenten[4] der jüngsten Zeit –, die der Macht der Bürokratie unterworfen sind oder mit ihr in Konflikt stehen, was freilich nicht dahingehend interpretiert werden darf, daß autonome oder bürokratische Machtausübung von vornherein unsozial sei. Ganz im Gegenteil, sie dient höchst zivilisierten Zielen – der Bewahrung der Menschen vor Not, Ausbeutung und Mißhandlung, das heißt der Kontrolle repressiver Machtausübung. Sie dient dazu, allen ein Auskommen zu ermöglichen, unterstützt industriellen Fortschritt und das Erziehungswesen, macht sich verdient um Wissenschaft und Kunst, kümmert sich um die Erhaltung der natürlichen Ressourcen und um hunderterlei andere Dinge. Wenn ich von autonomer oder bürokratischer Macht spreche, so urteile ich damit nicht über deren gesellschaftlichen Verdienste.[5]

Eine Zwischenstellung zwischen den autonomen und den

externen Regierungsprozessen bedeutet in vielen Fällen eine Vermittlerrolle. In den Vereinigten Staaten kommt sie dem Präsidenten samt Helfern und Stab, Ministern und deren designierten Untergebenen zu. Sie üben Macht aus und erreichen, daß andere sich ihren Zielen unterwerfen, doch ist in der Praxis vieles von dem, was da auf den ersten Blick wie unmittelbare Machtausübung aussieht, nichts anderes als die Wahrnehmung einer Vermittlerrolle zwischen autonomen und externen Machtansprüchen.[6]

Als erstes wende ich mich den externen Regierungsprozessen zu.

3

Für die Ausübung industrieller Macht war es außerordentlich hilfreich, die Öffentlichkeit in dem Glauben zu wissen, daß jegliche tatsächlich vorhandene Macht einer Firma letztlich wieder aufgehoben werde, da der Betrieb ja den Gesetzen des Marktes unterworfen sei. Wir haben gesehen, daß es in der Volkswirtschaftslehre nach wie vor starke Bestrebungen gibt, diesen Glauben zu verbreiten. Ähnliche Anstrengungen gibt es hinsichtlich der Beurteilung der Regierungsmacht. Nichts verschleiert die Machtausübung im und durch den Staat besser als jene buchstäblich wie eine religiöse Pflicht gepflegte politische Litanei, derzufolge alle Männer und Frauen als Gleiche unter Gleichen in ihrer Souveränität zu den Wahlurnen schreiten und danach dem auf diese Weise ermittelten Ergebnis in Übereinstimmung mit dem Willen der Mehrheit unterworfen sind. Das bringt man den jungen Menschen bei, das ist es, was der wahrhaft gute Bürger akzeptiert – und was durch die Praxis Tag für Tag ganz offen, deutlich und umfassend widerlegt wird. Im vergangenen Jahrhundert verschleierte die demokratische

Liturgie, wenngleich keineswegs immer und überall mit durchschlagendem Erfolg, den Umstand, daß Wähler ebenso wie Gewählte gekauft wurden, und daneben auch die kompensatorische Macht über die Wahl als solche, wie sie in der Ämterpatronage zum Ausdruck kam. Durch diese und andere Methoden wurden die Stimmen vieler zum Nutzen weniger kanalisiert. In unserem Jahrhundert verschleiert diese Liturgie eine noch einfallsreichere Unterwanderung des demokratischen Wahlverfahrens: Noch immer hält man den Wähler für souverän, und noch immer wird die Souveränität der Mehrheit so umgesetzt, daß sie nur den Zwecken einiger weniger nutzt. Der Unterschied liegt im Zeitalter der Organisation darin, daß es eine Vielzahl eifrig miteinander konkurrierender Organisationen gibt, die allesamt darum bemüht sind, Wähler und Wählerinnen sowie deren gewählte Repräsentanten ihren eigenen Zielen zu unterwerfen. Das wichtigste Instrument, das dabei zum Einsatz kommt, ist die konditionierte Macht. Konzerne, die Rüstungsindustrie, gewerbliche Unternehmen im weitesten Sinne, Gewerkschaften, Bauernverbände, religiöse Einrichtungen, Verbraucherverbände und eine schier unendliche Zahl weiterer, stärker spezialisierter Organisationen partizipieren heute routinemäßig an den externen Regierungsprozessen und versuchen auf diese Weise, die Unterwerfung der Wähler unter ihre eigenen Bedürfnisse und Zielvorstellungen zu erreichen. Oder aber sie versuchen, die bereits Gewählten ihrem Willen zu unterwerfen. Eigentum und die damit verbundene kompensatorische Macht sind in den externen Prozessen sehr wichtig, doch sieht man einmal von vollkommen abnormen Fällen ab, so belohnen sie den Wähler oder den Gewählten nicht direkt, sondern tragen die Kosten für die soziale Konditionierung, die zum wirksamsten Instrument der Macht geworden ist.

Im modernen Staatswesen, und ganz besonders in den USA,

wird diese soziale Konditionierung mit äußerster Intensität durchgeführt. In den politischen Schlachten unserer Zeit sind Reden, Medienpräsenz, Zeitungsanzeigen, Werbespots im Radio und vor allem im Fernsehen von zentraler Bedeutung. Volumen und strategischer Einsatz dieser Instrumente zur Überzeugung anderer – also konditionierte Macht – gelten als entscheidend. Die Person, von der man annimmt, daß sie über das Talent und das Wissen verfügt, die erforderliche soziale Konditionierung erfolgreich zu inszenieren und zu leiten, ist genauso wichtig wie der Kandidat oder die Kandidatin selbst.[7]

Die Ausübung konditionierter Macht im Rahmen der externen Regierungsprozesse erzeugt erwartungsgemäß eine symmetrische Reaktion auf seiten derer, die sich gegen sie zur Wehr setzen – ein Phänomen, das im modernen Staat allenthalben erkennbar ist. Denjenigen, die sich organisieren und versuchen, Wähler und Abgeordnete von der Verworfenheit der Abtreibung zu überzeugen, erwachsen sogleich Gegner, die sich organisieren, um das Recht der Frau auf eine freie Entscheidung zu propagieren. Organisation und Überzeugungskampagnen der Befürworter von Steuersenkungen und -befreiungen, welche die Notwendigkeit neuer Anreize hervorheben, um damit ihre eigenen Investitionen oder ihre Leistung zu fördern, werden von entsprechend organisierten und engagierten Leuten konterkariert, die für die Schließung noch vorhandener Lücken in der Steuergesetzgebung plädieren. Die Befürworter des Schulgebetes müssen sich mit jenen auseinandersetzen, die das Gebet auf die Kirchen und jedermanns eigene vier Wände beschränkt wissen oder ganz auf seine Segnungen verzichten wollen.

Da Organisationen und konditionierte Macht als Durchsetzungsmethoden in den externen Regierungsprozessen so leicht verfügbar sind, wird in großem Umfange von ihnen Gebrauch gemacht. Aber allein das Ausmaß, das diese Bestrebungen inzwischen angenommen haben, hat zu einschneidenden Konsequenzen in bezug auf die Effektivität dieses Instruments geführt. Man bedient sich seiner derart freizügig – sei es in Form direkter Überredungs- oder Überzeugungsversuche, sei es mit Hilfe der Medien, durch Reden, Bücher, Aufsätze oder ähnliches –, daß Wähler und Abgeordnete mit der Zeit gegen die kaum noch zu verkraftende Reizüberflutung immun werden. Die Tatsache, daß konditionierte Machtausübung vielfach gar keine oder nur sehr geringe Erfolge in der Praxis zeitigt, daß also mit ihrer Hilfe, wenn überhaupt jemand, letztlich nur sehr wenige unterworfen werden, wirkt sich indes auf ihre Beliebtheit kaum aus. Sie ist in einzigartiger Weise verfügbar. Und alle, die sich ihrer bedienen, bilden sich ein, wirklich mächtig zu sein. Sie haben eine Konferenz veranstaltet oder eine Rede gehalten, sie sind im Fernsehen aufgetreten, haben einen Werbespot produziert, ein Buch veröffentlicht, haben einen Artikel oder einen Kommentar geschrieben – folglich müssen sie, wie sie glauben, Macht ausgeübt haben. Die Aktivität ersetzt das Ergebnis. Die Benutzung eines Machtinstruments wird heute häufig mit tatsächlicher Machtausübung verwechselt – ein Aspekt der Illusion der Macht, auf den ich noch einmal zurückkommen werde.

4

Von zentraler Bedeutung für die konditionierte Macht von Organisationen, deren Operationsfeld in den externen Regierungsprozessen liegt, sind die in den Kapiteln VI und VII geschilderten Prinzipien. Insbesondere gilt, daß die Durchsetzungsfähigkeit einer Organisation, die darauf aus ist, anderen ihren Willen aufzuzwingen, nach außen hin – in diesem Fall also Wählern und Abgeordneten gegenüber – um so stärker ist, je fester ihr interner Zusammenhalt ist, je vollständiger die Unterwerfung der eigenen Mitglieder ist. Und je geringer die Anzahl der Ziele, für deren Erlangung eine Organisation Unterwerfung heischt, desto strenger die interne Disziplin. In den Vereinigten Staaten übt die National Rifle Association starke Macht über Wähler und Abgeordnete aus. Das spiegelt die Beschränktheit ihrer Absichten wider – die Beibehaltung oder Legalisierung des Rechts auf den Besitz und vermutlich auch die Benutzung lebensgefährlicher Waffen. Ähnliche Disziplin und ähnlich einseitige Zielsetzungen finden sich bei Organisationen, die für oder gegen die Rechte der Frau eintreten, für oder gegen die Durchsetzung von Programmen zur beruflichen Gleichstellung von Minderheiten und für oder gegen die sogenannten »Recht-auf-Arbeit«-Gesetze. Das zeigt sich schon an dem Respekt, der den Lobbyisten bestimmter Einzel- oder Spezialinteressen entgegengebracht wird. In diesem Zusammenhang sei auch darauf hingewiesen, daß, im Verhältnis zur jeweiligen Mitgliederzahl, die Macht konservativer Organisationen in den externen Regierungsprozessen wahrscheinlich immer größer sein wird als die liberaler Organisationen. Bei den Bemühungen um direkten Einfluß auf die Legislative waren beispielsweise antifeministische Gruppen und Abtreibungsgegner in der Vergangenheit stets erfolgreicher, obgleich ihr Rückhalt in der Wählerschaft insgesamt, wie sich wiederholt gezeigt hat, erheblich geringer ist. Der Grund für derartige Erfolge ist in dem bei Konservativen stärker entwickelten Sinn für Disziplin zu suchen. Der konservative Geist bejaht die althergebrachten Überzeugungen, die soziale Konditionierung. Dem Liberalen steht der Sinn eher nach Frage, Anfechtung und Diskussion.

5

Die autonomen Prozesse des Staates umfassen jene Vielzahl sehr unterschiedlich gestalteter und zum Teil sehr großer Organisationen, welche die Administration im modernen Staat übernehmen. Die Struktur der Verwaltung ist der konstante Faktor in einer Regierung. Sie setzt sich in den Vereinigten Staaten aus Ministerien, Bundes- und Staatsbehörden verschiedener Art, Ausschüssen und Ämtern sowie den Streitkräften zusammen. Die Persönlichkeit als Quelle der Macht spielt bei diesen Organisationen nur eine untergeordnete Rolle. Ihre geringe Bedeutung läßt sich schon daran ermessen, daß Behördenangestellte regelmäßig als gesichtslose Bürokraten bezeichnet werden. Mehr schon verdanken Organisationen dem Eigentum – den beachtlichen und zum Teil sogar sehr umfangreichen Ressourcen, die sie besitzen und entsprechend einsetzen können.[8] Ihre wichtigste Machtquelle ist jedoch eine ausgedehnte, weitverzweigte und – bei den bedeutenderen Behörden jedenfalls – meist auch disziplinierte Organisiertheit.

Der direkte Zugang zu allen drei Instrumenten der Macht ist ein Charakteristikum der autonomen, administrativen Prozesse. So steht ihnen, je nach Aufgabenbereich und zusätzlich kontrolliert durch die Gerichte, repressive Macht zur Verfügung. Sie haben darüber hinaus breite Verfügungsgewalt über kompensatorische Macht, und sie bauen schließlich in großem Umfang auf die direkte und indirekte Ausübung konditionierter Macht. Spricht man von einer Administration mit beschränkten Vollmachten, wie die US-Regierung oft charakterisiert wird, so beziehen sich derartige Anspielungen fast immer ausschließlich auf die repressive Macht. Der viel bedeutsameren Ausübung kompensatorischer und konditionierter Macht steht keine vergleichbare moralische oder gesetzliche Restriktion entgegen.

Auch bei den autonomen Prozessen kommt der konditionierten Macht vorrangige Bedeutung zu. Eine mächtige Behörde wird sich, obgleich sie im Normalfall kompensatorische Belohnungen verteilen und vielleicht auch auf repressive Strafmaßnahmen zurückgreifen kann, weitgehend auf ihre konditionierte Macht verlassen. Indirekte Konditionierung, die allgemeine Anerkennung der von der betreffenden Behörde verfolgten Ziele, wird durch eine Flut von Informationen gefördert, welche durch Konferenzen und Reden sowie durch Presse-, Hörfunk- und Fernsehberichterstattung verbreitet werden. Nicht selten ist die Informierung der Öffentlichkeit durch ausgeklügelte Selektionsmechanismen bestimmt. Schon rein routinemäßig verwenden in den Vereinigten Staaten das Verteidigungsministerium, die CIA, das Außenministerium und der Nationale Sicherheitsrat äußerste Sorgfalt auf die Auswahl ihrer Informationen. Dabei geht man stets davon aus, daß die veröffentlichten Informationen und der Glaube, dessen Zustandekommen man sich durch sie erhofft, soweit wie möglich den Interessen der jeweiligen Behörde dienen. Routinemäßig wird sämtliches Material, dessen Veröffentlichung den Absichten der Behörden zuwiderlaufen könnte, zurückgehalten und oftmals gleich als geheim eingestuft, was nichts anderes heißt, als daß die unautorisierte Veröffentlichung mit der Androhung oder tatsächlichen Durchführung repressiver Maßnahmen bestraft wird. Nichts gilt in diesem Zusammenhang als schädlicher oder im bürokratischen Sinn als verwerflicher als undichte Stellen, die »nicht autorisiert« sind. Die hiermit verbundenen Diskussionen und Kontroversen über Nachrichten- und Informationspolitik, über Indiskretionen und Geheimhaltung spiegeln die Bedeutung wider, die der sozialen Konditionierung als Machtquelle beigemessen wird, und nicht nur die Journalisten spüren, daß es hier um eines der wichtigsten Mittel zur Durchsetzung von Machtansprüchen geht. Die

Macht der US-Behörden, die, wie beispielsweise das Handels-, das Arbeits- und das Landwirtschaftsministerium, nicht über die Möglichkeit zur Nachrichtenauswahl verfügen, ist überhaupt nicht vergleichbar mit der Macht jener Ämter, die eine entsprechende Kontrolle ausüben können.

Die Fähigkeit, erfolgreich Informationen zu steuern, gehört zu den weitergehenden Kontrollmaßnahmen, die die externe Macht einer Organisation mit ihrer internen verbinden. Eine Behörde, die von ihren Angestellten ein Höchstmaß an Unterordnung unter die behördlichen Ziele erzwingt, verlangt von ihnen auch den Verzicht auf ihre Rede- und Meinungsfreiheit. Das ist ein lebenswichtiger Bestandteil einer allgemeineren Form der Unterordnung, welche im extremen, aber keineswegs außergewöhnlichen Fall gleichbedeutend ist mit dem vollkommenen Verzicht auf eigenständiges Denken in allen Fragen, die in irgendeiner Weise mit den Zielvorstellungen der Organisationen zu tun haben. Ist man erst einmal so weit, so gilt man als guter Soldat, treuer Beamter oder loyaler Diplomat, als eine Person, die an das, was sie tut, »wirklich glaubt«. Ist diese Subordination vollständig und verläßlich, so ist die betreffende Behörde entsprechend stark. Ist sie dagegen lückenhaft oder fehlt sie gänzlich, so ist die Stellung der Behörde erwartungsgemäß schwächer.

Auch der Umfang und die Komplexität der Aufgaben des modernen Staates stärken die konditionierte Macht der autonomen Regierungs- und Verwaltungsprozesse ganz erheblich. Ihre Komplexität verhindert, daß die Öffentlichkeit die dahinterstehenden Absichten ohne Schwierigkeiten begreifen kann und erschwert somit eine gezielte, erfolgversprechende Gegenbewegung derjenigen, deren Unterwerfung angestrebt wird. Daß die Absichten zu kompliziert sind, um vom Ungeschulten verstanden werden zu können, wird immer wieder deutlich hervorgehoben. Die Pflege des Glaubens, daß es sich eben so und nicht anders verhält, wird selbst zu einem Teilaspekt der sozialen Konditionierung. Ein Großteil der Macht des amerikanischen Außenministeriums und der Außenministerien anderer Länder basierte in der Vergangenheit auf der allgemein verbreiteten Überzeugung, daß Außenpolitik eine Materie sei, deren Kompliziertheit und Raffinesse das Begriffsvermögen sowohl des Durchschnittsbürgers als auch das des gewöhnlichen Politikers überstiegen. Außenseiter hatten sich da herauszuhalten und die Macht jener nicht in Frage zu stellen, die das Monopol über die erforderlichen Kenntnisse und Fertigkeiten besaßen. Dieselbe Konditionierungstechnik wird heute mit großem Erfolg von Rüstungs- und Abrüstungsexperten angewandt, worauf im nächsten Kapitel noch näher eingegangen werden soll. Geplante Konditionierung dieser Art führt im Verbund mit dem Umfang, der Komplexität sowie der fortschreitenden technologischen und anderweitigen Spezialisierung auf allen Gebieten staatlichen Wirkens zu einer Form der Unterwerfung, die sich am besten mit dem folgenden Satz charakterisieren läßt: »Das müssen wir den Fachleuten überlassen.«

Die Macht in den autonomen Prozessen ist schließlich auch abhängig vom direkten Verhältnis der Administration zu Organisationen, welche die externen Prozesse tragen, sowie der damit verbundenen, kooperativen Ausübung konditionierter Macht. Ein Extrembeispiel hierfür bildet die Allianz zwischen Verteidigungsministerium und Rüstungsindustrie, doch haben auch viele andere autonome Regierungsbehörden, wenn nicht sogar die Mehrzahl unter ihnen, entsprechende Komplementärorganisationen innerhalb des externen Bereichs – so etwa das Landwirtschaftsministerium die Bauernverbände, das Außenministerium das außenpolitische und diplomatische Establishment, das Amt für bundeseigene Territorien im Innenministerium die Rinderzüchter, deren Vieh auf Staatsland weidet.

Wo immer die Machtausübung durch die autonomen Verwaltungsprozesse den Interessen von Organisationen und Einzelpersonen in den externen Prozessen zuwiderläuft, kommt die Dialektik der Macht zum Tragen. Die *Freeze*-Bewegung, die für einen Stop der atomaren Rüstung eintritt, entwickelt sich so als Reaktion auf die lebensgefährliche Betriebsblindheit des Verteidigungsministeriums. Umweltschützer schließen sich zusammen, um gemeinsam für die Erhaltung der bundeseigenen Naturschutzgebiete zu kämpfen, andere organisieren sich in der Absicht, dem allzu lässigen Umgang mit Giftmüll Einhalt zu gebieten. Wie auf anderen Gebieten führt die Machtausübung also auch hier zu einer im großen und ganzen symmetrischen Reaktion.

Wenn man sich näher mit den autonomen Regierungs- und Verwaltungsprozessen beschäftigt, ist man versucht, die Rolle der Organisationen und der mit ihnen verbundenen sozialen Konditionierung als dominierender Manifestation der Macht besonders hervorzuheben. Es wäre allerdings verfehlt, einen Absolutheitsanspruch zu stellen. Jede Organisation, die man als mächtige Bürokratie bezeichnet, hat auch Zugang zu den anderen beiden Erzwingungsmethoden, welche sich wiederum von allen drei Machtquellen ableiten. Das FBI, die amerikanische Bundespolizei, genoß in den Tagen seiner größten Berühmtheit zu recht den Ruf, eine mächtige Behörde zu sein. An seiner Spitze stand mit J. Edgar Hoover eine Persönlichkeit von unzweifelhafter Tatkraft. Der Kongreß versorgte das FBI großzügig mit finanziellen Mitteln, also mit Eigentum. Und einen Teil seiner Macht bezog das FBI aus seiner Organisation, in der ein Höchstmaß an Disziplin herrschte. Wer immer in seinen Reihen diente, ordnete sich mit Leib und Seele den Zielen der Behörde unter. Was nun die Instrumente zur Durchsetzung seines Machtanspruchs betraf, so hatte das FBI zum einen direkten Zugang zur repressiven Macht, und zwar sowohl im Rahmen der bestehenden Gesetze als auch durch unangenehme außergesetzliche Konsequenzen, die all jenen drohten, die Widerstand leisteten oder Methoden kritisierten. Seine finanziellen Mittel verschafften dem FBI zum anderen ausreichende, ja geradezu üppige kompensatorische Macht über all jene, deren Dienste man sich versichern wollte. Und drittens widmete sich das FBI mit großer Sorgfalt der sozialen Konditionierung. Es setzte alles daran, den Glauben an den hohen moralischen Wert seiner Ziele, an die nicht minder hohe Effizienz seiner Organisation und an die tiefe Verworfenheit jener subversiven und kriminellen Elemente, die es bekämpfte und vor denen es Schutz bot, zu fördern. Konsequenz dieser Kombination aus Machtquellen und -methoden war eine Machtballung, die herauszufordern lange Zeit kein US-Präsident für ratsam hielt. Schließlich kam es jedoch auch hier zur konterkarierenden Dialektik. Die Macht des FBI erregte Widerspruch und wurde ganz erheblich eingeschränkt.

6

Eine Zwischenstellung zwischen autonomen und externen Prozessen in Regierung und Administration des modernen Staates, ja in gewissem Maße eine Position, die den beiden Bereichen übergeordnet ist, nimmt, wie bereits erwähnt, in den Vereinigten Staaten der Präsident und der ihn umgebende Beraterstab ein. Es handelt sich bei diesem Personenkreis um eine Kombination aus exekutiver und vermittelnder Macht. Es erübrigt sich zu sagen, daß das Präsidentenamt eine originäre Machtquelle darstellt. Gleichzeitig spiegeln sich in ihm die modernen Tendenzen von Macht und Machtausübung wider. Nach wie vor spielt die Persönlichkeit eine wichtige Rolle, wenngleich ihre Bedeutung beträchtlich geringer ist, als man allgemein sagt und sich vorstellt. Die dem Präsidenten zu Gebote stehenden Ressourcen – die Rolle des Eigentums – bilden eine reichhaltige Machtquelle, und wie in allen anderen Bereichen des modernen Lebens kommt auch in diesem Fall der Organisation mehr und mehr Bedeutung zu. Der Präsident ist heute das Geschöpf eines sehr großen persönlichen Beraterstabes, der ihm bei der Erfüllung seiner Aufgaben zur Hand geht. Gegenwärtig sind es neunundsiebzig Personen, die zu diesem inneren Kreis gehören. Bis zur Amtszeit Franklin D. Roosevelts waren organisatorische Hilfstruppen dieser Größenordnung im Weißen Haus unbekannt, und noch Woodrow Wilson tippte seine Reden eigenhändig auf seiner privaten Schreibmaschine.

Bei den Instrumentarien der Macht gilt zunächst, daß die Möglichkeiten des Präsidenten zum unmittelbaren Einsatz repressiver Macht natürlich sehr eng begrenzt sind. Daß das Haupt der Exekutive Entscheidungsgewalt auf dem Gebiet der Verbrechensbekämpfung oder gar direkten Einfluß auf das zu verhängende Strafmaß hat, gilt heute nicht mehr als angemessen, ja nicht einmal mehr als gesetzlich zulässig. Die kompensatorische Macht des Präsidenten ist groß. Direkt oder indirekt verschaffen ihm die Ressourcen, über die er verfügen kann – die er offerieren oder zurückhalten kann –, ein hohes Maß an Unterwerfung, ist doch die Sehnsucht nach derartigen Privilegien oder die Furcht vor ihrem möglichen Verlust in den Hirnen einer sehr großen Zahl von Zeitgenossen aufs passendste verankert. Diese kompensatorische Macht erstreckt sich auf die absurdesten Kleinigkeiten – etwa die Teilnahme an Empfängen im Weißen Haus oder die Verleihung kleinerer präsidialer Ehrungen und Souvenirs an die ostentativ Frommsten der Gemeinde.

Bei alldem verläßt sich der Präsident in unseren Tagen ganz zwangsläufig immer mehr auf die konditionierte Macht. Sie ist es, auf die sich die Organisation des Weißen Hauses zunehmend, wenn nicht sogar exklusiv konzentriert und auf die sie in zunehmendem Maß ihre Kontrolle ausrichtet. Pressekonferenzen, Reden und anderen öffentlichen Auftritten, ja, im Grunde allem und jedem, was mit den Medien zu tun hat, wird höchste Priorität und entsprechende Aufmerksamkeit eingeräumt. Besteht aus irgendeinem auch nur halbwegs bedeutsamen Grund die Notwendigkeit, durch Machterweiterung gegenüber den externen Prozessen – den Organisationen, die mit Hilfe des Staates Macht erwerben wollen, der wahlberechtigten Öffentlichkeit – Unterwerfung zu erlangen, so kommt es mehr oder weniger automatisch zu einer Fernsehansprache des Präsidenten. Ebenso wie in den autonomen Prozessen in Regierung und Verwaltung legt man äußersten Wert darauf, die Verbreitung von Informationen, die der erwünschten sozialen Konditionierung zuwiderlaufen, unter Kontrolle zu halten oder vollständig zu unterbinden.[9]

7

Obgleich die originäre Macht des Präsidentenamtes beträchtlich ist, besteht eher die Gefahr einer Über- als die einer Unterschätzung ihrer Stärke. Ein großer Teil dessen, was oberflächlich aussieht wie die Macht des Amtes, ist, wie wir gesehen haben, ein Vermitteln zwischen konkurrierenden Machtzentren, das heißt zwischen verschiedenen Teilen autonomer Prozesse oder aber zwischen den autonomen und den externen Regierungs- und Administrationsprozessen. Diese vermittelnde Macht ist durchaus nicht ohne Relevanz, doch ist ihr Einsatz im Endeffekt nicht Ausdruck des originären Willens des Präsidenten oder seines Stabes, sondern entspricht entweder völlig den Absichten einer der beiden konkurrierenden

Organisationen oder aber zum Teil dem Willen der einen und zum Teil dem der anderen.

Es gibt noch andere Faktoren, die das Bild der präsidialen Macht überdimensional erscheinen lassen. Da Macht traditionell mit Persönlichkeit verbunden wird und die Person des Präsidenten im Rampenlicht der Öffentlichkeit steht, wird, ganz in Übereinstimmung mit konventionellen Denkmustern und mitunter aber auch ohne sie, angenommen, er, der Präsident, oder sein Amt verfügten über viel Macht. Alle Autoren, die sich mit der Macht des Präsidenten beschäftigen, sind diesem Syllogismus unterworfen.

Hinzu kommt ferner die Illusion der Macht, ein Faktor, der durch den Umstand, daß heute mehr und mehr auf die konditionierte Macht zurückgegriffen wird, stark an Bedeutung gewonnen hat. Da die Unterwerfung, die durch konditionierte Macht erzielt wird, subjektiv und relativ schlecht erkennbar ist – ganz im Gegensatz etwa zu den weitaus objektiveren Ergebnissen repressiver oder kompensatorischer Machtausübung –, herrscht die weitverbreitete Neigung, sie als selbstverständlich hinzunehmen. Wenn der Präsident im Fernsehen eine Ansprache hält, sich für ein neues Rüstungsprogramm einsetzt oder um Unterstützung für seinen Haushalt wirbt, geht man von vornherein davon aus, daß die Reaktion auf sein Anliegen im großen und ganzen positiv sein wird. Auch hier wird der Akt der Machtausübung mit dem Ergebnis gleichgesetzt.

Die Illusion der Macht wird zusätzlich noch gesteigert durch die Helfer und Berater des Präsidenten. Sie widmen sich ihrer Pflege mit ganz besonderer Begeisterung. Indem sie nämlich immer wieder betonen, wie mächtig der erste Mann im Staate ist, stärken sie *pari passu* auch ihre eigene Machtposition vor der Öffentlichkeit, und das wiederum führt zu einer unwiderstehlichen Steigerung ihres Selbstwertgefühls. Noch stärker wird dieser Übertreibung durch Journalisten, Fernsehreporter und andere Medienvertreter Vorschub geleistet, die mit dem Weißen Haus zusammenarbeiten. Alle sind sie an der Ausübung konditionierter Macht beteiligt, ihre Berichterstattung leistet unentbehrliche Beiträge zur Schaffung der erforderlichen Überzeugungen, und gelegentlich auch für die Reaktionen darauf. Die Beteiligung daran verleiht ein gehobenes Machtgefühl, dem selbst standfeste Charaktere in gefährlicher Weise ausgeliefert sind.[10]

8

Nichts von alledem soll nun heißen, daß die Illusion der Macht in den verschiedenen Prozessen die Realität übertrifft. Es gibt eine Reihe von staatlichen Machtmanifestationen, die von einer überaus starken Realität zeugen – unter anderem in Bereichen, in denen die Konditionierung dermaßen tief verwurzelt ist, daß selbst eine sehr zurückhaltende Infragestellung der betreffenden Macht bereits mit dem Vorwurf konfrontiert werden kann, man stehe nicht mehr auf dem festen Boden des gemeinsamen nationalen Interesses. Das gilt insbesondere für die militärische Macht – eine wahrhaft gewaltige und finstere Macht, die das Thema des nächsten Kapitels ist.

XVI

Militärische Macht

1

Eine erfolgreiche Manifestation der Macht ist es, wenn jemand sich den Zielen anderer nicht nur bereitwillig unterordnet, sondern dabei auch noch von dem Gefühl beseelt ist, etwas besonders Tugendhaftes zu tun. Höchster Ausdruck des Erfolges sind natürlich Fälle, in denen der oder die Betroffenen gar nicht merken, daß sie kontrolliert werden. Das ist konditionierte Macht in ihrer Vollendung. Herrscht erst der richtige Glaube vor, so ist die Unterwerfung nicht mehr ein bewußter Willensakt, sondern normaler, natürlicher Ausdruck einer allgemein anerkannten Verhaltensweise. Wer sich nicht unterordnet, gilt sogleich als Abweichler. Unterwerfung in der hier geschilderten Weise ist in unseren Tagen zu einem großen Teil Ergebnis erfolgreicher Konditionierung seitens des militärischen Establishments, der bei weitem mächtigsten autonomen Verwaltungsinstanz. Ein normaler Patriotismus äußert sich unter anderem in der Unterstützung und Förderung einer starken Landesverteidigung; kein wirklich guter Bürger widerspricht hier. Diese überaus erfolgreiche Konditionierung ist indes nur Teil einer noch umfassenderen Manifestation der Macht: Die Macht des Militärs umschließt nicht nur die signifikanten Quellen der Macht, sondern auch – und zwar im weitesten Sinne und mit höchster Effizienz – das gesamte Instrumentarium an Erzwingungsmitteln. Sie kann einen das Fürchten lehren – und ihre potentiellen oder gar wahrscheinlichen Konsequenzen sind alles andere als beruhigend.

Daß die Bedeutung der militärischen Macht der Öffentlichkeit entgangen ist, soll damit nicht gesagt sein. Ganz im Gegenteil, mehr als alle anderen Formen der Machtausübung ruft sie in unseren Tagen in weiten Teilen der Bevölkerung große Besorgnis hervor – und entsprechenden symmetrischen Widerstand. Wir sind heute in der Lage zu erkennen, daß diese Sorgen in der Tat gerechtfertigt sind, und müssen hoffen, daß sich aus der besseren Kenntnis der Quellen, der die militärische Macht ihre Kraft verdankt, auch eine erfolgversprechende Gegenstrategie entwickelt.

2

Von den drei Quellen der Macht stehen dem militärischen Establishment zwei in reichlichem Maße zur Verfügung: Eigentum in Form finanzieller Ressourcen und die Organisation. In der Vergangenheit und vor allem auch in Kriegszeiten kam als wichtiger weiterer Faktor die Persönlichkeit hinzu. Noch im Zweiten Weltkrieg gab es auf amerikanischer, britischer und deutscher Seite eine Reihe eindrucksvoller Militärführer: George C. Marshall, Dwight D. Eisenhower, Douglas MacArthur (der bereits in Friedenszeiten eine exponierte Position einnahm), Bernard Montgomery und Erwin Rommel. Dort, wo es keine derartige Persönlichkeit gab, wurde sie mit Hilfe einer nicht gerade unwilligen Presse synthetisiert. Im modernen militärischen Establishment kommt es dagegen auf die Persönlichkeit nicht mehr so sehr an. Allen gegenteiligen und zum Teil recht aufwendigen Bemühungen zum Trotz konnte man die im Vietnamkrieg eingesetzten Generale leicht vergessen – und tat es auch sehr schnell.[1] In noch größerem Maße gilt das für all jene, die heute in den Streitkräften Positionen mit formaler Autorität bekleiden. Kaum jemand außerhalb des Pentagon kennt gegenwärtig die Namen der Oberkommandierenden im Generalstab. Wie auch in allen anderen Bereichen ist hier im Zeitalter der Organisation die Machtquelle Persönlichkeit zugunsten der anonymen Organisationsmänner in den Hintergrund getreten.[2]

Aus den Quellen militärischer Macht in Form gewaltiger Ressourcen, die sie besitzt und entsprechend einsetzen kann, und einer riesigen, institutionell disziplinierten Organisation ergeben sich ein nicht unbedeutender Zugang zur repressiven Macht sowie, durch die Anwendung von kompensatorischer und konditionierter Macht, ein umfassendes Maß an Unterwerfung.

Über den dem militärischen Establishment zu Gebote stehenden Besitz braucht man nicht viele Worte zu verlieren. Er übersteigt in den Vereinigten Staaten bei weitem sämtliche vergleichbaren Machtquellen.[3] Berücksichtigt werden müssen nicht nur die Mittel der Streitkräfte und des zivilen militärischen Establishments, sondern auch die der Rüstungsindustrie zufließenden Gelder und die durch sie vorgenommenen großen Kapital- und Betriebsinvestitionen. Aus diesem Vermögen entspringt die kompensatorische Macht, mit der die Unterwerfung der Heeres-, Marine- und Luftwaffensoldaten, einer gigantischen Schar von zivilen Gehaltsempfängern im Verteidigungsministerium sowie der Angestellten, Manager und Eigentümer der Waffen- und anderer Ausstatterfirmen erzielt wird.

Die kompensatorische Macht, die sich aus den Eigentumsressourcen des Militärs ableitet – also die Unterwerfung sowohl des eigenen Personals als auch der Lieferanten –, ist für jedermann klar ersichtlich. Aber gerade aufgrund dieser leichten Kenntlichkeit wird der wahre Locus militärischer Macht gelegentlich verkannt oder falsch eingeschätzt. Getreu der scheinbar komplexen Tradition, derzufolge Macht und Unternehmertum aufs engste miteinander verknüpft sind – de facto ein Überbleibsel des Marxismus und der kritischen Tradition des vergangenen Jahrhunderts –, wird die militärische Macht weitgehend mit der Rüstungsindustrie und ihren Zulieferern identifiziert. Der Rüstungsindustrielle ist der *Deus ex machina*, er profitiert vom Verteidigungsetat ebenso wie er an seiner Entstehung beteiligt ist. Es besteht kein Zweifel daran, daß die auf diese Art und Weise ausgeübte Macht sehr groß ist, gelingt ihr doch die Unterwerfung von Wissenschaftlern, Technikern, Managern, Arbeitern und der von den betroffenen Industriezweigen abhängigen Gemeinden. Parlamentsabgeordnete lernen, sehr sensibel auf diese Macht zu reagieren, und Wahlkampfspenden der betreffenden Konzerne tun das ihre dazu, diese Sensibilität zu schärfen. So findet die kompensatorische Macht des Militärs Zugang zu den externen Verwaltungsinstanzen und beherrscht sie sogar zu einem gewissen Grad.[4] Dennoch sollten die relative Sichtbarkeit der Rüstungsindustrie und ihrer Zulieferer sowie deren unverkennbare Verbindungen zu den externen Verwaltungsinstanzen niemanden dazu verleiten, die Bedeutung anderer Institutionen zu unterschätzen, die gleichfalls militärische Macht ausüben. Die Rüstungsindustrie ist die Verlängerung einer übergeordneten Struktur, deren Herz in den autonomen Regierungs- und Verwaltungsinstanzen liegt oder – volkstümlich ausgedrückt – im Pentagon. Und so wichtig kompensatorische Macht und ihre Kapital- und Eigentumsressourcen auch sein mögen, ein noch wichtigeres Instrument der militärischen Macht ist konditionierte Macht im engen Zusammenwirken mit Organisation.

3

Der freien Darstellung der eigenen Persönlichkeit wird in vielen Lebensbereichen durchaus ein gewisser Wert zugebilligt. Mit einer straffen, disziplinierten Organisation und deren symmetrischem Verhältnis zur externen Macht verträgt sich diese Einstellung allerdings nicht. Wie wir gesehen haben, basiert die starke Konditionierungswirkung militärischer Organisation, und zwar sowohl die der Streitkräfte selbst als auch die des zivilen Trosses, nicht auf freier Persönlichkeitsdarstellung, sondern auf Disziplin, die noch durch kompensatorische Belohnung und repressive Bestrafung verstärkt wird. Der Soldat, der die Ziele der Organisation bedingungslos akzeptiert, wird befördert und mit einem Sammelsurium von Orden und Ehrungen ausgezeichnet. Der Widerspenstige hat dagegen mit repressiver Bestrafung bis hin zu unehrenhafter Entlassung und im Extremfall sogar mit einem Kriegsgerichtsverfahren zu rechnen. Nirgendwo sonst in öffentlichen oder privaten Organisationen sind repressive Strafen dieser Art verfügbar; sie dienen einzig und allein der Aufrechterhaltung der militärischen Disziplin.

In den zivilen Bereichen autonomer Regierungs- und Verwaltungsinstanzen und speziell auch in jenen, die eng mit den militärischen zusammenarbeiten, ist die Disziplin weniger streng. Allerdings sind auch die zivilen Angestellten des Pentagons nicht gerade berühmt für Worte oder Taten, die den Zielen ihrer Organisation zuwiderlaufen. Wer offen eine abweichende Meinung äußert, läuft Gefahr, als Verräter angesehen und entsprechend behandelt zu werden. Und natürlich gibt es auch hier – wie in allen Organisationen – zahlreiche Mittel und Wege, Unmutsäußerungen zu unterdrücken. Man wird nicht mehr befördert, von Arbeitsgruppen ausgeschlossen, gilt plötzlich als verantwortungslos oder unzuverlässig und nicht mehr hoffähig bei gesellschaftlichen Ereignissen. Die disziplinierende Kraft solcher Maßnahmen ist sehr stark. Nichts schadet der militärischen Macht so sehr wie ein öffentliches Erscheinungsbild, das von Uneinigkeit und Streit in den eigenen Reihen geprägt ist.[5] Die interne Disziplin wird schließlich, wie bereits in den Kapiteln VI und VII dargestellt, zum Pendant einer starken Außenwirkung.

4

Wesentlich, ja lebenswichtig für die konditionierte Macht des Militärs ist die Existenz eines Feindes. Wenn militärische Macht mehr sein soll als Tradition, Zeremonie oder Vorbeugung, ist eine feindliche Bedrohung unerläßlich. Sie sorgt dafür, daß die entsprechenden Mittel – Eigentum – bereitgestellt werden, die wiederum Voraussetzung kompensatorischer Macht sind. Des weiteren trägt sie zu einer Konsolidierung der Glaubenssätze innerhalb des militärischen Establishments bei und fördert die Bildung ähnlicher Überzeugungen im außermilitärischen Bereich. Interne Disziplin muß streng bewahrt werden, externes Aus-der-Reihe-Scheren und Opposition stets dem Verdacht oder der Unterstellung ausgesetzt sein, von Personen auszugehen, die dem Feind helfen wollen oder von ihm motiviert worden sind.[6] Das mindeste, was ihnen vorgeworfen wird, ist unpatriotisches Verhalten, im schlimmsten Fall grenzt Andersdenken an Verrat und wird mit den traditionellen repressiven Strafen bedroht. Die Hervorhebung des sittlichen Wertes des Patriotismus ist Ausdruck einer durch und durch konditionierten Haltung, die im Fall einer externen Bedrohung vorrangige Bedeutung gewinnt.

In der Zeit nach dem Zweiten Weltkrieg dienten den Vereinigten Staaten Nordkorea, die Volksrepublik China, Nordvietnam und vor allem die Sowjetunion als Feindbild. Als während der siebziger Jahre die sowjetisch-amerikanischen Beziehungen relativ entspannt waren, ging das sichtlich zu Lasten des amerikanischen Militärs. Und das Ende der Entspannungspolitik nach 1980 fiel dann auch keineswegs zufällig mit einem gewaltigen Anstieg der Militärausgaben zusammen, sondern war ganz eindeutig dessen Voraussetzung.

Informationskontrolle und die daraus resultierende soziale Konditionierung stehen in engem Zusammenhang mit der Existenz eines Feindes. Der Umstand, daß der Feind keine militärischen Geheimnisse erfahren darf, rechtfertigt eine restriktive Informationspolitik gegenüber der Öffentlichkeit ganz allgemein. Was schließlich doch veröffentlicht wird, kann dann zu einem erheblichen, wenn nicht sogar überwiegenden Teil genau das sein, was der Bildung der erwünschten Überzeugungen Vorschub leistet – eben der erforderlichen sozialen Konditionierung. Hierzu gehören die Darstellung der feindlichen Intentionen ganz im Sinne des eigenen Militärs sowie insbesondere auch dessen Rüstungswünsche. Eine kritische Diskussion von Waffensystemen und anderem Gerät unterliegt den Restriktionen der Geheimhaltung ebenso wie ganz allgemein denen der organisationsinternen Disziplin und wird mit repressiven Strafen oder deren Androhung verfolgt. Die unerlaubte Weitergabe geheimen Informationsmaterials soll verhindert werden. In der Art, wie sie Informationen handhabt und kontrolliert, erweist sich die militärische Macht als die bei weitem umfassendste und erfolgreichste Exponentin konditionierter Macht.

Widerstand gegen diese Form der Machtausübung bleibt indessen nicht aus. Die Frage, welche Informationspolitik im Interesse der nationalen Sicherheit die richtige ist, steht, wie bereits im vorigen Kapitel ausgeführt, immer wieder im Mittelpunkt heißer Diskussionen. Welche Art der Kontrolle ist angemessen, notwendig, gerechtfertigt? Welche Maßnahmen sind unangemessen und dienen nur noch dem Selbstzweck, sind unlauterer Mißbrauch jener Macht, die darin besteht, Dinge für geheim erklären zu können. Die Härte der Auseinandersetzung zeigt auch hier in treffender Weise, wie bedeutend diese Kontrolle – die Pflege der konditionierten Macht – für die Ausübung militärischer Macht inzwischen geworden ist. Jeder, dem daran gelegen ist, daß die Macht Beschränkungen unterworfen wird, sollte sich über diese Auseinandersetzung freuen und mit zu ihrer Fortführung beitragen.

5

Informationskontrolle durch die militärische Macht ist indes nicht immer das Ergebnis organisationsinterner Disziplin oder formaler Kontrollen, sondern läßt sich zu einem großen Teil allein schon auf die Größe der Organisation und auf den – tatsächlich oder nur angeblich – technischen Charakter der Thematik zurückführen. Konfrontiert mit dem Umfang und der Komplexität der modernen Militärtechnologie, überläßt der Bürger das Feld jenen, die als Fachleute gelten, oder Delegierten, von denen es heißt, daß sie über die notwendigen Detailkenntnisse verfügen. Die Konsequenz aus einem solchen Handeln, das von vielen Seiten wärmstens empfohlen wird, ist ein Expertenstreit unter Ausschluß der Öffentlichkeit – mit dem Ergebnis, daß die soziale Konditionierung durch die militärische Macht im zivilen Bereich praktisch unwidersprochen bleibt.

Ein besonders wichtiger Fall, bei dem die technische Komplexität zum Ausschluß der Öffentlichkeit führt, ist die Abrüstungsdebatte. Sie liegt in jüngster Zeit nahezu ausschließlich in den Händen der Abrüstungsspezialisten. Bei ihnen handelt es sich um eine kleine Gemeinde technisch versierter Experten, die sich mit den zur Diskussion stehenden Waffensystemen auskennen, eifersüchtig ihr mutmaßliches Wissen über die sowjetischen Systeme und Absichten hüten und sich mit geradezu religiöser Inbrunst mit dem Konzept der atomaren Massenvernichtung vertraut gemacht haben. Indigniert verbitten sie sich die Einmischung von Außenseitern. Was verstehen schon Ärzte, Bischöfe und uneingeweihte Professoren von derartig komplizierten Zusammenhängen? Was berechtigt sie zu Kommentaren oder Interventionen? Die mit großer Selbstsicherheit vorgetragenen Überzeugungen der Abrüstungstheologen sind höchster Ausdruck konditionierter Macht. Fast beiläufig übernimmt und verteidigt die Gemeinde der Atomwaffenspezialisten die Entscheidungsgewalt über Fragen, die nicht nur über Leben und Tod des einzelnen bestimmen, sondern auch für das Überleben der gesamten Menschheit von entscheidender Bedeutung sind. Unter allen Manifestationen der Macht, die wir in diesem Buch erwähnen, muß dieser ein die Thematik transzendierender Charakter zugesprochen werden, denn durch sie kann jedwede andere Form der Machtausübung beendet werden.

Wie in anderen Demokratien geht man auch in den Vereinigten Staaten davon aus, daß es nicht nur ratsam, sondern auch notwendig ist, die militärische Macht ziviler Autorität und Zurückhaltung unterzuordnen. Das ist ein etablierter Bestandteil unseres Rechtssystems. Allerdings ist es fraglich, ob die erwünschte Zurückhaltung in der Praxis funktioniert. In jüngster Zeit haben die zivilen Berater und Entscheidungsträger in nahezu allen Auseinandersetzungen mit dem Pentagon angesichts der streng konditionierten Positionen des militärischen Establishments klein beigegeben. Sie alle wollen den Eindruck erwecken, die Zusammenhänge genau zu kennen, wollen entschlußkräftig und heldenhaft erscheinen und auch sonst genau den konditionierten militärischen Tugenden entsprechen. Sie müssen zeigen, daß sie die komplizierten Einzelheiten militärischer Strategie und Technologie beherrschen und daß sie sich der Notwendigkeit einer militärischen Verteidigung nicht weniger bewußt sind als der einfache Soldat. Viele Zivilisten im Nationalen Sicherheitsrat, im Außenministerium, in den Geheimdiensten und vor allem auch im Verteidigungsministerium selbst sind folglich mit der Zeit immer militanter geworden, und manche von ihnen verfechten heute die Anschaffung neuer Waffensysteme und Erhöhungen des Verteidigungsetats mit größerer Leidenschaft als leibhaftige Militärs.

6

Bei all ihrer Größe ist die militärische Macht nicht unbegrenzt. Die Ziele, die sie verfolgt, sind nicht aus sich heraus attraktiv. Wenn der Tod sich nicht mehr auf niedere Offiziersränge und Mannschaftsgrade beschränkt,[7] sondern alle Aussichten bestehen, daß er zum Gemeinschaftserlebnis der Zivilbevölkerung wird, ist er nicht unbedingt mehr natürlicher Partner der konditionierten Macht. Das gleiche gilt für die Wehrpflicht. In den Vereinigten Staaten rief der Vietnamkrieg eine der umfassendsten Kampagnen zur sozialen Konditionierung hervor, die es in unserer Zeit gegeben hat. Nichts blieb unversucht, um der amerikanischen Öffentlichkeit die angebliche Notwendigkeit dieses Krieges plausibel zu machen, doch scheiterten alle derartigen Versuche, als ihnen eine noch breiter angelegte, noch universellere Dialektik entgegenschlug.[8] Schließlich sah man ein, daß eine Fortsetzung der militärischen Operationen angesichts einer, wie es hieß, »zunehmend feindlicheren öffentlichen Meinung« nicht länger möglich war. Die militärische Macht hatte von ihrem Fundus an konditionierter Macht zu ausgiebig Gebrauch gemacht, so daß das Pendel nun zurückschwang. Heute, ein Jahrzehnt später, hört man in der Öffentlichkeit wieder Äußerungen, aus denen die Hoffnung spricht, Vietnam möge vergessen sein. In der Terminologie dieses Buches ausgedrückt, verbirgt sich dahinter der Wunsch, daß die soziale Konditionierung, die der militärischen Macht damals so abträglich war, inzwischen nicht mehr fortwirkt.

Zu der Zeit, da ich diese Zeilen schreibe, gibt es Anzeichen für einen ähnlichen dialektischen Prozeß, der seinen Ursprung in der brisanten Situation hat, in der wir uns gegenwärtig befinden. Die militärische Macht in den Vereinigten Staaten ist heute voll eingeschworen auf Nuklearwaffen. Diese Festlegung erforderte eine umfassende Konditionierung mit dem Ziel, jedermann davon zu überzeugen, daß diese Waffen nicht nur unerläßlich sind, sondern sogar einen geradezu wohltätigen Charakter haben. Das wiederum hat zu einer vorhersehbaren symmetrischen Gegenbewegung geführt, die sich vor allem in der landesweiten Kampagne für ein Einfrieren der atomaren Rüstung und das Verbot weiterer Atomwaffentests niederschlug. Und noch größere Anstrengungen wurden in Europa wie auch in Amerika unternommen, um in einer Atmosphäre der politischen und militärischen Entspannung Verhandlungen über eine wirksame Überwachung und Reduzierung des gesamten Waffenarsenals in Gang zu bringen. Für das Feindbilddenken der militärischen Macht bedeuten diese Bemühungen eine Herausforderung, doch begünstigen sie auch die Chancen für eine ähnliche Entwicklung innerhalb der Sowjetunion. Angesichts der militärischen Macht, mit der wir es gegenwärtig zu tun haben, scheint es mir nur recht und billig, alle Leser meines Buches aufzufordern, sich aktiv an dieser Gegenbewegung zu beteiligen. Von ihrem Erfolg kann das Überleben der Menschheit abhängen.[9]

XVII

Die Macht der Religion und der Presse

1

Die Quellen wie auch die Instrumente der religiösen Macht haben in jüngerer und jüngster Zeit in der christlichen Welt stark an Einfluß verloren. Die Macht, die einst von einer göttlichen Erscheinung – also einer Persönlichkeit – ausging, existiert zwar nach wie vor, und weithin wird ihr Tag für Tag Respekt gezollt. Doch selbst der gläubigste Christ wird einräumen, daß, verglichen mit früheren Zeiten, diese Vision verblaßt ist. Viele entsinnen sich Gottes nur im sonntäglichen Ritual oder in extremen persönlichen Not- und Schreckenssituationen, und manche lehnen sie sogar gänzlich ab oder leugnen ihre Existenz.

Über die Macht der Persönlichkeit verfügen auch heute noch verschiedene religiöse Führer – in den Vereinigten Staaten beispielsweise die Prediger Billy Graham, Jerry Falwell, Oral Roberts und Sun Myung Moon sowie eine ganzen Reihe weniger prominenter Gestalten, die gleichwohl auf lokaler Ebene recht einflußreich sein können. Mit den religiösen Wortführern der Vergangenheit sind sie alle kaum zu vergleichen. Dazu kommt, daß heute bereits eine aufmerksame Öffentlichkeit dafür sorgt, daß der Priester oder Prediger unserer Tage sich im wesentlichen auf religiöse Themen beschränkt. Überschreitet er diese Grenzen – etwa um eine Unterwerfung unter bestimmte Sexualpraktiken zu erlangen oder aber die Heiligkeit des freien Unternehmertums zu postulieren –, so wird das gemeinhin als unzulässige Kompetenzüberschreitung angesehen.

Auch die relative Bedeutung des Kirchenbesitzes als Quelle der Macht ist stark zurückgegangen. Einst von ungeheuren Ausmaßen, ist er heute, verglichen mit Ressourcen säkularer Instanzen, nur noch von bescheidener Größe. Der Reichtum des Vatikans heischt eher Respekt wegen der ihn umgebenden Geheimniskrämerei und seines potentiellen Mißbrauchs als wegen seines Volumens.

Eine ganz entscheidende Rolle spielt schließlich der Verfall der Organisation. Was einst die intern relativ disziplinierte, monolithische Organisation der Christenheit durch die katholische Kirche war, ist mittlerweile in Hunderte von verschiedenen und in den meisten Fällen nur locker strukturierten Gruppen aufgesplittert, die in gewisser Weise alle miteinander konkurrieren.

2

Parallel zum relativen wie absoluten Niedergang ihrer Quellen erfuhr die religiöse Macht eine ähnliche, dabei aber noch erheblich folgenschwerere Schwächung ihrer Erzwingungsmittel. Repressive Strafmaßnahmen an lebenden Christen sind nicht mehr statthaft, und die ins Jenseits verlagerte Androhung derselben wirkt auch nicht mehr wie früher. Wer zu Lebzeiten auf unakzeptables Benehmen oder Denken verzichtet, das heißt, sich der Autorität der Kirche unterwirft und als Begründung dafür die Furcht vor dem ewigen Fegefeuer angibt, gilt zumindest als leicht altmodisch.

Kompensatorische Macht – das Erkaufen religiöser Anpassung – ist ebenfalls verschwunden. Die Inaussichtstellung himmlischer Belohnung bleibt zwar für viele ein starker Anreiz zur Unterwerfung, ist aber längst nicht mehr so wirksam wie früher. Der im Vergleich mit irdischen Vergütungen eher schemenhafte Charakter dieser Verheißung offenbart sich in der kritischen Feststellung: »Das wird sich für ihn erst im Himmel auszahlen.«

Bis weit in dieses Jahrhundert hinein war die Pflege und Speisung der Bedürftigen daheim und in der Fremde eine nicht unbedeutende Strategie im Kampf um ihre religiöse Botmäßigkeit. Die dergestalt Verlockten betrachteten die Einhaltung kirchlicher Gebräuche sowie die von ihnen erwünschte Unterwerfung als den Preis, den sie für Nahrung, Obdach und medizinische Betreuung zu bezahlen hatten. Kompensatorische Macht in Form von Krankenhäusern und Schulen wurde in primitiven Gesellschaften eingesetzt, um Unterwerfung zu erlangen, und artete gelegentlich in reinen Einkauf gegen sofortige Lieferung aus. Diese Art kompensatorischer Machtausübung spielt in den unterentwickelten Ländern heute kaum noch eine nennenswerte Rolle und ist in den Industrieländern weitgehend durch die Einrichtungen des modernen Wohlfahrtsstaates ersetzt worden.

Aus dem Geschilderten ergibt sich, daß konditionierte Macht fast die einzige zuverlässige Methode zur Erlangung religiöser Macht bleibt. Ihre Effizienz steht außer Frage, aber auch sie hat gelitten. Vom Mittelalter bis weit in unser Jahrhundert hinein verdankte die religiöse Macht, wie bereits angedeutet, sehr viel ihrem nahezu monopolistischen Zugriff auf konditionierte Erzwingungsmittel. Keine andere Stimme sprach – selbst über weltliche Angelegenheiten – auch nur mit annähernd so viel Autorität, und abweichende Meinungen wurden mit repressiven Methoden zum Verstummen gebracht, die höcht endgültige Formen annehmen konnten. In der modernen Gesellschaft ist die Ausübung konditionierter Macht dagegen ein hartes Konkurrenzgeschäft.

Zu den Grundvoraussetzungen jenes ehemaligen Quasi-Monopols der Religion über die konditionierte Macht gehörte die Kontrolle über das Bildungssystem. Die Säkularisierung der Schulen bedeutete folglich einen entscheidenden Schlag, dem sich bis heute sowohl die nach wie vor auf ein eigenes Bildungssystem schwörende katholische Kirche als auch, in abgeschwächter Form, all jene widersetzen, die in öffentlichen Lehranstalten das Schulgebet und andere religiöse Verrichtungen zur Pflicht machen wollen.

Auch die Wissenschaft hat dem einstmaligen Monopol der Religion tiefe Wunden geschlagen. Zu diesem Thema erübrigen sich viele Worte, denn beinahe nichts ist dazu ungesagt geblieben. Wissenschaftliche Konditionierung ihrerseits ist ebenfalls ein machtvolles Instrument. Sie ergibt sich aus bisweilen bedeutenden Persönlichkeiten, die von nicht minder bedeutsamem Eigentum unterstützt werden, sowie aus einer gründlichen Organisation. Konditionierung durch die Wissenschaft ist als Ausdruck konditionierter Macht insgesamt gesehen weitaus rigoroser und disziplinierter als Konditionierung durch die moderne Religion. Der gläubige Geist gilt als fügsam und abschweifend, der wissenschaftliche hingegen als ein präzises, in streng vorgeschriebenen Bahnen denkendes Instrument. Religiöse Verrichtungen sind locker strukturiert, beim wissenschaftlichen Procedere gelten strenge Parameter. Wissenschaft und Religion operieren in schwieriger Koexistenz unter dem Schutz der weitverbreiteten Meinung, es bestünden keine unversöhnlichen Gegensätze zwischen ihnen. Doch sollte sich niemand in die Irre führen lassen, waren und sind doch die Auswirkungen der Wissenschaft auf die religiöse Macht, ganz besonders im konditionierten Bereich, enorm. Ausgenommen mögen hier die fundamentalistischen Sekten sein, die jedwede Wissenschaft, die sich mit der reinen Lehre nicht vereinbaren läßt – vor allem aber das darwinistische System –, beharrlich ablehnen. Diese Ausnahmen bestätigen indes nur die Regel.

Wo es weiland nur eine einzige Quelle religiöser Konditonierung gab, nämlich den Dorfpfarrer, existieren heute viele Propheten aus vielen Kirchen. Früher verfügte der Pfarrer dank seiner allwöchentlichen Anrufungszeremonie auch über ein nahezu monopolistisches Medium zur Beeinflussung der öffentlichen Meinung. Noch bis in das vergangene Jahrhundert hinein waren seine Rivalen auf diesem Gebiet lediglich Bücher (in den Händen der wenigen, die Zugang zu ihnen hatten) sowie die lokale Presse. Heute stellt auch das gläubigste Mitglied der Gemeinde nach der Rückkehr vom sonntäglichen Gottesdienst den Fernsehapparat an. Fernsehen und Rundfunk, Zeitungen und Zeitschriften, politische Reden und Bücher sind jedermann zugänglich und wetteifern mit der Religion um Aufmerksamkeit. Nicht ohne Grund haben heute auf dem Gebiet der Religion jene Leute den größten Einfluß, die die Möglichkeiten von Radio und Fernsehen am besten zu nutzen verstehen.

Im Unterschied zur expliziten bleibt die implizite Konditionierung durch die Religion nach wie vor recht beachtlich. Sie gebietet noch immer über ein höheres Maß an Unterwerfung unter den großen Kanon der religiösen Doktrin, als uns im allgemeinen bewußt sein dürfte. Doch sowohl die implizite wie auch die explizite Konditionierung seitens religiöser Autorität sind der Kakophonie des Massenwettbewerbs unterworfen, die wiederum Bestandteil der zeitgenössischen Form konditionierter Machtausübung ist. Beide haben folglich an

Bedeutung verloren, ebenso wie die anderen Quellen und Durchsetzungsinstrumente religiöser Macht.[1]

3

Die Macht von Presse, Rundfunk und Fernsehen entspringt, wie die der Religion, ihrer Organisation. Ihr wichtigstes Durchsetzungsinstrument ist, wie bei der Religion, der Glaube – die soziale Konditionierung. Einstmals spielte die Persönlichkeit eine große Rolle, in den Vereinigten Staaten lieferten Adolph S. Ochs, Joseph Pulitzer, William Randolph Hearst, Colonel Robert Rutherford McCormick, in Großbritannien Lord Rothermere und Lord Beaverbrook entsprechende Beispiele. Bezeichnenderweise nennt man diese Männer Presselords oder auch Pressezaren.[2] Im Rundfunk galt das für Leute wie David Sarnoff und William Paley in den USA sowie Lord Reith in England. Heute sind die führenden Köpfe der großen Zeitungen und Rundfunkstationen trotz einiger gegenläufiger Bemühungen weitgehend anonym. Wenn man ihnen bei gesellschaftlichen Anlässen begegnet, müssen sie sich, wie der Chef von IBM, erst selbst vorstellen, wollen sie einen Scheck einlösen, werden sie gebeten, sich auszuweisen. In Presse und Fernsehen wimmelt es nur so von Namen und Gesichtern, doch viele davon gehören in den Bereich synthetischer Persönlichkeiten – geschaffen von der Organisation für die Zwecke der Organisation. Nicht die wirkliche, sondern die traditionelle Rolle der Persönlichkeit spiegelt sich hier wider. Viele Informationen, die das Fernsehen an sein Publikum weitergibt, stammen nicht von einer Einzelperson, sondern ergeben sich aus der Organisation. Mitunter hat der Mensch, der sie vorliest, sie vorher nie zur Kenntnis genommen, es sei denn anläßlich einer kurzen Probe. In allen Fällen spricht der Reporter, Moderator oder Kommentator von einer Position innerhalb eines durch die Organisation vorgegebenen Rahmens. Jeder einzelne unterliegt dabei der Aufsicht und den Beschränkungen der Organisation, selbst wenn das in Augenblicken der Selbstbeweihräucherung geleugnet wird. Ein Leitartikler, der in einer größeren Zeitung bei jeder Gelegenheit darauf hinweist, wie sehr ihm die Todesstrafe am Herzen liegt, würde nach einer Weile genauso mit einem gewissen Unbehagen betrachtet wie ein anderer, der sich mit der gleichen Hartnäckigkeit für eine massive und wirksame Reduzierung der militärischen Macht oder aber für die straffreie Abtreibung einsetzt. Die großen Pressepersönlichkeiten der Vergangenheit sahen in ihren Zeitungen ein Mittel zur Überredung und Überzeugung ihrer Leser und wären nicht im Traum auf den Gedanken gekommen, auch der Gegenseite Platz zur Darlegung ihrer Meinung einzuräumen. Heute gilt es als selbstverständlich, daß jede dezidierte Meinungsäußerung in der Presse oder im Fernsehen mit einer Stellungnahme der Gegenseite ausgewogen beantwortet werden muß.

Besitz ist nach wie vor bedeutsam. Mit Hilfe der kompensatorischen Macht werden in Presse und Fernsehen umfangreiche und kostspielige Strukturen aufrechterhalten. Die entscheidende Machtquelle ist indes auch in diesem Bereich die Organisation, und es ist die der Organisation entspringende und vom jeweiligen Charakter der Organisation bestimmte soziale Konditionierung, die externe Unterwerfung schafft und erhält.

Ganz ohne Zweifel ist das Ausmaß dieser Unterwerfung gewaltig. Der Glaube, der dereinst dem Pfarrer und in zweiter Linie vielleicht dem Schulmeister zugute kam, wird nun auf die Damen und Herren übertragen, die ihre Meinung via Presse und Fernsehen verbreiten. In allen Kreisen hört man die gleichen automatischen Hinweise auf die Ursprünge des Glaubens: »Ich habe das in der Zeitung gelesen.« – »Das habe ich im Fernsehen gesehen.« Es gibt kaum ein politisches Gespräch, das nicht mit dem Hinweis auf irgendeinen Presse- oder Fernsehkommentar beginnt, und die Auswirkungen solcher Nachrichten und Analysen auf die öffentlichen Einstellungen und Überzeugungen beherrschen über weite Strecken die politische Diskussion. Die Überzeugungsmacht des Fernsehens ist bis zu einem gewissen Grad finanziellen Kalkulationen unterworfen, Besitz und Eigentum werden wieder relevant. Wurden früher die Chancen der Kandidaten, die sich um ein öffentliches Amt bewarben, an ihrer Persönlichkeit und an ihrer Politik gemessen, so spekuliert man heute eher darüber, wer von ihnen die höchsten Spendenbeträge zur Finanzierung von Wahlkampfspots im Fernsehen einzutreiben in der Lage ist.[3]

4

Bei allem ist die Gefahr einer Überschätzung der Medienmacht größer als die der Unterschätzung. Zum einen ist sie, wie bereits erwähnt, den Beschränkungen unterworfen, die ihr die Organisation als Machtquelle auferlegt. Das Urteil einer Organisation ist kollektiv und beugt somit der über einen längeren Zeitraum hinweg angelegten Verbreitung festgefügter Individualmeinungen vor.[4] Jeder Glaube muß durch einen angemessenen Gegenglauben austariert werden. Eine Konditionierung in der Form, wie sie in der Vergangenheit durch kraftvoll artikulierte und oftmals wiederholte persönliche Plädoyers erzielt wurde, ist den Medien daher kaum möglich.

Ein weiterer, noch wichtigerer Anlaß für eine gewisse Skepsis gegenüber der Macht der Medien – des Fernsehens, des Rundfunks und der Presse – liegt im rein quantitativen Umfang, den die Bemühungen, andere Leute zu überreden und zu überzeugen, inzwischen angenommen haben. Er ist, und das muß nicht besonders betont werden, gewaltig. Angesichts der Grenzen, die dem menschlichen Geist und Gedächtnis nun einmal gesetzt sind, ist es vollkommen unvermeidlich, daß vieles einfach ignoriert und noch mehr sofort wieder vergessen wird. Dauerhafte Überzeugungen werden auf diese Weise nicht geschaffen, und wenn es vorübergehend tatsächlich einmal gelingt, so sind die Ergebnisse Zufallsprodukte. Was die einen vom Stuhl reißt, bekommen die anderen gar nicht mit. Hier gilt, was uns bereits das Beispiel der Religion lehrte: Die Konditionierung war machtvoll, solange die Lehre einfach war, ungetrübt von Zweifeln und abweichenden Meinungen, und darüber hinaus den Zugang zum Bewußtsein der Menschen in monopolistischer Weise beherrschte. Presse, Rundfunk und Fernsehen unterliegen den gleichen Zusammenhängen.

An einer früheren Stelle brachten wir bereits das Beispiel des Politikers, der den Applaus nach einer Rede regelmäßig auf seine eigene Überzeugungskraft zurückführt, obgleich er zuvor nichts anderes getan hat, als dem Publikum zu erzählen, was es hören wollte. Dabei handelte es sich um einen Fall von Machtillusion. Illusionäre Macht spielt auch in bezug auf die Medien eine große Rolle. Das Publikum liest, hört oder sieht etwas, woran es ohnehin schon glaubt, und tut seine Zustimmung kund – was auf der Gegenseite als erfolgreiche Beeinflussung interpretiert wird, und zwar selbst dann, wenn die Initialkommunikation von vornherein in der Absicht geschrieben oder gesendet wurde, genau diese Art der Zustimmung zu erzeugen. Das geht im Extremfall so weit, daß ein Fernseh- oder Rundfunksender vorab recherchieren läßt, was der Kunde am liebsten zu hören und zu sehen wünscht, eben diesem ermittelten Wunsch entspricht und die Reaktion auf die Sendung dann als Erfolg der eigenen Überzeugungsbemühungen wertet.

Schließlich wird der Einfluß der Medien – die Schaffung von

Überzeugungen – auch noch durch die offenkundige Unwahrscheinlichkeit zahlreicher anderer Postulate reduziert. Das gilt insbesondere für das Fernsehen. Werbespots, in denen die enorme therapeutische Kraft ganz gewöhnlicher medizinischer Präparate, die gesellschaftlichen Vorteile einer Kleidung, die weißer ist als weiß, oder auch der bekennerisch moralisierende Ton ehrgeiziger Politiker angepriesen und verbreitet wird, beschwören geradezu zwangsläufig Unglauben herauf. Und das Mißtrauen gegenüber einem Teil des Gebotenen fördert auch die Neigung, niemandem und nichts mehr zu glauben.

Wirklich erfolgreich ist in diesem Zusammenhang demnach also weniger die Macht der Presse und des Fernsehens, als vielmehr die Überzeugung, daß eine solche Macht existiert – ein Glaube, der unausweichlich auch die unmittelbar Beteiligten erfaßt und auf den wir an anderer Stelle bereits eingegangen sind. Dem Eigendünkel des Washingtoner Korrespondenten oder Fernsehkommentators kommt die ausführliche Meditation über die eigene Machtposition aufs trefflichste zupaß. Ihr Machtbewußtsein findet seinen Ausdruck nicht nur in würdevollem Gebaren, sondern auch in nicht minder gesetzten Artikeln, Kommentaren und Bekenntnissen, und wird des weiteren noch durch die bemühte Aufmerksamkeit bestärkt, mit der Politiker, Lobbyisten und professionelle gute Bürger, die ihrerseits Zugang zu den Medien suchen, bei gesellschaftlichen und allen anderen sich bietenden Gelegenheiten Reporter, Kommentatoren und freie Journalisten umwerben.

Ein weiterer Faktor, der zu dem Bild der mächtigen Medien beiträgt, ist deren Rolle als Blitzableiter für politische Frustrationen. Bürger, die am Zeitgeschehen Anteil nehmen und sich darüber hinaus zu artikulieren wissen, sehen heute vieles, was sie nicht billigen können. Manche von ihnen organisieren sich infolgedessen, andere halten Reden, wieder andere wenden sich an die Medien. Man verfaßt Artikel, schreibt Leserbriefe, gibt – schon auf höherer Ebene – bereitwillig Fernsehinterviews. All diese Aktivitäten produzieren ein Maß an seelischer Erleichterung – man hat etwas getan. Der Glaube an die Macht der Medien ist eine Voraussetzung für derartige Erfolgserlebnisse.[5]

Schließlich gibt es noch eine Art Residualeffekt. In der modernen Industriegesellschaft sind Versuche, Unterwerfung mit Hilfe repressiver Erzwingungsmaßnahmen zu erzeugen, immer seltener geworden. In gleicher Weise verringert der gestiegene Wohlstand die Zwangswirkung kompensatorischer Macht. Der Druck, elementare Grundbedürfnisse befriedigen zu müssen, hat nachgelassen, und es gibt erheblich mehr Alternativen. Was übrigbleibt, ist konditionierte Macht, zu der Presse und Fernsehen offensichtlich in einem engen Verhältnis stehen. Sie müssen demnach in unserer Zeit wohl die wahre Verkörperung der Macht darstellen – denn was käme sonst in Frage?

Niemand sollte die Macht der Medien herunterspielen. Ihre Organisation und ihre soziale Konditionierung verbinden *die* zeitgenössische Quelle und *das* zeitgenössische Instrument der Macht. Dennoch erfordert die Macht der Presse und des Fernsehens eine differenzierte Betrachtung. So muß man die Möglichkeit miteinbeziehen, daß generell nicht mehr so viel Macht ausgeübt wird wie früher – daß sich heute, verglichen mit vergangenen Epochen, viel weniger Menschen den Zielen anderer unterwerfen. Die nach wie vor bestehenden Formen der Machtausübung – durch das moderne militärische Establishment und, allgemeiner gesehen, durch den Staat und die Großkonzerne –, müssen ebenfalls unter der Prämisse dieses generellen Niedergangs betrachtet werden.

XVIII

Ein letztes Wort – Machtkonzentration und Machtstreuung

1

Im Mittelalter war Macht kaum ein Thema, über das man lange nachdachte oder redete. Der Fürst, der Edelmann und der Priester waren die einzigen, die Macht im Überfluß besaßen. Für den einfachen Bürger war bedingungslose Unterwerfung der natürliche und automatische Lauf der Dinge, und unter normalen Umständen konnte er nicht damit rechnen, jemals in seinem Leben eine andere Form von Macht auszuüben, als die Macht des Ehemanns über die Frau oder die Macht der Eltern über die Kinder. Auch nach dem Aufstieg des Kapitalismus änderte sich an dieser Situation nicht allzu viel. Nach wie vor gab es Religions- und Regierungsautorität. Hinzu kam nun die Macht der Kaufleute und der Fabrikanten. Der Arbeiter, der Tag für Tag in die Fabrik ging, unterwarf fast sein ganzes Leben der Befehlsgewalt ihres Besitzers, und den kleinen verbleibenden Rest kontrollierten der Staat und die Kirche. Der Gedanke, es könne einen wie auch immer gearteten unabhängigen Autoritätsbereich geben, kam gar nicht erst auf. Für die schweigenden Massen war Machtlosigkeit die natürliche Ordnung der Dinge. Macht war kein Thema, weil nur eine winzige Minderheit überhaupt Macht ausüben konnte. Die singuläre – und nach Ansicht vieler großes Unheil heraufbeschwörende – Leistung von Karl Marx lag darin, daß er die Arbeiter davon überzeugte, daß dieser Mangel an Macht, die Unterwerfung, keineswegs natürlich oder unvermeidlich war. Macht war vielmehr etwas, das man erwerben konnte.

Heutzutage ist Macht ein fesselndes Thema, und zwar nicht unbedingt, weil sie mit mehr Nachdruck ausgeübt wird als früher, sondern weil heute unendlich mehr Menschen Zugang zur realen oder aber – was noch wichtiger ist – zur illusionären Macht haben. Eine Kombination aus großen organisierten Machtkonzentrationen und einem weit gestreuten Personenkreis, der an der Ausübung dieser Macht beteiligt ist oder es sich zumindest einbildet, bestimmt die moderne Realität. Für unser aktuelles Anliegen wäre es am bequemsten, wenn nur das eine oder das andere zuträfe, doch ist die gesellschaftliche Wirklichkeit wie immer eine Mischung verschiedener Faktoren.

Machtkonzentration ist ein unverkennbarer Bestandteil unserer Zeit; ihre Existenz wird kaum bestritten werden. Der moderne Industriebetrieb, der moderne Staat sowie die beide miteinander verbindende und an beide gleichermaßen appellierende militärische Macht zeigen es. Die Konzentration industrieller Macht in der Hand riesiger Organisationen, die das Wirtschaftsleben beherrschen, ist klar erkennbar – jenen etwa tausend Großkonzernen, die, wie schon an früherer Stelle erwähnt, zwei Drittel aller privatwirtschaftlich erzeugten Güter in den Vereinigten Staaten, und in ähnlicher Konzentration auch in den anderen Industrieländern, herstellen. Hierin liegt ein gewaltiger Unterschied zur Epoche des Handelskapitalismus, in der die ökonomische Aktivität auf sehr viel mehr Einheiten verteilt war, aber auch zur nach wie vor stark gestreuten Produktionsverteilung in der Landwirtschaft. Das einzige, was die wirtschaftliche Machtkonzentration gegenwärtig noch verschleiert, und das nicht einmal gut, ist die zunehmend obsolete Konditionierung, die noch immer behauptet, die Konzerne seien dem regulativen Einfluß des klassischen Marktes unterworfen.

Im Gegensatz zu früheren Epochen existiert darüber hinaus heute ein umfangreicher Staatsapparat und in ihm, wie wir gesehen haben, die moderne militärische Macht. Bei letzterer, darüber darf kein Zweifel bestehen, haben wir es mit einer äußerst starken Machtzentralisation zu tun, hat sie doch Zugang zu allen drei Erzwingungsmethoden und bezieht ihre Stärke aus zwei der drei Quellen der Macht: dem massiven Einsatz von Besitz und einer nach modernen Kriterien einzigartig kontrollierten und disziplinierten Organisation. Daß so viele Menschen mit solcher Vehemenz und Leidenschaft die militärische Macht unterstützen, ist ein Zeichen dafür, über welch enorme kompensatorische und konditionierte Macht sie gebietet. Weniger vernagelte Geister sollten sich die Bedeutung einer solchen Machtzusammenballung stets vor Augen halten.

2

Wie ausführlich dargestellt, sind Organisationen und die damit verbundene Rolle sozialer Konditionierung Grundvoraussetzungen moderner Machtausübung. So paradox es klingen mag, sorgen sie sowohl für die gegenwärtige Konzentration der Macht als auch für ihre *personelle* Streuung oder Teilung.

Eine Streuung findet unter den Beteiligten innerhalb einer Organisationsstruktur statt, vor allem also innerhalb des modernen Konzerns und der modernen Behörde. Noch weiter verbreitet ist unter den in diesen Organisationen beschäftigten Einzelpersonen die Illusion, sie hätten Macht und übten sie auch aus. Aus der Gewichtsverlagerung von der Persönlichkeit zur Organisation ergibt sich unausweichlich eine Erweiterung des Personenkreises, der an der Macht partizipiert. Was einstmals Willensäußerung des Chefs war, ist heute Produkt der Bürokratie – auf Konferenzen und in Ausschußsitzungen ausgebrütete Vorschläge, die auf dem langen Marsch durch die Organisationshierarchie modifiziert, ergänzt und schließlich abgesegnet worden sind. In früheren Unternehmensformen unterwarf man sich dem Firmeneigner, sein Wort war Gesetz. Im modernen Großkonzern hingegen liefert man sich bürokratischen Prozessen aus, an denen viele mitwirken. Der Chef, wie er auch heute noch genannt wird, ist der verlängerte Arm derjenigen, von denen er seine Instruktionen bezieht. Die Macht, die er angeblich ausübt, ist zumindest partiell nur eine Gabe jener, die ihm mit Rücksicht auf seine Eitelkeit eine Autorität zuschreiben, welche desaströse Folgen zeitigen müßte, verfügte er tatsächlich über sie. Die amerikanische Bezeichnung *Chief executive officer* für den Chef eines Konzerns entspricht der Realität: Er ist lediglich der erste unter einer Reihe von Leuten, die allesamt exekutive Autorität besitzen. Und genauso wie im Konzern verhält es sich in den Behörden, auch sie konzentrieren Macht auf sich und verteilen diese dann organisationsintern auf individuelle Teilhaber.

Beweise für diese interne Machtstreuung bieten die Wechsel innerhalb der höchsten Führungsetagen. In einem modernen Unternehmen rechnet man in solchen Fällen nur selten mit einer entscheidenden Änderung der Politik, in einer Behörde normalerweise überhaupt nicht. In der Praxis wird, im Gegensatz zur ökonomischen und politischen Liturgie, längst akzeptiert, daß Macht innerhalb der Großorganisationen durch das Management ausgeübt wird und nicht durch die transitorische Figur an der Spitze.

Die Realität persönlich ausgeübter Macht innerhalb einer Organisation besteht in der Fähigkeit, die Zielbestimmung der Organisation gelegentlich mitgestalten und zur angestrebten externen Unterwerfung beitragen zu können. Solange der einzelne sich den Zielen des Konzerns oder der staatlichen Bürokratie – das heißt der organisationsinternen Macht – unterwirft, bewahrt er sich eine Fähigkeit zur Einflußnahme auf die Gestaltung externer Machtausübung. Männer und Frauen, denen das gelingt, sind einflußreiche Manager, Abteilungs- und Behördenleiter oder hartgesottene Vorarbeiter.

Sehr viel wichtiger indessen ist die Illusion, die zum Teil wiederum auf die ostentative Ehrerbietung zurückzuführen ist, mit der niedere Chargen in einer Organisation den in der Hierarchie Höhergestellten gegenübertreten.[1] Vor allem dürfte hier jedoch maßgebend sein, daß das einzelne Organisationsmitglied das Gefühl hat, ein Teil der Macht, welche die Organisation ja zweifelsfrei besitzt, müsse seine eigene sein. Zwar unterwirft der Betreffende sich selbst vollständig der Organisation, doch gehört ihm aufgrund eines subjektiven Teilungsprozesses ein gewisser Teil ihrer Macht.

Ein deutlicherer Ausdruck des Faktors der Organisation liegt in der Verbindung großer Machtkonzentration mit einer enormen Vervielfachung organisierter Gruppen sowie einer großen Machtstreuung zwischen den einzelnen Organisationen. Letztere trägt dann wiederum dazu bei, daß die Illusion darüber, wer nun wirklich Macht ausübt, noch umfassendere Dimensionen annimmt.

3

Das Hauptmerkmal der Organisation ist beständige, weitreichende Verfügbarkeit. Selbst in einer Zeit extensiver Persönlichkeitssynthetisierung in der Politik und durch die Medien bleibt das Angebot an bezwingenden Persönlichkeiten konstant. Auch Besitz ist zu jedem gegebenen Zeitpunkt eine fixe

Größe. Die Organisation dagegen unterliegt unbegrenzter Proliferation. Und so, wie es jedermann offensteht, eine Organisation zur Propagierung und Durchsetzung seiner Ziele zu gründen, so kann auch jede dieser Organisationen von den damit verbundenen Instrumenten der konditionierten Macht Gebrauch machen. Reden, Flugblätter, Bücher, Anzeigen im Fernsehen und anderen Medien, Presseverlautbarungen, Zeitschriftenartikel und eine nahezu unbegrenzte Palette anderer Mittel zur Überredung und Überzeugung bieten sich an. Sie stellen die modernen Manifestationen der Macht dar, und es liegt klar auf der Hand, daß hieraus eine entsprechende Streuung resultiert. Auch die noch bedeutendere Illusion, die diese Form der Machtausübung erzeugt, zeigt sich hier. Durch die Gründung einer Organisation, durch Presseerklärungen und die Möglichkeit, ihre Meinung im Fernsehen zu vertreten, entsteht bei den Betreffenden leicht der Glaube, sie hätten Macht. All das ist, um es noch einmal zu betonen, der Grund für die in unserer Zeit so intensive Diskussion des Machtbegriffs. Sie findet nicht etwa statt, weil Macht gegenwärtig mit besonderer Strenge ausgeübt würde oder weil die erzielte Unterwerfung besonders wirksam wäre; beides wirkt längst nicht mehr wie in vergangenen Epochen. Die Diskussion findet statt, weil eine große Anzahl von Personen tatsächlich über ein gewisses Maß an Macht verfügt – beziehungsweise es sich einbildet.

In allen modernen Industriegesellschaften, vor allem aber in den Vereinigten Staaten, ist das Leben heute geprägt von der Vielzahl der Organisationen, die um die Gunst der öffentlichen Meinung und die politische Stimmführerschaft konkurrieren. Lobbys, Bürgerinitiativen, Verbraucherverbände, Berufsgenossenschaften, Public-Relations-Unternehmen, politische und andere Beraterfirmen, Radio- und Fernsehprediger und so weiter *ad infinitum*. Ihre Macht ist oft Gegenstand tiefer Besorgnis. Begründeter wäre die Frage nach der Verteilung oder Streuung der Macht, die sich in der Existenz dieser Gruppen widerspiegelt. Wäre die Macht rigoros im Staat konzentriert, so gäbe es sie gar nicht, denn es gäbe ja auch keine weitere Macht, die zu suchen oder zu teilen wäre. Die Funktion der Interessengruppen liegt darin, daß sie die Regierung beeinflussen und sich einen Teil ihrer Macht aneignen können, was umgekehrt bedeutet, daß auch die Macht, die man normalerweise dem modernen Staat zuschreibt, ihrerseits aufgeteilt ist.

4

Auch der ansteigende allgemeine Wohlstand leistete einen Beitrag zur Streuung der Macht. Er schwächte die Funktion des Eigentums und mit ihr die kompensatorische Macht. In der Wohlstandsgesellschaft bieten sich dem Verbraucher und den Arbeitern Alternativen. Sie müssen sich daher nicht mehr bedingungslos jeder beliebigen Autorität ausliefern. Der notleidende Verbraucher ist der Macht des Grundeigentümers, des Ladenbesitzers, des Kredithais ausgeliefert, der wohlhabende Verbraucher nicht. In einer armen Gesellschaft ist das Monopol eine Machtquelle, in einer reichen regt es die Leute dazu an, sich Alternativen zu suchen. Der arme und hungrige Arbeiter unterwirft sich seinem Arbeitgeber, der gutbezahlte Angestellte steht nicht so stark unter dem Druck der Notwendigkeit.

Gemindert wird der Zwang auch, sobald es als Alternative zu Hunger und Mühsal Einkünfte in Form von Arbeitslosenunterstützung oder Sozialhilfe gibt. Wie an früherer Stelle bereits bemerkt, ist in der modernen Industriegesellschaft keine Klage so häufig zu hören wie die, daß die Arbeiter nicht mehr so fleißig und diszipliniert seien wie früher. Zumindest teilweise sollte sich diese Klage gegen den allgemeinen Wohlstand richten, der die kompensatorische Macht der Unternehmer verringerte. Sie richtet sich jedoch auch gegen die Sozialversicherung und andere Sozialleistungen, die viel zum Abbau von Angst beigetragen haben. Die Kritiker des modernen Sozialstaats und seiner Bürokratie handeln aus dem – durchaus den Tatsachen entsprechenden – Gefühl heraus, daß er die kompensatorische Macht, die in der Vergangenheit der Macht der Unternehmer zugute kam, einschränkte und aufsplitterte. Ob das nun wirklich unglücklich, unklug oder gesellschaftlich abträglich ist, steht auf einem ganz anderen Blatt.

Auch die Dialektik der Macht, über die genug gesagt worden ist, fördert ihre Streuung. Diejenigen, die einst den Zwang akzeptierten, organisieren sich heute automatisch, um sich ihm zu widersetzen. In früheren Zeiten war das längst nicht so selbstverständlich, eine entsprechende Reaktion galt als subversiv, und noch heute sind die Machthabenden nicht immun gegen derartige Auffassungen.

Nach wie vor gibt es allerdings große Ausnahmen. Das moderne militärische Establishment konzentriert große Macht auf sich. Es verlangt und erhält ein hohes Maß an internem wie externem Gehorsam. Der moderne Großkonzern erwartet und erhält von seinem vielköpfigen Management eine große Anpassung, und seine Ressourcen – sein Eigentum – verleihen ihm weitreichende Befehlsgewalt über die große Schar seiner Angestellten. Daraus wiederum resultiert, daß sich Bürger und Staat in großem Umfang fügen. Für die Ziele der Großkonzerne gilt wie im Falle des Militärs, daß die tragenden ideologischen Vorstellungen und Ideen weitgehend, wenngleich nicht vollständig, über jede Diskussion erhaben sind. Soziale Konditionierung, die sich gegen das Militär richtet, gilt als unpatriotisch und den Interessen der nationalen Sicherheit zuwiderlaufend; wendet sie sich gegen den Industriebetrieb in seiner heutigen Form, so heißt es, sie unterminiere das freie Unternehmertum. Nicht zuletzt zeigt sich die Stärke der militärischen wie der unternehmerischen Macht in der Zahl und Stärke der oppositionellen Machtquellen – wie in der Macht*illusion* der gegenwirkenden Dialektik. Nichts kommt der Macht der Militärs und der Konzerne so sehr zupaß wie die Überzeugung ihrer Gegner, durch eine Konferenz, eine Rede oder ein Manifest etwas erreicht zu haben. In einer Demokratie sollte niemand an der Bedeutung einer effizienten, organisierten Opposition gegenüber Machtkonzentrationen zweifeln, doch ist es unerläßlich, daß alle Beteiligten die sich aus der Machtstreuung ergebenden Schwächen und den Unterschied zwischen Illusion und tatsächlicher Wirkung in der Praxis genau kennen.

5

Es ist nicht die Absicht dieses Buches, ein Urteil über die Ausübung von Macht als solche zu fällen, sieht man einmal ab von der besorgniserregenden Rolle der modernen Militärmacht, aber sie entzieht sich ohnehin einer unbeteiligten, analytischen Betrachtungsweise. Machtausübung kann verbunden sein mit Kummer, Leid und Demütigung. Aber Kummer, Leid und Demütigung können auch aus der Abwesenheit von Macht resultieren. Meine Hoffnung ist es, daß der Leser durch die Lektüre dieser Gedanken ein fundiertes Gespür für die Natur und die Struktur der Macht gewinnt – für die Quellen und Durchsetzungsmethoden, die Machtausübung ermöglichen, sowie die diversen Beziehungen zwischen diesen Faktoren, für die Erscheinungsformen der Macht im historischen Wandel und ihre modernen Manifestationen und Auswirkungen. Insbesondere hoffe ich, daß die große Bedeutung der konditionierten Macht in unserer Zeit besser verstanden wird – jener Macht, die vor allem deshalb so erfolgreich ist, weil wir ihre Ausübung in aller Unschuld weitgehend verkennen, weil wir meinen, unsere Handlungen entsprächen Überzeugungen, die dem Anschein nach ganz normal, natürlich und moralisch sind. Selbstverständlich hoffe ich auch auf ein besseres Erkennen und Verstehen der Illusion der Macht, der so viele Menschen unterliegen, sowie der Schwäche im Umgang mit großen Machtkonzentrationen, welche sich bei den entsprechenden Gegenbewegungen infolge der bestehenden Tendenz zur Machtstreuung ergibt. Laßt uns einsehen, daß dort, wo militärische oder unternehmerische Macht ausgeübt wird, Machtstreuung und die Konkurrenz einer Vielzahl oppositioneller Organisationen nicht weiterhelfen, sondern nur die wirksame Konsolidierung einer Gegenmacht. In einem allgemeineren Sinne hoffe ich letztlich natürlich auch auf ein geschärftes Bewußtsein für all das, was hinter der Macht steht, deren Namen wir tagtäglich im Munde führen und von der wir nicht minder kontinuierlich unmittelbar betroffen sind.

Ein Wort des Dankes

Wie gewöhnlich bin ich in der Schuld lieber Freunde und Freundinnen. Eine ist Edith Tucker, vieltalentiertes Gemeindeoberhaupt in Wellesley, Massachusetts, die neben unendlich vielen anderen Aufgaben das Schreiben und Korrigieren meiner Entwürfe übernahm, äußerst kritisch, wann immer etwas unvollständig oder unklar erschien. Ann Livingston stand ihr dabei zur Seite, half beim Recherchieren und Überprüfen einzelner Punkte und kümmerte sich um die kleinen Probleme des täglichen Lebens, so daß ich mit meinen Gedanken bei der Arbeit am Buch bleiben konnte. Besonderen Dank bin ich Andrea Williams schuldig, die auch dieses Mal, wie schon so viele Male zuvor, mich bei meinen Bemühungen unterstützt hat. In einer gerechten Welt würde sie, wenn schon nicht als Co-Autorin, so doch als die denkbar beste Lektorin aufgeführt werden.

Anmerkungen

Vorwort

[1] *American Capitalism: The Concept of Countervailing Power,* Boston 1952. Dtsch. Ausgabe: *Der amerikanische Kapitalismus im Gleichgewicht der Wirtschaftskräfte,* Stuttgart/Wien 1956.

[2] *The New Industrial State,* Boston 1967. Dtsch. Ausgabe: *Die moderne Industriegesellschaft,* München 1967.

Kapitel I. Die Anatomie der Macht – Ein Überblick

[1] »Unter den unbegrenzten Sehnsüchten der Menschen sind die wichtigsten das Verlangen nach Macht und der Wunsch nach Ruhm.« Bertrand Russell, *Power. A New Social Analysis,* New York 1938, S. 11.

[2] *Max Weber on Law in Economy and Society,* Cambridge 1954, S. 323. Vergleiche auch Reinhard Bendix, *Max Weber: An Intellecutal Portrait,* Garden City/N.Y. 1960, S. 294–300. An anderer Stelle bezeichnet Weber die Macht als die Fähigkeit einer oder mehrerer Personen, ihren eigenen Willen in einer gemeinsamen Aktion gegen andere durchzusetzen, die an derselben Aktion beteiligt sind.

[3] Bei der Auswahl und Anwendung des Begriffs *Condign power* habe ich mir einige Freiheiten herausgenommen. Streng nach Wörterbuch steht *Condign* als Adjektiv in unmittelbarem Zusammenhang mit dem Substantiv *Punishment,* Strafe. Unter *Condign punishment* versteht man im weitesten Sinne eine angemessene oder gebührende Strafe. Wollte man peinlichste Genauigkeit walten lassen, so müßte im folgenden also durchweg von *Condign punishment* die Rede sein. In Anlehnung an Lewis Carroll, der sagte, man könne jedem Wort die Bedeutung geben, die man ihm geben will –

»nicht mehr und nicht weniger« –, verzichte ich im folgenden aber auf das Substantiv. Eine reizvolle Alternative wäre im übrigen *Coercive power,* Zwangsmacht oder Zwangsgewalt, ein Ausdruck, dessen sich Dennis H. Wrong in *Power: Its Forms, Bases and Uses,* New York 1980, bedient. Seine Diskussion des Begriffs *Coercive power* auf den Seiten 41–44 stellt im großen und ganzen eine Parallele zu meiner Definition der *Condign power* dar, bezieht sich jedoch weniger ausdrücklich auch auf die Methode, die die Unterwerfung herbeiführt, indem sie die betroffenen Individuen oder Gruppen zum Nachgeben zwingt.

4 Auf diesen Umstand haben bereits andere Autoren hingewiesen. »Kaum ein Thema im Gesamtbereich der Sozialwissenschaften dürfte wichtiger sein – und gleichzeitig ärger vernachlässigt –, als die Rolle der Macht im Wirtschaftsleben.« Melville J. Ulmer, *Economic Power and Vested Interests,* in: *Power and Economics,* hg. von K. W. Rothschild, Harmondsworth 1971, S. 245.

5 »Ein gesundes Individuum, das zu Macht gekommen ist, liebt die Macht.« So der Washingtoner Psychoanalytiker Dr. Harvey Rich in der *New York Times* vom 9. November 1982. Bertrand de Jouvenel gibt eine noch anschaulichere Darstellung: »Jeder Anführer einer Gruppe ... empfindet eine fast physische Erhöhung des Selbstwertgefühls ... Befehlsgewalt ist wie ein Berggipfel. Die Luft, die man dort atmet, ist anders, und der Blick von oben unterscheidet sich grundlegend von der Perspektive jener, die sich im Tal des Gehorsams befinden.« Bertrand de Jouvenel, *On Power: Its Nature and the History of Its Growth,* New York 1949, S. 116.

6 John F. Kennedy, ein Mann, der auch der Öffentlichkeit gegenüber mitunter kein Blatt vor den Mund nahm, hätte es einmal fast zugegeben: *»I run for President, because that is where the action is«,* sagte er, wobei mit *Action* fast soviel gemeint war wie *Power.*

7 »Macht hat zwei Seiten: ... Sie ist eine soziale Notwendigkeit ... Und sie ist eine soziale Belohnung.« De Jouvenel, *On Power,* S. 283.

Kapitel II. Repressive und kompensatorische Macht

1 Das liegt daran, daß sowohl in der Natur wie im Ausmaß der jeweiligen Unterwerfung grundlegende Unterschiede bestehen. Ein Handwerker oder Fabrikarbeiter leistet für eine bestimmte Stundenzahl pro Tag mehr oder weniger schnell und fleißig körperliche Arbeit. Darüber hinaus wird im Prinzip nichts mehr von ihm

erwartet – kein Mitdenken und ganz gewiß keine Konformität in Ausdruck und Verhalten. Ganz anders der leitende Angestellte eines Großunternehmens: Von ihm erwartet man im Regelfall eine weit umfassendere Unterordnung unter Ziel und Zweck der Organisation. Er muß über die Unternehmensziele ebenso positiv sprechen wie denken und darf in der Öffentlichkeit (und wenn er gut beraten ist, auch im privaten Kreise) niemals irgendwelche Zweifel über das Ausmaß und die Ernsthaftigkeit seines Engagements verlauten lassen. Die hohe – oftmals sogar sehr hohe – Vergütung, die er erhält, wird von einer Vielzahl verschiedener Faktoren bestimmt, unter anderem richtet sich die Bezahlung nach den Jahren der Vorbereitung, der beträchtlichen Intelligenz, die verlangt wird, dem Ausmaß der zu tragenden Verantwortung und den diversen Risiken, die angeblich mit der hohen Position verbunden sind. In der Praxis wird die Höhe des Gehalts in Managementpositionen auch von den Betroffenen selbst ganz erheblich beeinflußt und spiegelt bei Spitzenkräften oft deren eigene einfallsreiche Großzügigkeit wider. Hinzu kommt aber noch die Vergütung für die allumfassende Unterwerfung der eigenen Persönlichkeit unter die Unternehmensziele. Es ist ja keine Kleinigkeit, sich selbst und die individuelle Art sich auszudrücken, der kollektiven Persönlichkeit des Arbeitgebers zu opfern, entsprechend hoch ist die Entschädigung (auch die einzigartige Langweiligkeit vieler Konzernverlautbarungen ist ursächlich hierauf zurückzuführen). Ich werde auf dieses Thema später noch einmal eingehen.

2 Streitfragen wie diese erfreuen sich bei Historikern großer Beliebtheit und geben immer wieder Anlaß zu Diskussionen. Robert W. Fogel, ein ehemaliger Kollege von mir in Harvard, erregte scharfe Kritik mit seiner Behauptung, die Stellung der Sklaven sei in den Jahren vor dem Krieg gar nicht so sehr viel schlechter gewesen als die der freien Arbeiter. Robert W. Fogel, Stanley L. Engerman, *Time on the Cross.* Boston 1974. Ich räume gern ein, daß zwischen beiden Positionen tatsächlich ein ökonomischer wie auch ein moralischer Unterschied besteht, und behaupte lediglich, daß derselbe *pari passu* mit fortschreitender wirtschaftlicher Entwicklung wächst.

3 »Wer Hunger hat, nimmt selbst unfähige, dumme oder unsympathische Arbeitgeber in Kauf.« Richard Sennett, *Authority,* New York 1980, S. 107. Allgemein zu diesem Thema vgl. auch Sennetts ausführliche Erörterung auf den Seiten 104ff.

[4] Mittlerweile wird der Begriff auch zur sozialen Verbrämung gesteigerten privaten Gewinnstrebens herangezogen.

Kapitel III. Konditionierte Macht

[1] Eine gut durchdachte Erörterung dessen, was ich hier konditionierte Macht nenne, findet sich bei Charles E. Lindblom, *Politics and Markets: The World's Political-Economic Systems,* New York 1977, vor allem auf den Seiten 52–65.

[2] In einer bemerkenswerten Passage bei Bertrand Russell heißt es hierzu ergänzend: »Man kann ohne weiteres die Ansicht vertreten, die bloße Meinung sei omnipotent und alle anderen Formen der Macht ließen sich letztlich auf sie zurückführen. Armeen sind nutzlos, wenn die Soldaten nicht an die Sache, für die sie kämpfen, glauben bzw. als Söldner nicht an die Fähigkeit ihrer Kommandeure, sie zum Sieg führen zu können. Das Gesetz ist machtlos, solange es nicht allgemein respektiert wird, und wirtschaftliche Einrichtungen sind abhängig von diesem Respekt. Man denke nur, was aus dem Bankwesen würde, wenn der Durchschnittsbürger nichts gegen die Geldfälscherei einzuwenden hätte.« Bertrand Russell, *Power: A New Social Analysis,* New York 1938, S. 136. Im folgenden verweist Russell darauf, wie wichtig es ist, die von ihm so hervorgehobene Meinung zu ihren Ursprüngen zurückzuverfolgen.

[3] Hieraus läßt sich eine praktische Schlußfolgerung ziehen: Immer wieder wird mit einer vorgeblich uneigennützigen Argumentation behauptet, höhere Leistungsbereitschaft und höhere Produktivität seien nur durch Steuersenkungen erreichbar. Wir sehen an diesem Beispiel jedoch, daß die Unterordnung des Managements unter die Interessen des Unternehmens weit mehr durch Konditionierung als durch Kompensation herbeigeführt wird. Ist dies so, dann ist leicht einzusehen, daß sich die Leistungsbereitschaft durch höhere Kompensation kaum steigern läßt, was die Praxis im übrigen beweist.

[4] Ein besonders kritischer Kommentar hierzu findet sich bei C. Wright Mills, *The Power Elite,* New York 1956, S. 319–320. Dtsch. Ausgabe: *Die amerikanische Elite,* Hamburg 1962, S. 362.

[5] Diese Meinung wird vor allem von der Reagan-Administration vertreten; eine Protagonistin ist die ehemalige amerikanische Botschafterin bei den Vereinten Nationen, Mrs. Jeane Kirkpatrick.

Kapitel IV: Die Quellen der Macht – Persönlichkeit

1 Vgl. z. B. Max Webers These von der charismatischen Führerschaft. Siehe dazu: Reinhard Bendix, *Max Weber: An Intellectual Portrait,* Garden City/N.Y. 1960, S. 301 ff.

2 Eine stärkere Berücksichtigung der synthetischen Persönlichkeit würde zweifellos unser Wissen um die Quellen der Macht erheblich erweitern. Ihre Existenz als solche ist allerdings schon in weiten Kreisen bekannt, und gelegentlich wird ausdrücklich auf sie verwiesen. Gleichbedeutend findet sich hin und wieder die Bezeichnung »Plastik-Persönlichkeit«. Auch der häufig verwendeten Formulierung, der Chef eines Konzerns oder einer Behörde sei »in Wirklichkeit nur ein Mann der Organisation«, liegt die Erkenntnis zugrunde, daß sich die Persönlichkeit des Betreffenden von der Gruppe ableitet, der er angehört.

Kapitel V: Die Quellen der Macht – Eigentum, Besitz

1 Karl Marx im *Manifest der Kommunistischen Partei.*

2 Adolf A. Berle, *Power Without Property,* New York 1959. Der Untertitel lautete: *A New Development in American Political Economy.*

3 »Money talks, but bullshit walks.«

4 Auch Rockefeller Sr. erlag schließlich diesem Bedürfnis: Er heuerte den Publizisten Ivy Lee an, einen Pionier seiner Zunft, um der impliziten sozialen Konditionierung durch den Reichtum die explizite hinzuzufügen.

5 Siedlungen oder Städte, die sich um die Produktionsanlagen etwa einer einzigen Bergwerksgesellschaft herum entwickelten.

6 Die Dialektik der Macht – die ihr innewohnende Neigung, die Entstehung einer gegenläufigen, ausgleichenden Kraft zu provozieren – wird in den Kapiteln VIII und IX näher erörtert.

7 Im Jahre 1917 erreichte Wladimir Iljitsch Lenin die höchste und mächtigste Position im ehemaligen Zarenreich. Ausschlaggebend dafür, daß er sich dort auch halten konnte, war die Unterdrückung der Machtquelle Privateigentum. Als er sieben Jahre später starb, hatte er noch das Entstehen und Werden einer anderen Machtquelle miterlebt und sich auch mehrfach sehr dezidiert dazu geäußert. Gemeint ist die riesige Bürokratie, die der sozialistische Staat erforderte. Die Machtquelle Privateigentum hatte der Machtquelle Organisation das Feld überlassen.

Kapitel VI: Die Quellen der Macht – Organisation I

1 Adolf A. Berle Jr., *Power,* New York 1969, S. 63.

2 »Manch einer glaubt, die geheime Quelle der Macht sei Reichtum und Besitz. Dabei ist Besitz selbst nur eine von der Regierung geschaffene Autorität.« Charles E. Lindblom, *Politics and Markets: The World's Political-Economic System,* New York 1977. S. 26.

3 Wenngleich das nicht ganz ohne Konflikte für die Betroffenen abgeht. Vgl. dazu das aufschlußreiche Kapitel »The Executive Ego« in William H. Whyte Jrs. klassischer Untersuchung *The Organization Man,* New York 1956, S. 150–156. Whyte zitiert einen Topmanager mit den Worten: »Per Inserat suchten wir kürzlich Ingenieure, ›die sich unserem Arbeitsstil anpassen können‹. Diese Formulierung ist einem von uns einfach so rausgerutscht, und so kam es, daß in der Anzeige genau das stand, worum es uns eigentlich ging...« Ein anderer Manager drückte sich noch prägnanter aus: »Je höher du aufsteigst, desto weniger kannst du's dir leisten, irgendwo aufzufallen.« Ebda., S. 155.

4 Ein ebenso interessantes wie enthüllendes Beispiel für die Quellen und Methoden der Macht bieten die Mannschaften im Leistungssport – z.B. die amerikanischen Football-Profis. Wir gehen bei diesem Beispiel davon aus, daß im Sport alle Quellen *und* Methoden der Macht zur Anwendung kommen, und setzen voraus, daß der Erfolg einer Mannschaft davon abhängig ist, mit welcher Durchschlagskraft das geschieht. Die Quellen sind die Persönlichkeit (die der Trainer sowie die der auffallendsten oder besten Spieler), Besitz oder Eigentum (die Finanzierung einer größeren Mannschaft erfordert mehr Geld, als eine kleine Gemeinde aufzubringen in der Lage ist) und vor allem die höchst komplizierte Organisation, die Spieler und Trainer mit einschließt. Die Methoden, mit denen die Macht durchgesetzt wird, sind drohende repressive Vorwürfe von Teamkameraden, Trainer und Anhängerschaft, kompensatorische Macht durch die Bezahlung (für die alle Spieler äußerst empfänglich sind) sowie eine hochgezüchtete, antrainierte Konditionierung, die in dem Siegeswillen der Mannschaft ihren Ausdruck findet. Das Team, das am besten versteht, diese drei Elemente der Macht miteinander zu kombinieren, wird schließlich siegen. Ihm wird es gelingen, die gegnerische Mannschaft zu unterwerfen. Und wie im Sport verhält es sich auch im Leben.

Kapitel VII. Quellen der Macht – Organisation II

1 Für alle, die nur ein einziges politisches Ziel verfolgen, bildet eine effektive Organisation die Hauptrolle der Macht. Und eine Organisation ist zum einen mit Eigentum, zum anderen aber auch sehr häufig mit zugkräftigen Persönlichkeiten verbunden. Das Geld, das sie sammeln, unterstreicht die bedeutende Rolle des Eigentums.

Kapitel VIII: Die Dialektik der Macht I

1 Diesen Begriff und dieses Konzept benutzte ich zum erstenmal in meinem Buch *American Capitalism: The Concept of Countervailing Power,* Boston 1956, dtsch. Ausgabe: *Der amerikanische Kapitalismus im Gleichgewicht der Wirtschaftskräfte,* Stuttgart/Wien 1956, allerdings in einem engeren, ökonomischen Kontext. Der Gedanke, daß wirtschaftlicher Macht im Normalfall eine konkurrierende Macht erwächst, entspricht, wie man sieht, auch heute noch meinen Vorstellungen. Seit der Zeit, da ich zum erstenmal diese Auffassung vertrat, hat sie, wie ich glaube, ein gewisses Maß an Anerkennung gefunden. Meine Vision von dem daraus resultierenden Gleichgewicht war in jenem Buch allerdings unangebracht schwärmerisch.

2 Philip Taft, *Organized Labor in American History,* New York 1972, S. 136–142.

3 Allan Nevins and Frank Ernest Hill, *Ford: Decline and Rebirth, 1933–1962,* New York 1963, S. 150.

4 Von den Machtquellen, die im Zweiten Weltkrieg eingesetzt wurden, wurde den Persönlichkeiten der führenden Politiker die bei weitem größte Aufmerksamkeit zuteil. Das bedeutet freilich nicht, daß die Rolle der Persönlichkeit den Ausgang der Feindseligkeiten stärker beeinflußt hat als etwa Eigentum und Organisation, sondern weist lediglich darauf hin, daß Persönlichkeit der volkstümlichste der drei Begriffe ist. Eigentum und vor allem auch Organisation waren weniger deutlich erkennbar und weniger dramatisch, mit Sicherheit aber viel wichtiger.

5 »König und Kaiser« bzw. »Königin und Kaiserin«: offizielle Titel der britischen Monarchen.

6 Genauer gesagt, Satyagraha, den er von einfachem passivem Widerstand unterschied und als »Kraft, die aus Wahrheit und Liebe oder Gewaltlosigkeit geboren ist« definierte.

7 Martin Luther King Jr., *Why We Can't Wait,* New York 1964, S. 30.

Kapitel IX: Die Dialektik der Macht II – Die Kontrolle der Macht

1 Natürlich ist das nicht die einzige Aufgabe der Gerichte. Insofern, als ihnen auch die Entscheidung über legislative und verfassungsrechtliche Vorhaben obliegt – und das bisweilen mit einem nicht unerheblichen Ermessensspielraum –, sind sie auch eine originäre Quelle der Macht. Auf die Rolle der Gerichte bei der Kontrolle der Macht bin ich absichtlich nicht näher eingegangen. Der Verzicht darauf ist mir indes nicht leichtgefallen. Aber zum einen bin ich kein Fachmann auf diesem Gebiet und zum anderen habe ich zu diesem Thema nur wenig zu sagen – und leider noch weniger wirklich Neues.

2 Es gibt hier natürlich Ausnahmen. Gandhis Inhaftierung durch die Briten und die langjährigen Bemühungen in den Vereinigten Staaten, den in Australien geborenen Gewerkschaftsführer Harry Bridges zu deportieren, sind Beispiele für verhohlene Versuche, die Machtquelle Persönlichkeit zu konterkarieren oder auszuschalten.

3 Die *Guarantee of due process of law* ist im Vierzehnten Verfassungszusatz verankert.

4 Hierbei kommt es gelegentlich sogar zu einer Konvergenz zwischen der konservativen Verteidigung des Eigentums als persönlichem Recht des einzelnen und der liberalen (oder linken) Einschätzung, derzufolge Eigentum eine Quelle der Macht ist. Der inzwischen verstorbene Robert Montgomery von der University of Texas, ein hervorragender Wissenschaftler, dessen politischen Überzeugungen man jedoch großes Mißtrauen entgegenbrachte, wurde vor einigen Jahren vor einen erzkonservativen Ausschuß des texanischen Parlaments zitiert, um dort Rechenschaft über seine Gesinnung abzulegen. Auf die gestrenge Frage, ob er an das Privateigentum glaube, antwortete er: »Ja, ich glaube daran, Sir, und zwar so sehr, daß ich jedem Texaner etwas davon wünsche.« Die Kenntnis dieser Anekdote verdanke ich dem ehemaligen Arbeitsminister Ray Marshall.

5 Vor allem im *Smith Act* von 1940.

6 Das gleiche gilt auch für die kommunistische Welt: Die Persönlichkeit des einzelnen Dissidenten erregt Mißtrauen, für wesentlich gefährlicher hält man jedoch Dissidenten-Organisationen. Lech Walesa war – und bleibt möglicherweise – ein Problem für Polen, als dialektische Bedrohung der Staatsmacht war jedoch die von ihm geführte Gewerkschaft Solidarnosć ein weitaus größerer Störfaktor.

Kapitel X: Grundzüge und Dynamik der Macht – Die vorkapitalistische Welt

1 Die Betonung liegt hier wohlgemerkt auf den »praktischen Gründen«: Der Handelskapitalismus oder das, was man als solchen bezeichnet, brach nicht urplötzlich oder zu einem ganz bestimmten Zeitpunkt über Italien, Spanien und Nordwesteuropa herein, er war vielmehr Ergebnis einer allmählichen graduellen Entwicklung, deren Ursprünge tief im Mittelalter, ja teilweise in noch früheren Epochen zu suchen sind.

2 Das immer wiederkehrende gravierende Problem der Simonie ist ein Indikator dafür, auf welche Weise kompensatorische Macht den konditionierten Gehorsam ergänzte.

3 Diese Häresie war eine im wesentlichen dualistische Doktrin, derzufolge wahre Tugend nur in einer spirituellen Welt existiert, während die materielle Welt von Natur aus böse ist. Zu den rigorosen Geboten, deren Einhaltung die Katharer – wenngleich ohne durchschlagenden Erfolg – von ihren Gläubigen forderten, gehörte unter anderem auch der Verzicht auf die Vollziehung des Geschlechtsakts. Was die katharische Ketzerei besonders anstößig machte, war die Tatsache, daß sie sich nicht davon abhalten ließ, eine eigene Priesterschaft und eine eigene Kirche mit den entsprechenden Organisationsstrukturen aufzubauen. Man nimmt heute an, daß die Niederwerfung der Katharer der späteren Inquisition als Präzedenzfall diente.

4 Es gab Zeiten, da beide Formen durch ein und dieselbe Person verkörpert wurden; ein einzelner vereinigte dann auf sich priesterliche und königliche Autorität. Auffallenderweise finden sich dafür die meisten Beispiele in außerchristlichen Kulturen, wie etwa im Fall der Kalifen, des Mikado und des Augustus in seiner Eigenschaft als *Pontifex Maximus.* Dennoch war »der Unterschied zwischen Priester und König fast immer und überall deutlich zu erkennen und klar abgegrenzt«. Bertrand Russell, *Power: A New Social Analysis,* New York 1938, S. 50f.

5 Religiöse Zielsetzung und Machtstreben, das sich auf Land- und Feudalbesitz gründete, waren früher verbunden. Als Urban II. Im Jahre 1095 für den ersten Kreuzzug predigte, gab er sich Mühe zu bemerken, daß so viel neues Eigentum auch dazu dienen werde, es für das Heilige Land einzulösen.

Kapitel XI: Die Entstehung des Kapitalismus

1 Die Entwicklung verlief sehr unterschiedlich, und zwar sowohl was die einzelnen Kaufmannstypen betraf, als auch in bezug auf die Länder und Städte, in denen sie sich vollzog. Empfehlenswert sind hier die hervorragenden Arbeiten des französischen Historikers Fernand Braudel, besonders: *Civilisation matérielle et capitalisme, 15–18e siècle* aus dem Jahre 1967.

2 Ähnlich feudale Wertschätzung wurde auch Bankiers wie beispielsweise Jakob Fugger (1459–1525) entgegengebracht.

3 In der Umgebung von Venedig, Paris und anderen Städten brachten die Kaufleute auch große Ländereien in ihren Besitz, die jedoch, wie es den Anschein hat, das Geschäftseigentum nur ergänzten.

4 Die Entdeckung Amerikas und der reiche Strom an Edelmetallen – entgegen landläufiger Meinung überwiegend Silber, nicht Gold –, der in deren Folge nach Europa floß, ist häufig als entscheidende neue Kapitalquelle und wichtiger Faktor in der Entwicklung des Handelskapitalismus bezeichnet worden. Unwichtig war sie sicher nicht, doch spiegelt sich in dieser Einstellung ein weitverbreitetes falsches Verständnis von der Natur des Kapitals wider. Der Zustrom von Edelmetallen führte zu einem Überfluß an Tauschmitteln und setzte eine lang anhaltende Inflation in Gang, die sich ihrerseits durchaus positiv auf den Handel ausgewirkt haben mag. Für den einzelnen Händler bedeutete das, daß er Anspruch auf das Kapital anderer erheben konnte. Die Edelmetallflut vergrößerte dagegen weder die Gesamtmenge der Güter, die gerade produziert wurden oder auf ihren Verkauf warteten, noch die Zahl der Werkzeuge und Ausrüstungen, weder die Transportmittel noch die Umschlagplätze. Diese jedoch waren, damals wie heute, das eigentliche Kapital.

5 Zusammen mit Nahrungsmitteln und Wohnraum eines der drei universell benötigten Gebrauchsgüter der Zeit.

6 Hinzu kam, daß die Religion als solche kontinuierlich auf dem Rückzug war. Bei R.H. Tawney findet sich das bemerkenswerte Zitat: »... außer der Ausweitung des Handels und neben dem Aufstieg neuer Bevölkerungsschichten zur Macht ist noch einer weiteren, verborgenen, aber sehr wichtigen Wurzel zu gedenken, nämlich des schwindenden Einflußbereichs der Religion. Wenn sich die Kirche mit Wirtschaftsfragen befaßt, so ist dies nicht, wie oft gesagt wird, moderner Brauch; die Annahme, daß wirtschaftliche Pro-

bleme nicht in die Sphäre der Religion gehören, bedarf eher einer Begründung als das Gegenteil.« *Religion and the Rise of Capitalism,* London 1937, zitiert nach der deutschen Ausgabe, *Religion und Frühkapitalismus,* Bern 1946.

7 Andere Merkantilisten, allen voran Sir William Petty (1623–1687) und Sir Dudley North (1641–1691), waren weniger rigide Protektionisten und diskutierten die Möglichkeiten und Vorteile eines uneingeschränkten Handelsverkehrs.

8 *The Governor and Company of Merchants of London, trading into the East Indies,* so der offizielle Titel der Charterurkunde/d. Übers.

9 Wir haben es hier mit Pioniertaten auf dem Gebiet der Verhängung von Sanktionen zu tun. Nach offizieller Lesart sind Sanktionen nach wie vor eine überaus effektvolle Waffe. Man merkt immer erst nach ihrer Verhängung, daß der Betroffene sie ziemlich leicht erträgt und ohne große Mühe auch umgehen kann. Ersatzgüter und alternative Bezugsquellen gibt es in Hülle und Fülle – eine Erkenntnis, die allerdings im nachhinein schnell vergessen wird.

10 »Sie [die Exploitation] wird in der sog. Hausarbeit schamloser als in der Manufaktur, weil die Widerstandsfähigkeit der Arbeiter mit ihrer Zersplitterung abnimmt, eine ganze Reihe räuberischer Parasiten sich zwischen den eigentlichen Arbeitgeber und den Arbeiter drängt...« Karl Marx, *Das Kapital,* Bd. I, Frankfurt/Berlin/Wien 1969[III], S. 417.

Kapitel XII: Die Macht des Hochkapitalismus

1 Genauer: *An Inquiriy into the Nature and Causes of the Wealth of Nations.*

2 Die amerikanischen Kaufleute, die, »als sie ihre Interessen gefährdet sahen, mit Schwung in die Politik gingen, so daß man damit rechnen mußte, daß sie die Dinge in ihrem Sinne vorantreiben würden«, hatten Handelsinteressen, die mit den englischen Vorschriften und dem englischen Protektionismus kollidierten. Sie standen allerdings nicht einmütig in Opposition gegen die britische Herrschaft als solche. Siehe dazu: Arthur Meier Schlesinger Sr., *The Colonial Merchants and the American Revolution, 1763–1776,* New York 1966. Das Zitat findet sich auf S. 29.

3 Darüber hinaus schrieb Smith vor, anderen Aktivitäten des Staates enge Grenzen zu setzen, insbesondere solchen, die in Form von höherer Besteuerung zu Lasten der Industriellen gehen würden.

[4] Adam Smith, *The Wealth of Nations,* Buch I, S. 477 (zitiert wurde die Ausgabe der Chicago University Press, Chicago 1976). Die »unsichtbare Hand« ist eine Metapher. Smith, ein Mann der Aufklärung, ließ dem Streben nach geschäftlichem Gewinn keine übernatürliche Hilfe angedeihen. Nicht alle seiner Jünger zeigten die gleiche Zurückhaltung.

[5] Worauf Adam Smith übrigens selbst hinwies: »Ich habe noch nie erlebt, daß diejenigen, die vorgeben, mit ihren Handelsgeschäften der Öffentlichkeit zu dienen, tatsächlich etwas Gutes geleistet hätten.« *The Wealth of Nations,* Buch I, S. 144.

[6] Dies war die Zielrichtung seines meistzitierten Satzes: »Leute von demselben Gewerbe kommen selten auch nur zu Lustbarkeiten und Zerstreuungen zusammen, ohne daß ihre Unterhaltung mit einer Verschwörung gegen das Publikum oder einem Plane zur Erhöhung der Preise endigt.« Smith, *Wealth of Nations,* Buch I, S. 144.

[7] Die Reaktion auf seine Überredungskünste ließ nicht lange auf sich warten: Anderthalb Jahre nach Smith' Tod im Jahr 1790 sagte William Pitt der Jüngere bei der Einbringung des Staatshaushalts von ihm: »Ich glaube, daß sein umfassendes Detailwissen und die Tiefe seiner philosophischen Studien auf jede Frage, die mit der Geschichte des Handels und dem System der politischen Ökonomie verbunden ist, die beste Antwort geben werden.« Rede vor dem Unterhaus, 17.2.1792, zitiert nach John Rae, *Life of Adam Smith,* New York 1965, S. 290–291. Es ist dies ein bemerkenswerter Tribut an die konditionierte Machtausübung.

[8] Alfred D. Chandler Jr., *The Visible Hand: The Managerial Revolution in American Business,* Cambridge/Mass. 1977, S. 81–122.

[9] Für Ricardo litt der Arbeiter auch unter den nach wie vor existierenden Grundbesitzern: »Das Interesse des Gutsbesitzers ist stets dem des Verbrauchers und Herstellers entgegengesetzt.« *Principles of Political Economy and Taxation,* Everyman Edition, London 1926, S. 225, zitiert nach Eric Roll, *A History of Economic Thought,* New York 1942, S. 198.

[10] Zitiert nach: Roll, Eric, *A History of Economic Thought,* New York 1942, S. 453.

[11] Nicht jede Konditionierung zugunsten des Hochkapitalismus war wirklich nützlich. So gab es eine niedliche Argumentationsrichtung, die den Ertrag des Kapitals – und damit den des Kapitalisten – als Belohnung für seine Enthaltsamkeit, das heißt also für Konsum-

verzicht, rechtfertigte. Die Abstinenztheorien erfreuten sich in der Volkswirtschaftslehre des neunzehnten und frühen zwanzigsten Jahrhunderts durchaus eines gewissen Einflusses. Nur kollidierten sie leider in ostentativer Weise mit dem Lebensstil der großen Kapitalisten – einem Stil, der nicht gerade den Eindruck förderte, die Selbstentsagung der Kapitalisten sei mit so vielen Entbehrungen verbunden, daß sie eigens belohnt werden müsse.

12 Es sollte nicht unerwähnt bleiben, daß die soziale Konditionierung des Hochkapitalismus nationalen Bedürfnissen angepaßt wurde. Zu Beginn der Industrialisierung hatte England (einschließlich des Südens Schottlands) einen ganz erheblichen Vorsprung. Um die Erzeugnisse der Industrie an den Mann bringen zu können, bestand großes Interesse an freiem Zugang zu fremden Märkten; Schutzzölle, vor allem auf Getreide, führten zur Erhöhung der Lebenshaltungskosten und somit zur Verteuerung der Heimarbeit. Amerikanische, deutsche und französische Industrielle betraten die Szene erst später und brauchten Schutz gegen die britischen Importe, weshalb die klassischen handelspolitischen Vorstellungen in den Vereinigten Staaten, Deutschland und Frankreich dahingehend verändert wurden, daß man nun auch ein gewisses Maß an Protektionismus zuließ, ohne das es nun einmal nicht ging. Henry Charles Carey (1793–1879), der einflußreichste amerikanische Nationalökonom des vergangenen Jahrhunderts, und sein deutscher Kollege Friedrich List (1789–1846) ließen sich in ihren Werken mit großer Eloquenz und großem Erfolg darüber aus, wie erstrebenswert doch Schutzzölle seien. Freihandel war für sie eine ebenso unbrauchbare wie schädliche Politik. Die Ansichten von Carey und List galten in den Vereinigten Staaten beziehungsweise in Deutschland als hochseriös und fanden breite Zustimmung.

Kapitel XIII: Die Antwort

1 Dessen war Marx sich ganz sicher: »Die herrschenden Ideen einer Zeit waren stets nur die Ideen der herrschenden Klasse.« Karl Marx, *Manifest der Kommunistischen Partei,* zitiert nach der Studienausgabe, Fink, München 1969, S. 68.

2 ebenda, S. 50

3 In diesem Punkt bewies Joseph Schumpeter Voraussicht: »Ich für mein Teil kann mir unter den Bedingungen der modernen Gesellschaft keine andere sozialistische Organisationsform vorstellen, als

einen riesigen, allumfassenden bürokratischen Apparat.« *Capitalism, Socialism, and Democracy,* New York 1947[II], S. 206.

4 Wörtl.: »Mistaufwühler«. Wird häufig zur Bezeichnung von Sensationsmachern und Skandaljournalisten gebraucht/d. Übers.

Kapitel XIV: Das Zeitalter der Organisation

1 *The Modern Corporation and Private Property,* New York 1933. Siehe dazu auch R.A. Gordon, u.a. in *Business Leadership in the Large Corporation,* Washington 1945, sowie in den mehr allgemein gehaltenen Schriften von James Burnham, vgl. *The Managerial Revolution,* New York 1941. Die Bürokratisierung der modernen Wirtschaftsunternehmen betonte besonders Joseph A. Schumpeter in *Capitalism, Socialism, and Democracy,* New York 1947, S. 206. Dtsch. Ausgabe: *Kapitalismus, Sozialismus und Demokratie,* München 1972: »...sie ist eine unvermeidliche Begleiterscheinung der modernen ökonomischen Entwicklung.« Im übrigen ist die Ablösung des Eigentums durch die Organisation als Hauptquelle industrieller Macht nicht erst eine Entdeckung der jüngsten Zeit. Eine umfassende Darstellung der Thematik bietet Edward S. Herman, *Corporate Control, Corporate Power,* Cambridge 1981.

2 Mit diesen Dingen habe ich mich eingehend befaßt in: *The New Industrial State,* Boston 1978[III]. C. Wright Mills wies bereits vor fünfundzwanzig Jahren darauf hin: »Die Entscheidungsfindung an der (Konzern-)Spitze wird langsam ersetzt durch die qualvollen Bemühungen von Ausschüssen, die über Vorschlägen zu Rate sitzen, die ihnen normalerweise von niederen Chargen auf den Tisch geknallt worden sind.« *The Power Elite,* New York 1956, S. 134. Dtsch. Ausgabe: *Die amerikanische Elite,* Hamburg 1962.

3 Aus: *Do You Know Your Economic ABC's? Profits in the American Economy,* hg. v. United States Department of Commerce, Washington 1965, S. 17–18, einer Broschüre zu Unterrichtszwecken.

4 »Aktionäre werden zwar noch immer höflich ›Eigentümer‹ genannt, sind jedoch passiv. Sie haben lediglich das Recht zu empfangen. Ihre Existenzberechtigung erschöpft sich in der Bedingung, sich nicht in die Entscheidungen des Managements einzumischen, wozu ihnen auch die gesetzlichen und – in der Regel – die faktischen Mittel fehlen.« Adolf A. Berle Jr., *Power Without Property: A New Development in American Political Economy,* New York 1959, S. 84.

[5] Von Carnegie (später: United States Steel), der Ford Motor Company und Montgomery Ward (dem Kaufhauskonzern, d. Übers.).

[6] Hinzu kamen natürlich die Auswirkungen höherer Löhne, der Arbeitslosenunterstützung und der Sozialversicherung, die allesamt mit dazu beitrugen, die Kluft zwischen repressiver und kompensatorischer Macht zu erweitern und den Zwangscharakter der letzteren zu mildern.

[7] Gruppen, die in diesem Sinne Macht ausüben, welche der Verfolgung der eigenen Ziele dient, sind in den Vereinigten Staaten beispielsweise die Kriegsveteranen, Sozialversicherungsempfänger und die Mitglieder des Verbandes der Schußwaffenbesitzer (National Rifle Association).

[8] Thomas Balogh, *The Irrelevance of Conventional Economics,* London 1982. S. 60.

Kapitel XV: Organisation und Staat

[1] »Trotz ihrer nach wie vor bestehenden Vorrangstellung und Macht sowie ihres immer noch beträchtlichen Einflusses auf die Regierung, hat die Geschäftswelt *gegenüber ihrer Position in den Jahren vor 1930, in denen sie die Regierungspolitik nahezu exklusiv beherrschte, eine relative Einbuße erlitten.*« Edward S. Herman, *Corporate Control, Corporate Power,* Cambridge 1981, S. 185.

[2] Regierung wird hier im weiten Sinn der gesamten Administration und Verwaltung verstanden. Auch im weiteren Text wird an einigen Stellen das amerikanische *government* mit Verwaltung oder Administration übersetzt/d. Übers.

[3] Die Streitkräfte gehören sehr wohl zu den autonomen Regierungsprozessen, während sie normalerweise vom Begriff der Bürokratie nicht erfaßt werden.

[4] Mit großer Eloquenz attackierten die Präsidenten Carter und Reagan immer wieder die riesige, geistig schwerfällige und auch ansonsten »horrible« staatliche Bürokratie. John F. Kennedy pflegte Vorschläge, die ihm vernünftig erschienen, gelegentlich mit der Bemerkung zu beantworten: »Ich stimme Ihnen zu, aber ich glaube nicht, daß wir auch die Administration zur Zustimmung bewegen können.«

[5] Und auch nicht über deren Legimität, eine philosophische Frage, die für viele Autoren, die sich mit dem Thema Macht auseinandersetzen, von zentraler Bedeutung ist.

[6] Eine mehr formale Darstellung dieser Machtverhältnisse findet sich bei Dennis H. Wrong, *Power: Its Forms, Bases and Uses,* New York 1980, S. 158ff.

[7] Eine sehr ausführliche und eindrucksvolle, wenngleich ein wenig unstrukturierte Diskussion über die gegenwärtige Rolle des Geldes in der Politik bringt Henry Bretton in *The Power of Money,* Albany 1980, S. 164ff. Siehe auch die noch jüngere, fesselnde Darstellung von Elizabeth Drew in *Politics and Money,* New York 1983.

[8] Die Beschränkung der Ausübung kompensatorischer Macht bzw. der finanziellen Ressourcen, die diese Machtausübung ermöglichen (also die Kontrolle der bereitgestellten Haushaltsmittel) ist das wichtigste Machtinstrument der externen Regierungs- und Verwaltungsprozesse gegenüber den autonomen Prozessen. Obgleich stets im Mittelpunkt des Interesses, ist es nicht einzigartig. Die autonomen Verwaltungseinheiten legen ihr Budget nach einer gewissen zentralen Überprüfung und Korrektur dem Parlament vor, und ihren Forderungen wird, von einigen Routine-Einwänden abgesehen, meistens entsprochen.

[9] In der Regierungszeit Richard Nixons führte das zu den – später – weit publizierten Aktivitäten der sogenannten »Klempner« und den gleichermaßen notorisch gewordenen heimlichen Tonbandmitschnitten von Stabsgesprächen. Beide Vorfälle sind Ausdruck des Bemühens, Informationen, die dem erwünschten Glauben abträglich sein könnten, unter allen Umständen geheimzuhalten. Die Proteste richteten sich indessen nicht dagegen, daß die Administration versuchte, den Informationsfluß zu kontrollieren – daß sie das tun würde, betrachtete man als Selbstverständlichkeit –, sondern vielmehr gegen die spezifischen Techniken der Verheimlichung.

[10] Fernseh- und Rundfunkreporter, die über das Geschehen im Weißen Haus berichten, sind höchst beeindruckt von ihrer schweren Verantwortung bzw. Macht. Es gibt kaum einen unter ihnen, der nicht von der Absicht getragen wird, ein Buch über die Autorität zu schreiben, die er auf diese Weise ausübt, und tatsächlich erscheinen in jedem Jahr neue Werke dieser Art. In keiner dieser Veröffentlichungen wird die Machtposition der Exekutive, der der Autor von Berufs wegen nahesteht, heruntergespielt oder unterschätzt, und es gibt nur wenige Themen, bei denen der Autor derart gegen Kritik gefeit ist. Es liegt in der Natur konditionierter Macht, daß es keine

Möglichkeit gibt, zwischen Realität und Illusion zu unterscheiden. Und vor dem Vorwurf, er könne seine eigene Macht überschätzen, bewahrt den Autor der Umstand, daß seine Kritiker auch seine Kollegen sind – und die halten sich für genauso wichtig.

Kapitel XVI: Die militärische Macht

1 Kriegsberichterstatter sind gewöhnlich dem General, über dessen militärische Operationen sie berichten, in merkwürdiger Weise hörig. Zu den entscheidenden Schwächen der militärischen Macht in Vietnam gehörte die Tatsache, daß sie die Kontrolle über die Presse verlor.

2 Die Bemühung, synthetische Persönlichkeiten zu schaffen, findet sich auch heute noch. Die Verteidigungsminister bieten hierfür ein Beispiel. Solange sie in Amt und Würden sind, unterstellt man ihnen gewisse markante Charakterzüge, die ihnen Macht verleihen. Wenn sie dann ins Privatleben zurückkehren, verschwindet diese Macht, wie schon an früherer Stelle bemerkt, spurlos.

3 »Das Verteidigungsministerium hat mehr Angestellte und gibt mehr Geld für Güter und Dienstleistungen aus als alle Regierungsbehörden zusammengenommen. Zwar hat das Gesundheits- und Sozialministerium ein größeres Budget, doch besteht dieses Budget fast ausschließlich aus Unterstützungsgeldern für individuelle Sozialhilfeempfänger.« Adam Yarmolinsky, *Covernance of the U.S. Military Establishment,* New York 1982, S. 1.

4 Das Mindeste, was dabei herauskommt, ist diskretes Schweigen. Robert Schmidt, Stellvertretender Vorsitzender der Control Data Corporation und Präsident des American Committee on East/West Accord, bemerkte zu dem in Managerkreisen verbreiteten Unwillen, aktiv auf die Gefahren eines nuklearen Krieges und des atomaren Holocausts hinzuweisen: »Viele Geschäftsleute hüten sich davor, sich in eine solche Diskussion hineinziehen zu lassen und dort aufzufallen«, da sie, wie Schmidt meint, auf diese Weise »weder bei der Regierung noch in der Verwaltung Punkte machen« können. Und William Alden von der Firma Alden Computer Systems Corporation meint, daß sich viele wirtschaftliche Führungskräfte vor einer klaren Stellungnahme drücken, weil sie fürchten, das Pentagon könne ihre Firmen auf die schwarze Liste setzen. Zitiert nach Florence Graves, »Are These Men Soviet Dupes?«, in: *Common Cause,* Januar/Februar 1983.

[5] Wie zum Beispiel 1982, als bekannt wurde, daß eine Mehrheit im Generalstab die sogenannte massierte Stationierung *(Dense-pack basing)* von MX-Raketen ablehnte.

[6] So hieß es Anfang der achtziger Jahre, die Befürworter eines Einfrierens der Atomaffenarsenale seien von der Sowjetunion manipuliert worden oder hätten sich aus anderen Gründen in ihren Dienst gestellt.

[7] Höhere Offiziersgrade entgehen dieser Gefahr schon seit längerem. »Am nächsten kommt ein moderner General oder Admiral einem mit kleinkalibrigen Waffen ausgetragenen Scharmützel, wenn er auf dem Gelände des Ferienheims der Continental Motors, Inc., in Gesellschaft von Konzernbossen auf Entenjagd geht.« C. Wright Mills, *The Power Elite,* New York 1956, S. 189. Dtsch. Ausgabe: *Die amerikanische Elite,* Hamburg 1962.

[8] Die Dialektik gewann besondere Schlagkraft, als die allgemeine Wehrpflicht – das heißt die Aussicht auf militärische Disziplinierung und Todesgefahr – an den Colleges und Universitäten auf Leute stieß, die in der Lage waren, sich auszudrücken, und von daher auch ein Publikum für ihre Einwände finden konnten. Sie betrieben also soziale Konditionierung, deren Thema die Unsinnigkeit des Krieges war. Die allgemeine Wehrpflicht bedeutet unter anderem den Versuch, den Militärdienst – die Unterordnung unter die militärische Macht – durch den Einsatz von repressiver anstelle kompensatorischer Macht zu fördern. Sie ist gegenwärtig in der amerikanischen Öffentlichkeit nicht durchsetzbar, obgleich sie in anderen Ländern, darunter so dezidiert neutralen Staaten wie Österreich und Finnland, nach wie vor praktiziert wird.

[9] Die Angaben in diesem Kapitel beziehen sich auf die militärische Macht in den Vereinigten Staaten, für die es in anderen Industriestaaten und natürlich auch in der Sowjetunion ihr jeweiliges Pendant gibt. Am umfassendsten ist ihre Rolle jedoch in den neuen (und einigen älteren) Nationen Asiens, Afrikas und Lateinamerikas. Von gegenwärtig einhundertvierunddreißig unabhängigen Staaten auf dieser Erde werden nach einer akzeptablen Schätzung gegenwärtig nicht weniger als neununddreißig von Militärdiktaturen beherrscht. Die Macht, die mit diesem Begriff bezeichnet wird, ist eine von Mal zu Mal unterschiedliche Kombination aus den in diesem Buch beschriebenen Machtquellen und Machtinstrumenten. Persönlichkeiten erscheinen auf der Szene, wenngleich es sich

bei ihnen oft um zwielichtige oder gar abstoßende Gestalten handelt. Armeen verfügen über substantielle Eigentumsressourcen aus den Staatskassen sowie über eine Organisation, was in einer Welt, in denen sich sonst kaum oder allenfalls in Teilbereichen Organisationen finden, besonders ins Gewicht fällt. (Lateinamerikanische Armeen sind nicht gerade Modellbeispiele für rigorose und wirksame Disziplin, doch gibt es in den meisten dieser Länder keine anderen Organisationsstrukturen, die ihnen gleichkommen könnten.) Aus den Ressourcen, über die das militärische Establishment gebietet, erwächst kompensatorische Macht über die Soldaten – eine überaus erfolgreiche Manifestation der Macht in armen, landwirtschaftlich geprägten Gesellschaften, in denen der Militärdienst einen wichtigen Schritt nach oben auf dem Weg zur wirtschaftlichen Prosperität darstellt. Darüber hinaus kommt es zur breitgefächerten, wenngleich nicht immer durchschlagend erfolgreichen Anwendung konditionierter Macht, wobei es oft um Vergünstigungen geht, die den eigentlichen militärischen Zielen zuwiderlaufen. Am wichtigsten ist jedoch die leichte Verfügbarkeit repressiver Macht zum Zwecke der Unterdrückung mißliebiger Meinungen sowohl innerhalb wie außerhalb der militärischen Organisation. Daraus folgt, daß die militärische Macht rund um die Welt zur größten Bedrohung eines zivilen demokratischen Entwicklungsprozesses geworden ist.

Kapitel XVII: Die Macht der Religion und der Presse

1 Die Ursachen für den Niedergang religiöser Autorität in der christlichen Kirche werden klarer, stellt man die Macht des Christentums der stärkeren, fortbestehenden Macht anderer Traditionen gegenüber, namentlich der des Islam. Für Moslems hat die Persönlichkeit nach wie vor einen sehr viel höheren Stellenwert, sie manifestiert sich in der sehr viel unmittelbareren Präsenz sowohl Gottes wie des Propheten und in Gebeten um deren hilfreiche Intervention, die in der Routine des Alltags eine vorrangige Position einnehmen. Eine weitaus größere Bedeutung kommt auch physisch präsenten Persönlichkeiten zu – wie beispielsweise Ayatollah Khomeini. Darüber hinaus verfügt die islamische Organisation über eine erheblich größere interne Disziplin und von daher über eine entsprechend stärkere Schlagkraft nach außen, wenngleich sie durch die bis zum Haß gesteigerten Auseinandersetzungen zwischen den beiden gro-

ßen Hauptrichtungen, den Sumniten und den Schiiten, geschwächt ist. Trotz dieser Einschränkung bleibt die Organisation im Islam eine wesentlich stärkere Machtquelle als im innerlich noch viel zerrisseneren Christentum.

Die größte Stärke des Islam liegt indes in den Instrumentarien zur Durchsetzung der Macht. Repressive Macht findet nach wie vor Anwendung – und zwar sowohl im Diesseits als auch in Form von Verheißungen, die sich erst im Jenseits erfüllen –, und sie verfehlen ihre Wirkung nicht. Das Abweichen vom rechten Weg kann mit einem Sammelsurium von außerordentlich blutrünstigen Strafaktionen bis hin zur Amputation von Gliedmaßen und der Steinigung unbotmäßiger Frauen verfolgt werden. Und niemand wird darüber im Zweifel gelassen, welches Schicksal dereinst die Ungläubigen erwartet.

Konditionierte Machtausübung in einer Rigorosität, die alles, was man aus der christlichen Welt kennt, bei weitem übersteigt, ergänzt die repressive Machterzwingung. Der Koran, die Offenbarungen Allahs und Mohammeds, gestattet keine liberale Diskussion. Die Suren sind Gesetz, der wahrhaft Fromme kennt viele von ihnen auswendig. Darüber hinaus erkennen oder spüren Moslems, die die konditionierende Macht des Koran und die religiöse Macht im allgemeinen verteidigen, die Gefahren der kompetitiven, verwestlichten Kommunikation – den aufdringlichen, verführerischen Einfluß von Zeitungen, Rundfunk, Fernsehen sowie der säkularen und wissenschaftlichen westlichen Einstellungen. In dem Maße, wie es gelingt, diesen Einflüssen erfolgreich Einhalt zu gebieten, wird die Disziplin des Koran und die religiöse Autorität des Islam weiter gestärkt.

2 Gewiß wird der Einwand kommen, daß Rupert Murdoch, der australische Verleger der Londoner Times und zahlreicher anderer Zeitungen (Anm. d. Übers.), diese Tradition fortsetzt. Das ist, vielleicht bedauerlicherweise, korrekt.

3 Der Autor beschreibt hier die spezifisch amerikanische Situation. In der Bundesrepublik werden Werbezeiten für die Wahlwerbung der Parteien nach einem festen Schlüssel kostenlos vergeben, und lediglich aufwendige Produktionen verlangen größere Geldmittel/ d. Übers.

4 Die großen Fernsehgesellschaften und einzelne Sender versuchen in ihrer politischen Berichterstattung normalerweise nicht, die

Wahl bestimmter Kandidaten durchzusetzen und das Stimmverhalten bei Referenden oder die öffentliche Meinung in Einzelfragen ernsthaft zu beeinflussen. Ganz überwiegend geht es ihnen darum festzuhalten, welcher Kandidat führt, welcher zurückliegt, welche Taktik erfolgversprechend ist und welche nicht. Für das Fernsehen ist Wahlkampf eine Art Zuschauersport. Auch dies reflektiert eine durch die Organisation vorgegebene Beschränkung.

5 Wie in Marshall McLuhans berühmter Kapitelüberschrift »Das Medium ist die Botschaft« *(The Medium is the Message)* impliziert. Marshall McLuhan, *Understanding Media: The Extensions of Man*, New York 1965, S. 7–21. Dtsch. Ausgabe: *Die magischen Kanäle*, Düsseldorf 1968.

Kapitel XVIII: Ein letztes Wort – Machtkonzentration und Machtstreuung

1 So beispielsweise der Washingtoner Beamte, der seinem Vorgesetzten – nicht selten dem Präsidenten persönlich – Vorschläge unterbreitet, für die es gar keine akzeptable Alternative gibt, und ihm danach zu seiner weisen Entscheidung gratuliert.

Register